Leben,
das nach Hoffnung schmeckt

Leben,
das nach
Hoffnung
schmeckt

365 gute Gedanken

Mit Texten von Anselm Grün, Margot Käßmann,
Andrea Schwarz, Pierre Stutz und Notker Wolf

Ausgewählt und herausgegeben
von Johanna Oehler

HERDER

FREIBURG · BASEL · WIEN

MIX
Papier aus verantwor-
tungsvollen Quellen
FSC® C083411

© Verlag Herder GmbH, Freiburg im Breisgau 2016
Alle Rechte vorbehalten
www.herder.de

Einbandgestaltung: Designbüro Gestaltungssaal
Einbandmotiv: © AVA Bitter / Le Panda – shutterstock
Vignetten: Designbüro Gestaltungssaal
Satz: post scriptum, Emmendingen / Hüfingen

Herstellung: CPI books GmbH, Leck
Printed in Germany

ISBN 978-3-451-37527-9

Inhalt

Januar

Aufbruch
wagen

1. Januar

PIERRE STUTZ

Hoffnungsvolle Schritte

Hoffnungsvolle Schritte
wünsche ich dir
in diesem neuen Jahr
getragen von der Achtsamkeit
die Gottes Segen erfahren lässt

Vertrauensvolle Begegnungen
wünsche ich dir
heilende Momente des Aufatmens
die Gottes Segen spüren lassen

Glückliche Stunden
wünsche ich dir
die auch dem Unglücklichsein
in deinem Leben Platz lassen
damit du echter Mensch wirst
durch Gottes Segen in all deinen Beziehungen

2. Januar

ANDREA SCHWARZ

Aufbrechen, losgehen – um mich zu finden. Das ist die Einladung zum »Abenteuer Leben«.

Wie aber kann das Abenteuer gelingen, wie geht man (im wahrsten Sinn des Wortes) das Leben an? Wie werde ich lebendiger?

Wer aufbrechen und losgehen will, muss ein Ziel vor Augen haben, ein Ziel, für das es sich zu leben lohnt. Ich muss wissen, wo ich hin will, nur dann kann ich mich und meine Schritte entsprechend daraufhin ausrichten. Mark Twain, der amerikanische Schriftsteller, beschreibt in der ihm eigenen Art, was ansonsten passieren kann: »Als wir das Ziel aus den Augen verloren hatten, verdoppelten wir unsere Anstrengungen.« Wenn ich nicht weiß, wo ich hin will, werde ich halbherzig einen Schritt mal in die eine, mal in die andere Richtung machen – und doch nicht vom Fleck kommen. Wer sein Ziel vor Augen hat, der kann gelassen sein, der braucht nicht zu hetzen, sondern kann zielstrebig seinen Schritt, sein Tempo finden.

Ich brauche eine Vision, ein Bild einer anderen Wirklichkeit, für die es sich zu leben lohnt, eine Vision, die meinen Schritten eine Richtung gibt, die mich »ausrichtet«.

In der Bildersprache der Bibel ist diese Vision das himmlische Jerusalem, das Leben in und mit Gott in einer neuen Zeit, einem neuen Raum – auf das ich hier und jetzt zugehe.

Und nur, wenn ich ein solches Ziel vor Augen habe, kann ich entscheiden, ob ein Schritt zielführend ist, ob er mich dieser Vision näher bringt.

3. Januar

MARGOT KÄSSMANN

Ein guter Vorsatz

Das wäre ein Vorsatz fürs neue Jahr:
Ich breche aus
aus dem Teufelskreis des schönen Scheins
und trete ein in den Lebenskreis,
indem ich mich annehme, wie ich bin,
meine Möglichkeiten,
aber auch meine Grenzen erkenne.
Indem ich Wert lege auf Zeit für mich,
Zeit für andere, Zeit für Gott.
Aus der Lebenswüste von Stress und Fassade
in die blühende Landschaft
von Gelassenheit und Liebe.

4. Januar

ANSELM GRÜN

Meinen Platz in der Welt finden

Natürlich ist mir vieles im Leben vorgegeben: meine Gene, meine Erziehung, meine Umwelt. Aber ich bin nicht einfach das Produkt der Vererbung, nicht nur das Ergebnis des Erziehungsstils meiner Eltern und auch nicht bloßes Resultat der sozialen Verhältnisse, in die ich hineingeboren wurde. Es ist meine Verantwortung, auf diese Bedingungen, auf diese »Mitgift« meines Lebens zu reagieren und aus dem, was mir vorgegeben ist, etwas zu gestalten. Allerdings darf ich nicht gegen mein Wesen arbeiten, sondern mit ihm. Ich muss also wahrnehmen, wie meine Erziehung mich geformt hat. Dann kann ich sehen, wie ich darauf reagiere. Ich kann mich dann darauf einstellen und sehen, wie ich mit meinen Verletzungen umgehen, ja sie vielleicht so formen kann, dass daraus Kraft erwächst. Ähnlich ist es mit dem sozialen Milieu, in dem ich mich bewege oder aus dem ich komme. Ich kann zusehen, dass ich meinen Platz auf der Welt und eine Aufgabe finde, die mir wirklich angemessen ist. Diese Aufgabe ist keineswegs immer vom Beruf abhängig. Unabhängig vom Beruf habe ich eine Aufgabe, diese Welt menschlicher zu gestalten, etwas von der Menschenfreundlichkeit Gottes in dieser Welt aufstrahlen zu lassen.

5. Januar

PIERRE STUTZ

Ich wünsche euch
die Gabe der Ausgelassenheit
die Kraft des Humors
der vom lachenden Segen spricht

Ich wünsche euch
die Gabe des Durchhaltens
in dunklen Zeiten der Verunsicherung
die von der zärtlichen Zuwendung Gottes erzählt

Ich wünsche euch
die Gabe der Geduld
in ein gegenseitiges Wachstum
das unscheinbar in der Tiefe geschieht

Ich wünsche euch
die Gabe der Hoffnung
damit erstarrte Beziehungsmuster
auftauen im zärtlichen Zusammensein

6. Januar

ANSELM GRÜN

Haussegen an Epiphanie

Barmherziger und guter Gott, segne das Haus, in dem wir wohnen. Vertreibe aus diesem Haus alle Zwietracht und allen Streit. Segne alle Räume dieses Hauses. Und wenn manche Räume noch voll sind von ungelösten Konflikten, von negativen Emotionen, die wir unter den Teppich gekehrt haben, dann reinige durch Deinen Segen unser Haus, damit wir in gesegneten Räumen wohnen. Lass Deinen Segen in das Wohnzimmer strömen, damit unser Miteinander gesegnet ist, unsere Gespräche, unsere Mahlzeiten. Segne die Küche und alles, was darin bereitet wird, dass die Speisen uns zum Segen werden, unsere Gesundheit stärken und uns Freude schenken beim Genießen. Segne das Schlafzimmer, damit unser Schlaf gesegnet ist. Segne das Arbeitszimmer, damit unsere Arbeit Segen bringt. Und segne alle Räume unseres Hauses, damit wir das ganze Jahr hindurch das Gefühl haben: Wir leben in einem gesegneten Haus, von Deiner Liebe erfüllt, von Deinem Schutz behütet und von Deiner heilenden Gegenwart durchdrungen. Amen.

7. Januar

PIERRE STUTZ

Königskinder sein

Unsere Sehnsucht weitertragen
in all unsere Begegnungen
die erzählen vom Geheimnis der Menschwerdung

Unsere Sehnsucht weitertragen
in all unsere Aktivitäten
die die Menschenfreundlichkeit Gottes
aufscheinen lassen

Unsere Sehnsucht weitertragen
im Raum-schaffen
für die königliche Würde eines jeden Menschen

Unsere Sehnsucht weitertragen
im Pflegen eines schöpfungszentrierten Rhythmus
um Erde und Himmel miteinander zu verbinden

8. Januar

ANDREA SCHWARZ

Zusage

du brauchst nicht
das Unmögliche
möglich zu machen
du brauchst nicht
über deine Möglichkeiten
zu leben
du brauchst dich nicht
zu ängstigen
du brauchst nicht
alles zu tun
du brauchst
keine Wunder zu vollbringen
du brauchst dich nicht
zu schämen
du brauchst nicht
zu genügen
du brauchst Erwartungen an dich
nicht zu entsprechen
du brauchst
keine Rolle zu spielen
du brauchst nicht immer
kraftvoll zu sein

und du brauchst nicht
alleine zu gehen

9. Januar

NOTKER WOLF

Wege weisen

Wir Benediktiner leiten Schulen in aller Welt. In Afrika, Asien oder Südamerika sind unsere Schulen Orte des Dialogs, an denen sich Jugendliche verschiedenster Kulturen und Religionen begegnen. Es ist ein Dialog des Lebens, der in die Gesellschaft hineinwirkt. Denn wenn junge Menschen zusammen aufwachsen, haben Vorurteile bei ihnen keine Chance. Was unsere Schulen leisten, ist Friedenserziehung im besten Sinn des Wortes.

Wahrscheinlich gibt es gar nicht sehr viele spezifisch christliche Werte, die wir vermitteln. Ich würde vielmehr sagen, das eigentlich Christliche ist dabei die Art der Verpflichtung und des Umgangs miteinander. Wenn man in einem anderen Menschen die Gegenwart Gottes beziehungsweise Jesu sieht, dann erwächst daraus eine besondere Verantwortung. Manche Politiker und Wirtschaftsleute, die sich später für das Wohl ihres Volkes eingesetzt haben, waren einst unsere Schüler. Der frühere Ministerpräsident Tansanias, den ich selbst kenne, gehört zu diesen Persönlichkeiten. Er hat in seiner Heimat die Korruption aus religiöser Überzeugung bekämpft. …

Jugendliche wollen Dinge nicht nur intellektuell begreifen, sondern sie praktisch erfahren. Sie brauchen Vorbilder, die ethische Werte nicht nur lehren, sondern auch verkörpern. Und wenn sie das Glück haben, an Missionsschulen Frauen und Männer zu erleben, die Christus wirklich ernst nehmen, die alles aufgegeben haben, um ihr Leben ganz für andere Menschen einzusetzen, dann kann das für sie ein Beispiel sein, das prägt.

10. Januar

PIERRE STUTZ

Unterwegs sein

Der Kraft des Neuanfangs trauen
unbelastet dem Neuen entgegengehen
weil ich nicht vor mir selber fortspringen muss
sondern sein darf mit meiner Geschichte

Die Kraft des Neuanfangs auskosten
schweigend unterwegs sein
ausgelassene Lebensfreude wecken
die mit Leib und Seele gefeiert wird

Der Kraft des Neuanfangs Gewicht geben
belastende Erfahrungen in Beziehungen
nicht mehr länger nachtragen
sondern jedem Menschen
Verwandlung zugestehen

11. Januar

ANSELM GRÜN

Ein Frosch im Brunnen

»Ein Frosch, der im Brunnen lebt, beurteilt das Ausmaß des Himmels nach dem Brunnenrand.« So lautet ein mongolisches Sprichwort. Die Mongolen sind ein Volk, das die Weite der Steppe liebt. Ihre Beweglichkeit und ihr Drang nach Offenheit sind aus der Geschichte bekannt. Und diese Eigenschaften prägen noch heute die nomadisierenden Stämme. Das zitierte Sprichwort macht ihre Weisheit gegenüber jeglicher geistigen Enge deutlich. Manchmal gleichen wir selbst dem Frosch, der das Ausmaß des Himmels nach dem Brunnenrand beurteilt. Wir sehen nur das Vordergründige. Der Frosch schwimmt im Wasser und blickt nur manchmal nach oben. So schwimmen wir in den vielen Aufgaben unseres Alltags. Ab und zu erheben wir unseren Blick und sehen den Himmel. Doch wir erkennen nicht seine unendliche Weite. Nur wer die Sehnsucht nach dem Unendlichen in sich trägt, kann die Unendlichkeit des Himmels wahrnehmen. Und darin liegt ein Paradox: Nur wer nach innen blickt, vermag richtig nach außen zusehen. Nur wer in sich die Sehnsucht nach einer Welt trägt, die alles Diesseitige übersteigt, hat den rechten Blick für diese Welt. Sie ist nicht mehr alles für ihn. Die Sehnsucht korrigiert das, was er sieht, sodass alles sein rechtes Maß bekommt.

12. Januar

MARGOT KÄSSMANN

Spur

Eine Spur im Schnee. Welchen Weg werde ich gehen? Und wohin? Manches Mal im Leben geraten wir »aus der Spur«. Oder wir nehmen eine falsche Abzweigung. Zurückschauen zu können, wenn wir älter werden oder dann am Ende des Lebens, und diese Spuren und Abzweigungen, krumm oder gerade, als den eigenen Lebensweg anzunehmen – das ist wohl Gnade.

Am Ende seines Lebens, einer Abenteuergeschichte, in der er verraten und verkauft wurde und viele Höhen und Tiefen erlebt hat, sagt der biblische Josef: »Ihr gedachtet es böse zu machen, Gott aber hat es gut gemacht« (1. Mose/Genesis 50,20). Das ist ein sehr schöner Gedanke, finde ich. Ganz gleich, was geschehen ist, wie übel das Leben oder Menschen mir mitgespielt haben mögen, so, wie es jetzt ist, ist es gut, und im Rückblick kann ich meinen Frieden mit meinem so gelebten Leben finden.

13. Januar

ANDREA SCHWARZ

Wege entstehen
wenn wir sie gehen

vielleicht
sollte ich endlich
meinen Beobachterposten
an der
Straßenkreuzung aufgeben

14. Januar

ANSELM GRÜN

Lebenslabyrinth

Unser Leben ist nie eine Einbahnstraße. Und auf dem Weg unseres Lebens, dem inneren und äußeren, gibt es nicht nur die geradlinigen Entwicklungen. Oft müssen wir Umwege gehen. Nicht selten fühlen wir uns auf den Ausgangspunkt zurückgeworfen, so als sei alles umsonst gewesen. Es scheint, wir müssten wieder von vorne anfangen. Die Labyrinthe in den mittelalterlichen Kirchen haben diese Erfahrung anschaulich dargestellt und sie als Symbol für unseren Lebensweg erfahrbar gemacht. Diese Labyrinthe zeigen mir, wenn ich sie achtsam gehe, etwas über mich selbst: Es gibt Wendepunkte, bei denen ich nur scheinbar wieder zum Ausgangspunkt zurückkehre. In Wirklichkeit ist es ein spiralförmiges Gehen. Ich werde durch Umkehr an einen Punkt geführt, von dem aus ich eine Wendung erfahre. Jetzt kann ich mit neuer Kraft zur Mitte, dem eigentlichen Ziel weitergehen.

Sich wenden, dem in eingefahrenen Gleisen verlaufenen Leben eine Wendung geben – das gibt eine neue Perspektive. Es wandelt den Menschen. Der scheinbare Irrweg wird so Bedingung für eine wirkliche Verwandlung. Scheinbare Rückschläge haben eine positive Wirkung. Sie zeigen sich als heilsame Erfahrung.

15. Januar

ANDREA SCHWARZ

Die Kraft wächst mit dem Weg

wenn du
Gott vertraust
seiner Zusage
glaubst
den nächsten Schritt
wagst

ohne zu ahnen
wohin der Weg führt
ohne zu wissen
wie das Ziel heißt
nur von Hoffnung
und Sehnsucht getrieben

dann wirst du
achtsam bleiben
wach mit allen Sinnen
suchen und sein
und dankbar für Zeichen und Worte
und staunen darüber

wie sich
Schritt für Schritt
ein Weg ergibt
sich das Ahnen verdichtet
der Boden trägt
und zum Quellgrund wird

16. Januar

ANDREA SCHWARZ

Eine alte, weise gewordene Ordensfrau hat mir einmal gesagt: Wenn du vor einer Entscheidung stehst und nicht weißt, wie du dich entscheiden sollst, dann entscheide dich für das, was dich lebendiger macht! Lebendiger – das finde ich ein spannendes Kriterium für eine Entscheidung.

Lebendiger – das heißt nicht unbedingt: einfacher, glücklicher, leichter, angenehmer. Das heißt, sich dem Leben zu stellen, sich durchaus auch herausfordern zu lassen, Neues zu wagen und zu probieren, sich von Altem zu verabschieden. Lebendiger – das ist all das, in dem und bei dem ich mich spüren kann, auch wenn es eben nicht nur schöne, nette und angenehme Gefühle sind. Lebendig – da tut sich was, da tut mir was gut, daran kann ich wachsen, mich weiterentwickeln. Da mach ich mich auf den Weg, da bin ich bereit, aufzubrechen, da komm ich ins Fragen und Suchen.

Der biblische Gegenbegriff zur Lebendigkeit ist der »Tod«. »Leben und Tod lege ich dir vor, du aber wähle das Leben«, so heißt es im Alten Testament – und Jesus sagt eindeutig: »Ich bin gekommen, dass sie das Leben haben und es in Fülle haben« oder auch »Lasst die Toten die Toten begraben!«. Es ist damit nicht der körperliche Tod gemeint, sondern ein innerer Tod, ein seelisches Totsein. Es ist ein Sattsein, eine Selbstzufriedenheit, die keine Sehnsucht mehr kennt. Es ist ein Angekommensein, das sich eingerichtet hat, fertig ist mit sich und der Welt. Es ist der Zustand, wenn man auf alle Fragen des Lebens schon eine Antwort hat. Und eigentlich ist dann auch schon alles entschieden, man hat sich arrangiert und eingerichtet. Gott aber lockt uns zum Leben heraus, will uns zum Leben verführen, zur Lebendigkeit einladen. …

17. Januar

PIERRE STUTZ

Mein Licht leuchten lassen

Mein Licht
nicht mehr länger verstecken
es leuchten lassen
wie es die Kinder tun

Mein Licht
in die Mitte stellen
zu meinen Gaben stehen
darin meine Lebensaufgabe erkennen

Mein Licht
hinscheinen lassen
in dunkle Situationen von Verzweiflung
und Ungerechtigkeit

Mein Licht
erkennen in den gesegneten Kerzen
die zum Symbol werden
für weltweite Verbundenheit der Menschen

Mein Licht
ist nicht mein Licht
sondern Ausdruck
des göttlichen Lichtes

18. Januar

ANSELM GRÜN

Der Geschmack des Lebens

»Manche leben mit einer so erstaunlichen Routine, dass es schwerfällt zu glauben, sie lebten zum ersten Mal.« Der polnische Autor Stanislaw Jerzy Lec, einer der scharfsichtigsten Kritiker unserer Zeit, hat damit etwas auf den Punkt gebracht: Lec meint damit nicht Reinkarnation, sondern den Eindruck, den diese Menschen im Alltag auf ihn machen. Nichts im Leben hat für sie das Geheimnis, den Reiz der Einmaligkeit: Sie sind jung, sie stehen in der Blüte ihres Lebens, sie reifen und werden alt. Und immer leben sie so, als hätten sie es schon tausendmal erlebt. Sie haben kein Gespür für das Neue, das jeder Tag mit sich bringt, für das Einmalige, das jedes Lebensalter in sich birgt. …

Aber genau darum ginge es doch: Dass wir uns unserer Einmaligkeit bewusst werden. Dass wir die immer gleiche Routine durchbrechen und den Sinn für das Einzigartige des Lebens spüren. Dass wir spüren, was es bedeutet: Ich atme, also bin ich. Ich bin da. Ich schmecke den Geschmack des Lebens, jeden Tag aufs Neue. Kein Tag gleicht dem andern.

Jeder von uns ist einzigartig und einmalig. Gott hat sich von jedem Menschen ein Bild gemacht, das allein in diesem Menschen Wirklichkeit wird. Unsere Aufgabe im Leben ist es, dieses ursprüngliche Bild in uns sichtbar werden zu lassen.

19. Januar

ANDREA SCHWARZ

Aufbruch des Herzens

Wichtiges von Unwichtigem
unterscheiden
den Sperrmüll wertschätzen
so wie die Altkleidersammlung
und die Papiertonne voll machen

den Abschied in Kauf nehmen
um neu anfangen zu können
sich trennen
um sich neu zu finden

sich konzentrieren auf das Wichtige
in Erinnerungen schwelgen
und doch
den Englisch-Kurs belegen

zum Aufbruch bereit
auch wenn er
vielleicht nur
im Herzen stattfindet

20. Januar

MARGOT KÄSSMANN

»Hingucker« werden

Es wäre ein echter Ruck, wenn wir in Deutschland aus einer Gesellschaft von Fernsehern eine Gesellschaft von Hinsehern würden. Ein »Hingucker« ist ja heute umgangssprachlich eine Art »Event«, an dem niemand vorbeikommt. Da müssten wir erst einmal nahsehen: Wie geht es den Menschen in unserer Umgebung? Den Aussiedlern, den Flüchtlingen, den Arbeitslosen? Und wir ständen vor der Frage: Können wir handeln? Sind wir bereit, Zeit und Bequemlichkeit zu opfern, um uns zu engagieren, Verantwortung zu übernehmen? Außer Nahsehen wäre dann aber in der Tat auch Fernsehen dran: die Situation der Welt wahrnehmen und fragen: Wie wollen wir Gegenwart und Zukunft so gestalten, dass alle auf diesem Planeten leben können? Die Frage des Lebensstils ist eben nicht einfach eine des schicken »lifestyle«. Es könnte sich manches ändern, wenn wir wagen würden, hinzusehen und konsequent zu leben.

21. Januar

ANDREA SCHWARZ

Schafe wissen sehr genau, wer ihnen gut will.

Und wir? Der Alltag, die Gesellschaft, die Welt verführt uns – wir leben im Wahn des Machbaren, Leistung ist gefragt, Kontrolle, Sicherheit. Wissen ist Macht, Geld schafft Sicherheit, jeder ist sich selbst der Nächste. Wir ernennen uns selbst zum Hirten unseres Lebens – und geraten damit absolut in Stress, weil plötzlich wir machen und tun müssen. Gelassenheit und Vertrauen hingegen, das steht nicht so hoch im Kurs. Wissen wir wirklich noch, was uns gut tut – und wer uns gut tut?

Ein Schaf weiß, so wie die meisten anderen Tiere auch, wer es gut mit ihm meint – und dem folgt es, dem vertraut es.

Kein Geringerer als Gott selbst bietet sich uns als Hirt an, der für uns sorgt, uns auf die Weide führt, dem wir uns anvertrauen können, sodass wir uns nicht mehr ängstigen und sorgen müssen – und nicht mehr verloren gehen. Jesus Christus bezeichnet sich als den guten Hirten, der sein Leben für seine Schafe hingibt. Er selbst trägt uns auf seiner Schulter, wenn wir nicht mehr Schritt halten können, er wehrt all das ab, was uns bedrohen will.

Kennen wir diesen Hirten? Vertrauen wir ihm? Glauben wir, dass er uns gut will? Hören wir seine Stimme? Oder sind wir vielleicht doch schon zu Schafen geworden, die den Hirten nicht mehr kennen?

Vielleicht sind Schafe gar nicht so dumm, wie wir manchmal denken …

22. Januar

ANSELM GRÜN

Ganz gelassen

»Hoffnung und Angst können das Wetter nicht ändern.«

Diese Weisheit aus Tibet gilt weltweit. Ich kenne selber die Erfahrung, dass ich mir den Kopf zerbreche, ob wirklich alle zum vereinbarten Termin rechtzeitig kommen, weil ich sonst mit meinem Zeitplan durcheinandergerate. Oder ich hoffe und bete, dass das Wetter für den geplanten Ausflug gut wird. Ich schaue dann zum Himmel, ob sich die Wolken verziehen oder dichter werden, sodass mit Regen zu rechnen ist. Ich merke, wie viel Energie solche Gedanken kosten. Und doch kann ich mit meinen Gedanken weder das Wetter beeinflussen noch die Ankunft der Gesprächspartner bestimmen. Es lohnt sich also nicht, immer wieder aufzustehen und nach draußen zu sehen, ob die erwarteten Gäste nicht bald kommen. Ich könnte in dieser Zeit viel besser meine Arbeit erledigen oder einfach nur dasitzen und meditieren. Wenn ich fixiert bin auf das Wetter oder auf den Termin, dann gehört die Zeit nicht mir, sondern meinen Grübeleien, meinen Hoffnungen und Ängsten. Wenn ich das Wetter nehme, wie es ist, wenn ich innerlich Ja sage zu dem, was kommt, dann fühle ich mich frei. Dann ist es meine Zeit und Gottes Zeit. Ich kann sie genießen. Manchmal gelingt es mir. Dann sage ich einfach: »Da ich das Wetter nicht ändern kann, lohnt es sich auch nicht, darüber nachzudenken. Da ich die Ankunft des Gastes nicht beeinflussen kann, ist es sinnlos, sich darüber Sorgen zu machen.« Dann überlasse ich das Wetter und die Ankunft Gott und kann mich ganz gelassen dem zuwenden, was gerade dran ist.

23. Januar

ANDREA SCHWARZ

Masche für Masche
strick ich mir
mein Leben zurecht

Dunkles wechselt
mit Hellem
dünner
brüchiger Faden
mit dicker
fester Wolle

seltsame einzigartige
Muster entstehen
manchmal auch hübsche

so ist
mein Leben

24. Januar

ANSELM GRÜN

Gestalte dein eigenes Leben

Jeder darf sich selber die Frage stellen: Woraus schöpfst du? Was sind deine Wurzeln? Was prägt dein Denken und Fühlen? Und auch dieser positive Impuls kann im Leben jedes Einzelnen weiterwirken: Schaue dankbar auf das zurück, was du von den Menschen hast, die vor dir waren, von Ideen, die andere in diese Welt bringen. Auch durch dich selber will Neues aufleuchten. Gott ist der ewig Neue. Er hat auch mit dir einen neuen Anfang gesetzt. Er will durch dich neue Worte, neue Gedanken, neue Lösungen in diese Welt bringen. Gestalte dein Leben neu, so wie der ewig neue Gott es dir zutraut.

Werde fähig, dein eigenes Leben zu leben, damit es zu einer inspirierenden Quelle für andere wird. Hab den Mut, dein eigenes Leben zu leben. Du bist nicht festgelegt durch das Rad deiner Lebensmuster, die sich mit ihren spitzen Nägeln in dich einbohren. Ein Engel wird auch deine Lebensräder zerstören, damit du dein eigenes Leben leben kannst. Du bist nicht dazu verdammt, die Situationen des Verletztwerdens aus deiner Kindheit zu wiederholen. Das Rad ist zerbrochen. Du bist frei. Nun lebe aus der Weisheit, die Gott auch dir geschenkt hat.

25. Januar

PIERRE STUTZ

Zum Leben ermächtigt

Sich nicht blenden lassen von Menschen
die besondere Macht haben
einander ermächtigen
die geschenkte Lebenskraft zu entfalten

Sich selber nicht verlieren
in der Begegnung mit Autoritäten
Wünsche und Sehnsüchte
nicht mehr auf andere projizieren

Ich selbst werden
so wie ich von Anfang gemeint bin
Menschwerdung
wenn mein Dunkel erhellt und angenommen wird
und ich mich nicht mit anderen vergleiche
sondern mein Leben in die Hand nehme
erahnend dass es längst
in der Hand Gottes ist

Gottes Handeln heißt
ICH BIN DA
aus diesem Zuspruch immer wieder neu
einfach da sein

26. Januar

ANSELM GRÜN

Passwort meines Lebens

Man lebt nur einmal, sagt man. Das heißt: Das Leben jedes Menschen ist einmalig. Jeder Mensch ist einzigartig. Romano Guardini meint, Gott habe über jeden Menschen ein Passwort gesprochen, das nur für diesen ganz bestimmten Menschen »passt«. Unsere Aufgabe in jeder Lebensphase ist es, dieses einmalige Wort, das Gott nur über uns spricht, in dieser Welt vernehmbar werden zu lassen. Wir leben nur dann wirklich gut, wenn wir uns unserer Einzigartigkeit bewusst werden und wenn wir verinnerlichen, dass wir nur einmal leben. Jesus hat uns in seiner Predigt immer wieder ermahnt, aufzuwachen und wirklich zu leben – nicht irgendwann, sondern jetzt. …

Wenn Menschen die Einmaligkeit ihres Lebens als Einladung verstehen, ihr einzigartiges Leben bewusst zu leben und es auszukosten, es in allen seinen Facetten wahrzunehmen und es, hier und heute, in jeder Lebensphase, zu gestalten. Ich lebe nur einmal. Das ist auch eine Herausforderung, dieses eine Leben so gut zu gestalten, wie es mir möglich ist. Die Kunst, das einmalige Leben bewusst und intensiv zu leben, beginnt nicht mit dem Eintritt ins Alter. Vom ersten Tag an, seit unserer Geburt werden wir mit jedem Tag älter. Daher besteht die Kunst des Lebens eben in dieser Kunst des Älterwerdens: darin, sich dem inneren Wandlungsprozess des Lebens zu überlassen. Das Ziel der Verwandlung ist, dass wir mehr und mehr in die einmalige und einzigartige Gestalt hineinwachsen, die Gott uns zugedacht hat.

27. Januar

MARGOT KÄSSMANN

Auf Träume achten

Menschen haben stets geträumt, haben aus ihren Träumen die Kraft und den Mut zu Veränderungen geschöpft. Sie haben sich von ihren Träumen leiten lassen, Wegweisung Gottes in ihnen erkannt. Der größte Träumer der Bibel ist Josef. Dass er seinen Träumen nachging, hat ein ganzes Volk vor der Hungerkatastrophe bewahrt. Und da ist auch Jakob mit seinem Traum von der Himmelsleiter, in dem er Zuversicht gewinnt für den weiteren Weg. Oder denken wir an die drei Weisen, denen Gott im Traum zeigt, dass sie Herodes nichts von dem neugeborenen Kind sagen auf dem Rückweg von Bethlehem. In der biblischen Tradition sind Träume also Wegweisungen. Nun hat uns spätestens seit Sigmund Freud die Psychologie einen naiven Zugang zu unseren Träumen der Nacht verbaut. Dennoch stehen Träume noch heute für Zukunftsentwürfe, auch wenn unsere so aufgeklärte Zeit ihnen skeptisch gegenübersteht. Es ist gut, auf sie zu achten.

28. Januar

ANDREA SCHWARZ

**Vor
dem Wind**

wenn
du
voran
kommen willst

dann musst du
den sicheren Hafen
der Bequemlichkeit
der Geborgenheit
der scheinbaren Ruhe
verlassen

wag dich
hinaus
stell dich
dem Wind

mach die Leinen los
bestimme den Kurs
richte die Segel aus
und trau dich

nur
wer losfährt
wird
ankommen

29. Januar

PIERRE STUTZ

Der Hoffnungsfaden meines Lebens

Wir müssen den Widerstand nicht suchen, doch wir dürfen vertrauen, daran reifen zu können. Unsere Kreativität kann dadurch angespornt werden, wie folgendes Märchen zeigt:

Ein Mann war eingesperrt in einem hohen Turm. Seine Frau ließ eine Spinne die hohe Mauer hinaufkrabbeln, um einen feinen, unsichtbaren Faden entlang der hohen Mauer zu spinnen. An diesem Spinnenfaden befestigte sie einen feinen Seidenfaden. Ganz behutsam zog ihn ihr Mann hoch. Am Seidenfaden befestigte sie einen Garnfaden und daran verschiedene Fäden, die jedes Mal ein bisschen fester und schwerer waren. Der Mann zog einen Faden nach dem anderen hoch, schließlich einen Wollfaden, die dünne Schnur, eine stärkere Schnur, bis die Frau schließlich ein leichtes Seil anbinden konnte, das schlussendlich ein starkes Seil aushielt, das dem Mann die Flucht ermöglichte. Er war frei.

Diese Geschichte erinnert mich an meinen Hoffnungsfaden. Manchmal ist er kaum sichtbar, doch er ist da. Ein spiritueller Weg beginnt im wohlwollenden Entdecken des »roten Fadens« in meinem Leben, des göttlichen Wegs in mir. Mag er mir noch so klein und unscheinbar erscheinen, daraus kann ein Seil werden, eine klare, feste Überzeugung.

30. Januar

PIERRE STUTZ

Du
bist der tiefste Grund meiner Hoffnung
ziehst mich an mit dem Mantel der Gerechtigkeit
Du
bewegst uns zur Hoffnung
verwandelst unsere Klage in Tanz
Du
strahlst durch unsere Schönheit
beflügelst uns zum Neuanfang

31. Januar

ANDREA SCHWARZ

Letzter Tag im Januar

die Sonne wärmt schon
die Tulpen wachsen
dem Blühen entgegen
im Wohnzimmer
das Gelb blühender Narzissen
ein Brief unter dem Weihnachtsbaum

Abschied und Anfang
gestern morgen
und ich irgendwo dazwischen

losgelassen
Abschied genommen
wissen
was war
nicht wissen
was kommt

und doch
ja sagen
zu Aufbruch und Neubeginn

und ganz bereit
mich zu geben

Februar

Alltag leben

1. Februar

ANDREA SCHWARZ

ein zettel
beim aufräumen

gefunden
und
plötzlich
weiß ich

es wird zeit
den nächsten schritt
in den blick zu nehmen

sich zu verabschieden
anderes zu beginnen
mich neu verzaubern zu lassen

über grenzen zu gehen
neues zu wagen
mich zu probieren

mit schmerzen und mit tränen

und mit ganz viel lust
auf leben

2. Februar

ANSELM GRÜN

Spüre, was ist

Auch unser Alltag ist nicht immer aufregend. Lass dich auf das Gewöhnliche deines Alltags ein. Vertraue darauf, dass du dort alles findest, was du suchst. Es geht nicht um interessante Neuigkeiten, sondern das Spüren dessen, was ist. Nimm wahr, was ist. Werde dem gerecht, was die Wirklichkeit deines Lebens ausmacht. Dann wirst du erahnen, dass dich der Alltag zum Eigentlichen führt, zum reinen Gewahren des Seins. Und wenn du in Berührung bist mit dem, was ist, dann berührst du den Grund allen Seins. Wenn der Alltag zur Übung wird, wenn er zum Ort der Gottesbegegnung wird, dann verwandelt er sich. Sei achtsam und behutsam mit dir selber. Und sei achtsam mit den Dingen, die dir anvertraut sind. Inneres und Äußeres sind aufeinander bezogen. Im Umgang mit den Dingen drückt sich deine innere Haltung aus. Wie du mit den Dingen umgehst, gehst du auch mit dir um. Wer den Blick verliert für die einfachen Dinge, dem wird sich auch der Blick verdunkeln für die inneren Regungen des Herzens.

3. Februar

PIERRE STUTZ

Die Schönheit feiern

Nicht ein Leben lang
auf die großen Wunder warten
mitten im Alltag
das Wunderbare entdecken

Nicht ein Leben lang
auf die große Erleuchtung warten
mitten im Auf und Ab
die Schönheit der Schöpfung sehen

Nicht ein Leben lang
in der Zukunft verbringen
mitten im Suchen erkennen:
das Wesentliche ist schon da

4. Februar

ANDREA SCHWARZ

Mein Gott des Alltags

Du bist bei mir
alle Tage
alltags
du bist mein Gott des Alltags

dann darf ich dir
bitte schön
auch meinen Ärger
über die hohe Reparaturrechnung
die Freude über den Fischreiher
meine Einsamkeit heute Abend
und den zerrissenen Schuhbändel
übergeben

und jetzt beschwer dich nicht
so
sieht mein Alltag aus

5. Februar

ANSELM GRÜN

Morgensegen

Guter Gott, ich danke Dir für den neuen Tag, den Du mir ge-schenkt hast. Segne diesen Tag, der vor mir liegt. Segne alles, was ich heute in die Hand nehme, damit von meinen Händen Segen ausgeht. Segne alle Worte, die ich heute spreche, dass es gute Worte – Segensworte – werden und dass sie zum Se-gen werden für die Menschen, mit denen ich ins Gespräch komme. Segne die Begegnungen, die ich heute erleben darf, dass sie für alle zum Segen werden. Segne das, was ich mir heute vorgenommen habe. Befreie mich durch Deinen Segen von dem Druck, den ich mir oft setze. Ich kann durch noch so viel Nachdenken nicht die richtigen Worte finden. Segne Du mein Denken, mein Sprechen und mein Tun, damit alles zum Segen wird für mich und für die Menschen, mit denen ich lebe und arbeite. Segne den ganzen Tag, dass es ein gesegn-eter Tag wird für mich und für alle Menschen, mit denen ich heute zu tun haben werde. Amen.

6. Februar

NOTKER WOLF

Rituale – so viel Zeit muss sein

Rituale geben unserem Leben Struktur. Die Zeit verläppert sich nicht und ein Tag »verläuft« sich nicht einfach, wenn man – zum Beispiel – Zeiten der Besinnung fest einplant. Wenn man sich etwa am Abend, statt vor der Flimmerkiste wegzuschlafen, nochmals hinsetzt und überlegt: Wie ist dieser Tag eigentlich gelaufen? Und wenn man diesen abgelaufenen Tag sozusagen vor Gott einbringt und ihn darum bittet, dass er uns verzeiht, wenn etwas danebengegangen ist. Das wirkt ja letztlich auch befreiend. Aus einem Tag also nicht einfach wegdösen, sondern sich ein Ritual setzen – das gibt nicht nur dem Tag eine Kontur, das gibt auch der eigenen Zeit Sinn. Wir brauchen Rituale. Und sei es nur die Art und Weise, wie ich meine Pfeife stopfe. Auch wenn mir da ein paar Leute vorwerfen, ich würde ein schlechtes Beispiel geben. Mit solchen Vorwürfen gehe ich gelassen um.

7. Februar

PIERRE STUTZ

Beim Einschalten des Computers

Nie hätte ich gedacht, dass auch mein Computer ein spiritueller Begleiter sein kann. Wenn ich ihn einschalte, dann holt er sich doch in aller Ruhe seine Programme. Bevor ich etwas von ihm erhalte, sammelt er sich. Er lässt sich dabei nicht aus der Ruhe bringen, ganz im Gegenteil! Wenn ich besonders schnell etwas von ihm will, dann macht mein PC extra langsam! Dies ist ein kleines, alltägliches Beispiel – das mir etwas Wichtiges aufzeigen kann. Wenn ich beim Einschalten gefangen bin in der Vorstellung, alles müsste sehr schnell gehen, dann ärgere ich mich über die Langsamkeit meines Computers. Ich bin blockiert in der Vorstellung, keine Zeit zum Warten zu haben. Würde ich diese Zeit nutzen und genau dasselbe tun wie mein PC, dann könnte sich mein Verkrampftsein verwandeln. Seit ich mir dieser Situation bewusst bin, übe ich beim Computereinschalten einen anderen Arbeitsstil ein. Ich sitze aufrecht da, atme tief durch und ich lockere meine Schultern beim Warten. Ich sitze beim Sitzen und verliere keine Zeit – ich gewinne vielmehr ein wenig mehr Lebensqualität.

8. Februar

ANSELM GRÜN

Rituale öffnen den Himmel

Erhart Kästner schreibt in seinem Buch »Stundentrommel«
über die Riten, die er bei den Mönchen auf dem Berg Athos
beobachtet: »Neben dem Drang, die Welt zu gewinnen, liegt
ein eingeborener Drang, immer Selbes aus uralten Formen
zu prägen. In Riten fühlt sich die Seele wohl. Das sind ihre
festen Gehäuse … Der Kopf will das Neue, das Herz immer
dasselbe.« Was Kästner bei den Mönchen des Heiligen Berges
beschreibt, gilt für uns alle: Ein gelingendes Leben braucht
immer wieder Halt und immer wieder Anregungen. Rituale
können beides geben. Heilende Rituale sind ein Weg, wie der
Mensch mitten im Getriebe des Alltags und in der Ortlosig-
keit dieser Welt einen Raum zum Wohnen findet, wie er mitten in der Hektik einen Ort des Ausruhens entdeckt. Rituale
öffnen immer wieder den Himmel über uns. Sie verheißen
uns, dass unser Leben gelingt. Und sie helfen uns, selber zu
leben, anstatt von außen gelebt zu werden. Sie geben Vertraut-
heit, Klarheit, Sicherheit – das Gefühl der eigenen Identität:
Es ist mein Leben, das ich lebe. Wenn wir Angst haben, alles
nicht mehr zu schaffen und im Strudel der Arbeit unterzuge-
hen, dann sind Rituale eine Hilfe, Geborgenheit zu vermitteln mitten in der Ungeborgenheit unserer Zeit. Rituale sind
auch deswegen gesund, weil sie Lust am Leben vermitteln.
Ich erfahre in sinnlichen Ritualen ganz konkret: Es ist mein
Leben, das ich lebe.

9. Februar

MARGOT KÄSSMANN

Zeitnot

»Alles hat seine Zeit«, sagt dein Prediger.
Aber ich finde für gar nichts mehr Zeit.
Ich hetze durch meinen Alltag von Termin zu Termin.
Der Magen krümmt sich mir, wenn ich sehe, was zu tun ist.

Und dabei bleibt so vieles auf der Strecke.
Ich wünsche mir Zeit mit meinen Kindern.
Mit meinen Freundinnen und Freunden.
Mit mir selbst.
Ich wünsche mir Zeit, die nicht verplant ist.
Die dahinfließen kann.
Die wieder Kreativität und Raum gibt.
Muße zum Denken oder zum Nicht-Denken.
Herrin der Zeit, Herr der Gezeiten,
schenke mir Zeit.
Lebenszeit.

10. Februar

PIERRE STUTZ

Gesegnet sein

Eine Freude kann mir nicht genommen werden: Es ist die Hoffnung, dass ich wie alle Menschen gesegnet bin vor allem Tun.

Ich bin in meiner Einmaligkeit beim Namen gerufen, um in meinem Engagement über mich selbst hinauswachsen zu können, zur Freude vieler Menschen. Zeitlos bleibt für mich die Verheißung aus dem Psalm 105,3: »Alle, die Dich suchen, sollen sich von Herzen freuen.« All mein Suchen, Hoffen, Zweifeln und Vertrauen verdichtet sich im Verinnerlichen dieser Lebensworte. Dabei freue ich mich, dass ich vor meiner Suche gefunden bin vom Urgrund allen Lebens.

11. Februar

NOTKER WOLF

Der Schatz des Sonntags

Ich bin sicher: Die Zukunft des Christentums hängt auch von der Wiederentdeckung des Sonntags ab. Wenn der heilige Benedikt sagt: »Dem Gottesdienst ist nichts vorzuziehen«, dann ist klar – er meint keine Nebensächlichkeit. »Gottesdienst« bedeutet für ihn allerdings nicht nur die Eucharistiefeier, sondern generell das tägliche gemeinschaftliche Beten der Mönche. Jesus hat in der Gemeinschaft mit seinen Jüngern zu Tisch gelegen. Gottesdienst meint also nicht die Stille ergriffener Anbetung. Es meint Gemeinschaftsdienst, gemeinschaftliche Erfahrung. Das griechische Wort »Leiturgia« – zusammengesetzt aus »laos« = Volk und »ergon« = Werk – bedeutet den Dienst der Verehrung, den wir Gott schulden. Liturgie heißt also: Werk des Volkes. Nicht Werk des Individuums. Die Erfahrung des christlichen Gottes – also die gemeinsame befreiende Feier der Gemeinschaft mit ihm und seiner Liebe –, das macht den eigentlichen Schatz des Sonntags aus. Er ist Kernzeit des Christseins.

Das allgemein Menschliche kommt dazu: das elementare Bedürfnis der Menschen, zur wirklich lebendigen Ruhe zu kommen und sich von der Hektik zu befreien, die uns die Woche über antreibt. Die besondere Qualität der Unterbrechung des Alltags macht den Sonntag entscheidend aus: Diesen Schatz sollten wir neu heben.

12. Februar

ANDREA SCHWARZ

Gott
du hast Zeit
und Raum geschaffen
stellst uns Menschen in diese Welt

jeder Morgen von dir geschenkt
vor uns ein neuer Tag
voll Bangen und Lust
Grenze und Möglichkeit

lass mich jeden Tag neu
in seiner Einmaligkeit erleben
achtsam sorgsam
für das Kleine sein

jeder Abend geschenkter Tag
vor uns die Nacht
lassen und spüren
sich ängstigen und ausruhen

lass mich jeden Abend neu
die Endlichkeit erahnen
mein Tun und Sein in deine Hände geben
lös mich aus meinen Verstrickungen

lass mich wachsam sein
für die Einmaligkeit meiner Tage

13. Februar

PIERRE STUTZ

Auf dem Arbeitsweg

In vielen kleinen Gesten bringen wir zum Ausdruck, ob wir Menschen uns definieren über das, was wir tun, über Anstrengung und Leistung, oder ob uns eine einmalige Würde bewohnt. Kleine, unscheinbare Rituale können eine Wirkung haben auf unsere Arbeitseinstellung. Wer mit dem Auto zur Arbeit fährt, kann die Geste des Anschnallens der Gurte als Symbol verstehen.

Völlig lächerlich?! Überhaupt nicht! Schon ein achtsames, langsames Anschnallen kann zum Ausdruck werden meines verantwortungsvollen Umgangs mit mir und anderen.

Wer mit der Straßen- oder S-Bahn zur Arbeit fährt, der kann in einigen Momenten des bewussten, aufrechten Dasitzens dem Tag schon eine andere Bedeutung geben – und die Perspektive des regelmäßigen Durchatmens. Wer zu Fuß geht oder per Fahrrad zur Arbeit fährt, dem kann ein Blick zum Himmel, ein Hören auf das Singen der Vögel zur Meditation werden, zur Einsicht des Eingebundenseins in eine größere Wirklichkeit.

14. Februar

ANSELM GRÜN

Dampf ablassen

Wenn wir zu aufgewühlt sind, dann ist es besser, erst einmal die Unruhe durch einen längeren Spaziergang oder einen Waldlauf zu vertreiben. Im Gehen kann ich mich freigehen von der inneren Unruhe, von Problemen, die mich umtreiben. Der dänische Religionsphilosoph Sören Kierkegaard hat die Erfahrung gemacht, dass es keinen Kummer gibt, den er sich nicht weggehen kann. Auch im ruhigen Laufen kann ich mich freilaufen von dem, was mich beschäftigt. Allerdings wird das nicht gelingen, wenn mein Joggen von einem inneren Leistungsdruck geprägt ist, wenn ich immer nur die Kilometer zähle, die ich mir als Pensum vorgenommen habe. Ich muss mich ganz der Bewegung überlassen. In der Bewegung übernehme ich das innere Bewegtsein und bringe es zur Ruhe. Wenn ich mich nach einem Spaziergang im Zimmer zur Meditation hinsetze, dann bin ich viel ruhiger als vorher. All die innere Unruhe ist verflogen. Gerade in unserer hektischen Welt brauchen wir leibhafte Weisen, um die Unruhe zu vertreiben. Das kann neben dem Spazierengehen oder Laufen auch eine Gartenarbeit sein. Wenn ich mit dem Leib meinen inneren Dampf ablasse, kann ich nachher viel ruhiger sein.

15. Februar

NOTKER WOLF

Was Geduld bedeutet

Manche verstehen unter Freiheit: Ich will alles. Jetzt. Und zwar sofort. Dem steht schon die Lebenserfahrung entgegen. »Wer ein Ei ausbrütet, bekommt ein Huhn; wer es in die Pfanne schlägt, nur ein Omelett«, hat jemand gesagt. Oder, wie ein afrikanisches Sprichwort sagt: »Gras wächst auch nicht schneller, wenn man mit den Zähnen daran zieht.« Geduld ist also auch eine Tugend. Sie schafft Möglichkeiten, die der Ungeduldige gar nicht in den Blick bekommt.

Geduld haben, sich Zeit lassen bedeutet auch nicht: warten, bis andere statt meiner handeln. Sich Zeit lassen heißt: warten können, um eine Entwicklung möglich zu machen. Aber es heißt nicht: die Hände in den Schoß legen. Geduld bedeutet: wachsen lassen können. Anderen die Freiheit lassen, sich zu entwickeln. Und es meint gerade nicht Untätigkeit. Aufmerksamkeit, Wachsamkeit, Fördern – all das ist mit Geduld verbunden.

16. Februar

ANDREA SCHWARZ

ich halte mir
nicht alles offen
ich lege mich fest
ich bekenne mich zu dir
mit allen Konsequenzen

wer sich entscheidet
der sagt
hier bin ich zu Hause
und hier will ich zu Hause sein
bei dir will ich zu Hause sein
zu dir will ich gehören
mit dir will ich meinen Weg gehen

wer alles will
wird nirgendwo zu Hause sein
und unbehaust bleibt der
der sich nicht entscheiden will
entscheiden kann
wer zu Hause sein will
muss sich dafür auch entscheiden
für eine Adresse
eine Hausnummer
einen Menschen
für Gott

und wer sich
für das Zeichen des Kreuzes entscheidet
wird haben Heimat in Ewigkeit

17. Februar

MARGOT KÄSSMANN

Weite

Es kann sehr eng werden im Leben. Da ist alles wie vorgefertigt und zugeplant, kein Ausweichen mehr möglich, der Alltag ist festgezurrt von all den Ansprüchen, die wir selbst, der Beruf oder die Familie an uns haben.

»Du stellst meine Füße auf weiten Raum«, sagt der Psalmbeter (Ps 31,9). Das heißt doch, dass Gott mir Weite zumutet. Dass Weite mich nicht ängstigen muss, sondern dass ich gestellt und damit auch gehalten bin! Ich verstehe das so, dass ich mit einem Bein geerdet bin in meinem Glauben, der Tradition meiner Vorfahren, der Kultur meines Landes, den Verpflichtungen gegenüber meiner Familie, den Anforderungen im Beruf. Aber es gibt auch ein Spielbein in meinem Leben. Das darf sich bewegen. Aufbrüche darf ich wagen. Mut zur Weite, zur Überwindung von Grenzen darf ich haben. Enge muss nicht sein, auch nicht Glaubensenge. Gott hat mich geschaffen, mit Neugier und Lust am Entdecken unbekannter Räume in meinem Leben und in dieser Welt. Gott legt mich nicht fest auf das, was war, sondern eröffnet immer wieder neue Möglichkeiten. Spielräume.

18. Februar

ANSELM GRÜN

Von Lilien lernen

»Lernt von den Lilien, die auf dem Feld wachsen: Sie arbeiten nicht, sie spinnen nicht. Ich sage euch: Selbst Salomo war in all seiner Pracht nicht so gekleidet wie eine von ihnen.« Was sagt dieser Satz Jesu aus der Bergpredigt, den Matthäus überliefert, heute noch? Ernst Bloch, der atheistische Philosoph, meint, dieses Wort Jesu offenbare seine ökonomische Romantik. Jesus hätte keine Ahnung von wirtschaftlichen Zusammenhängen. Doch Jesus weigert sich, das Leben mit Arbeit zu identifizieren. Das Leben ist mehr als Arbeiten. Das Leben ist auch dankbares Genießen dessen, was gewachsen ist, auf dem Feld, aber auch auf dem Acker meiner Seele. Der Mensch sorgt sich um sein Essen und um seine Kleidung. Das sind die beiden ursprünglichsten Motivationen für seine Arbeit. Doch bevor wir uns das Essen und die Kleider verdienen, sollten wir sehen, dass Gott uns Nahrung schenkt und uns kleidet. Die Kleider können nur die Schönheit, die Gott dem Menschen geschenkt hat, deutlicher hervortreten lassen. Aber sie können keinen hässlichen Menschen schön machen. Die eigentliche Schönheit des Menschen kommt von Gott, so wie die Schönheit der Lilien von Gott herrührt. Bevor wir uns an die Arbeit machen, sollten wir erst wahrnehmen, was Gott uns Tag für Tag schenkt. Dann wird die Arbeit den richtigen Rahmen erhalten. Sie wird uns nicht bestimmen, sondern Ausdruck unserer Kreativität sein. Sie wird nicht aus Angst, sondern aus Lust am Schaffen aus uns herausfließen. Sie gehört zu unserem Leben, auch mit ihren Mühen. Aber sie hört auf, unser Leben zu beherrschen.

19. Februar

PIERRE STUTZ

Offen sein

Offen sein
für die Überraschungen des Lebens
unerwartete Begegnungen in einem Zug
genießen
die in mir eine unerkannte Seite
lebendig werden lassen

Offen sein
für ein spannendes Leben
das mich ermutigt
gelassener mit den vielen Spannungen
im Leben umzugehen

Offen sein
für ein gesammeltes Leben
um in allen Lebensvollzügen
meine Bestärkung zur Lebendigkeit
zu entdecken

20. Februar

ANDREA SCHWARZ

Ich hatte es übernommen, für das nächste Treffen einer Gruppe den Impuls zu gestalten. Irgendwann fiel es mir wieder ein, ich suchte ein wenig herum – und dachte dann: Ach, schau doch mal, welche Bibelstellen an diesem Tag zur Lesung vorgesehen sind. Und da hat es mich eiskalt erwischt …

Denn unwiderruflich sind Gnade und Berufung, die Gott gewährt (Römer 11,29)

denn
unwiderruflich
sind Gnade
und Berufung
die Gott
gewährt

Ich gebe zu: Ich habe die Bibel in dem Moment an die Seite gelegt, nach dem Lesen
dieses einen Verses. Mich hat es nicht mehr interessiert, wie die Stelle weitergeht,
mich hat nicht interessiert, was vorn dran steht.
Da kam etwas in mir in Bewegung, da berührte mich etwas ganz tief.

Denn unwiderruflich sind Gnade und Berufung, die Gott gewährt …

21. Februar

ANDREA SCHWARZ

**Manchmal hilft es
schlafen zu gehen**

Nicht leisten müssen
und nicht perfekt sein

nicht wissen müssen
und nicht alles unter Kontrolle haben

nicht machen müssen
sondern zulassen

nicht wollen
sondern erwarten

nicht Mühe
sondern Geschenk

überraschend
unerwartet
ungewohnt

das Seine tun
aber sich dann auch in aller Ruhe
schlafen legen

und darauf vertrauen
dass du
das Notwendige schenkst

22. Februar

PIERRE STUTZ

Engagierte Gelassenheit

Gelassenheit hat nichts zu tun mit Oberflächlichkeit oder »Coolsein«. »Lassen« kann ich ja nur das, was ich zuerst getan, gehabt oder wahrgenommen habe. Ein gelassener Mensch spürt seinen Ärger, denn er hat seinen Grund – und er kann ihn dann auch wieder lassen.

Jesus ist für mich jemand, bei dem ich diese engagierte Gelassenheit lerne. Jesus verliert sich nicht in den brennenden Fragen, sondern schafft zuerst Distanz, um Kraft zu schöpfen. Oft stürzen wir uns in Situationen, in denen wir besonders gefordert sind, in die Aufgaben hinein – mit der Gefahr, uns darin immer mehr zu verlieren. Dabei kann es dazu kommen, dass wir immer mehr »gelebt werden« – und zu wenig im Einklang mit uns, mit den anderen, mit der Schöpfung leben.

In Zeiten der Verunsicherung, der Entscheidungen, der Belastungen, der Trauer brauchen wir mehr denn je Räume, in denen wir aufatmen können. Eigentlich sind diese Räume schon da, doch wir benutzen sie zu wenig. Dabei kann ich mir ganz sicher sein: Mein Tun, mein Einstehen für Gerechtigkeit in dieser Welt bewirkt mehr, wenn ich mich zuerst sammle und in Berührung komme mit der göttlichen Quelle in mir.

Ohne Distanz zu den Ereignissen des Lebens ist dies kaum möglich. Dabei wende ich mich nicht ab von der Not, sondern schaffe zuerst einen Raum des Innehaltens, um überzeugender auftreten zu können. Engagierte Gelassenheit ist in unserem Atem angelegt: Ein- und Ausatmen verweisen uns auf das Zupacken und Loslassen. Beides braucht es, damit Leben gelingen kann.

23. Februar

ANSELM GRÜN

Der Fehlerfriedhof

Wir kreisen in unseren Gedanken oft um die Fehler der anderen. Wir regen uns auf, wenn ein Freund unseren Geburtstag vergisst oder wenn er im Gespräch nicht richtig zuhört. Wir können dann tagelang über unsere Verletztheit reden und uns immer mehr hineinsteigern in den Ärger über den unsensiblen Freund oder die treulose Freundin. Ein wichtiger Aspekt des Loslassens ist das Verzeihen: Anstatt dem anderen seine Fehler nachzutragen, vergeben wir sie, lassen wir sie los, lassen wir sie bei ihm. Henry Ward Beecher, ein amerikanischer Geistlicher, der sich auch sehr aktiv für die Abschaffung der Todesstrafe in seinem Land eingesetzt hat, hat die heilende Wirkung des Verzeihens in einem schönen Bild zum Ausdruck gebracht: »Jeder Mensch sollte einen nicht zu kleinen Friedhof besitzen, auf dem er die Fehler seiner Freunde begräbt.« Was begraben ist, sollen wir im Grab lassen und nicht ständig darin herumwühlen. Manchmal träumen wir vom Grab. Das ist immer eine Mahnung, sich von Altem zu verabschieden und loszulassen.

24. Februar

PIERRE STUTZ

Befreiend die Einsicht
scheitern zu dürfen
unvollkommen zu bleiben
als hohes Ideal echter Menschwerdung

Beglückend die Grundhaltung
an Brüchen wachsen zu können
aus Fehlern lernen zu dürfen
als Weg zur Toleranz

Bewegend der Zuspruch
niemals perfekt sein zu müssen
immer werden zu können
als Versöhnung mit dem Leben

25. Februar

ANDREA SCHWARZ

let it go

wenn man daran glaubt
dass Gott wirkt

dann gibt es den Punkt
an dem man loslassen muss

dann gibt es die Zeit
in der man gehen lässt

dann gilt es
zu erkennen

wann meine Pläne nicht seine Pläne sind
wann ich Meines getan habe

und ihm
Seines nicht abnehmen darf

dann gilt es
wachsen zu lassen

und Gott nicht
im Wege zu stehen

26. Februar

PIERRE STUTZ

In einem Zuge

Nach einer intensiven Lesereise setze ich mich in den vordersten Wagen des Zuges, der von München nach Zürich fährt. Beim Kontrollieren der Fahrkarte sagt mir der Zugführer: »Sie haben diesen Wagen ganz für sich allein, niemand anders ist da!« Ganz erstaunt schaue ich um mich herum. Es ist wirklich so. Ich genieße diese Ruhe und schlafe kurz danach ein. Irgendwann höre ich die Stimme einer Frau, die mich mit folgenden Worten aus dem Schlaf weckt:

»Ich lebe mein Leben in wachsenden Ringen,
die sich über die Dinge ziehen.
Ich werde den letzten vielleicht nicht vollbringen,
aber versuchen will ich ihn.«

Kalt läuft es mir den Rücken hinunter: Wo bin ich? Träume ich? Spinne ich? – Nach einigen zögernden Momenten richte ich mich auf und entdecke eine junge Frau im Waggon. Sie muss irgendwann zugestiegen sein, ohne dass ich es bemerkt habe. Sie sitzt da und liest halblaut Gedichte von Rainer Maria Rilke aus seinem »Stundenbuch«. Sie ist ganz bei sich und lässt sich auch durch meinen staunenden Blick nicht beirren. Sie liest sich (und nun auch mir) Gedichte vor. Wie im Film komme ich mir vor. Ein Lächeln begleitet mich auf dieser spannenden Reise. Die Zeit geht vorbei in einem Zuge!

27. Februar

ANSELM GRÜN

Unmögliches wird möglich

Dichter und Humoristen sehen die Wirklichkeit anders. Sie zeigen die Wahrheit im Paradox: »Du siehst Dinge – und fragst: Warum? Ich dagegen sehe Dinge, die nie wirklich waren, und ich frage: Warum nicht?« In diesem Satz des großen Satirikers und Menschenkenners George Bernard Shaw wird die Kraft der Fantasie deutlich. Shaw legt die Wirklichkeit schaffende Macht der Träume, ja die Utopie, in unsere Macht.

Es ist schon viel, die Dinge nicht einfach so hinzunehmen, wie sie sind, sondern danach zu fragen, warum sie so sind. Das Fragen lässt mich die Dinge besser verstehen. Doch G. B. Shaw ist Dichter. Er sieht Dinge, die nie wirklich waren. In seiner Dichtung bildet er nicht nur die Wirklichkeit ab, so wie sie ist. Er schafft vielmehr eine eigene Welt. Und wenn Kritiker diese Welt infrage stellen, fragt er zurück: Warum nicht? Warum sollte nur die Welt existieren, die wir sehen? Warum sollten nicht auch unsere Fantasien wirklich sein? Warum sollte unsere Sehnsucht nicht die gleiche Realität haben wie unser Ärger und unsere Traurigkeit? Wer es wagt, Dinge zu sehen, die er nicht in der Wirklichkeit antrifft, der verändert die Welt. Die Fantasie, die das Unmögliche erträumt, bereitet den Weg dafür, dass das Unmögliche möglich wird. Was wir uns ausdenken, sind nicht bloße Hirngespinste. In den Bildern, die unser Verstand formt, erahnen wir eine Welt, die zwar noch nicht existiert, dennoch aber Wirklichkeit werden kann. Die Bilder, die in uns entstehen, sind wirklich, auch wenn sie noch nicht greifbar sind. Bilder verändern die Welt.

28. Februar

PIERRE STUTZ

Beglückende Leichtigkeit

Lebensfreude
wünsche ich dir
dankbares Staunen
im Entdecken
der Tiefendimension des Lebens

Lebensfreude
sei dir geschenkt
beglückende Leichtigkeit
im Annehmen der Schwere
die auch zum Lebensrhythmus gehört

29. Februar

ANSELM GRÜN

Eintauchen in andere Welten

Lesen ist keine Tugend. Und doch gehört es zu einem guten Leben. Im Lesen tauche ich ein in eine andere Welt. ... Es ist nicht die Welt des Nutzens und der Zweckbestimmtheit, sondern eine Welt, in der die Seele beflügelt wird und in der sie Nahrung findet. Im Lesen begegne ich anderen Menschen, dem Autor mit seinen Gedanken und Gefühlen, aber auch vielen anderen, von denen er schreibt. Und im Lesen begegne ich mir selbst: Indem ich lese, verstehe ich mein eigenes Leben besser. Und ich sehe es in einem größeren Kontext. Das deutsche Wort »lesen« geht auf eine Wurzel zurück, die »zusammentragen, sammeln, verstreut Umherliegendes aufnehmen« bedeutet. Wir lesen nicht nur Bücher, sondern auch die Ähren oder Trauben bei der Ernte. Im Lesen sammle ich die verschiedenen Aspekte menschlichen Lebens. Es ist wie eine Ernte. Ich ernte die Gedanken anderer Menschen und früherer Zeiten, um mich davon zu nähren. Wer viel liest, wird belesen. Er kennt sich aus im Leben. Er ist gebildet, weil er sich mit anderen Erfahrungen konfrontiert. Das Lesen selbst ist schon ein heilsamer Akt. Hier tauchen wir in eine andere Welt ein. Und die befreit uns von der oft bedrängenden und bedrohlichen Welt um uns herum. Sie relativiert das, was uns sonst umgibt an Härte, Enge und Unbarmherzigkeit. Lesend komme ich auch mit mir in Berührung, und das ist schon ein großer Wert, selbst wenn ich nicht viel von dem behalte, was ich gelesen habe. Im Augenblick des Lesens jedoch bin ich ein anderer. Da bin ich mir selbst näher als sonst. Und je öfter ich mir nahe komme, desto besser gelingt mein Leben.

März

Achtsam
werden

1. März

ANSELM GRÜN

Gutes Leben beginnt so

Das gute Leben beginnt mit Achtsamkeit. Erst wenn ich aufmerksam werde, entdecke ich den Reichtum des Lebens.

Jeder neue Tag kann dies lehren: Wenn ich achtsam aufstehe, spüre ich, dass Aufstehen etwas mit Auferstehung zu tun hat. Ich stehe aus dem Grab meiner Angst auf, aus dem Grab meiner inneren Dunkelheit. Ich stehe auf, ich stehe zu mir, ich stehe diesen Tag durch. Achtsamkeit besiegt Angst und Erstarrung. Im Kleinen und Einfachen strahlt das Eigentliche durch.

Es beginnt schon am Morgen: Sich achtsam zu waschen bedeutet nicht nur, alle Bereiche des Körpers zu reinigen. Wenn ich achtsam wahrnehme, was Waschen ist, dann reinige ich mich auch von allen Trübungen der Projektionen, die andere auf mich werfen, von den Trübungen meiner eigenen Selbstbilder. Ich wasche das Unklare ab, damit das klare und ursprüngliche Bild, das Gott sich von mir gemacht hat, zum Vorschein kommt, damit ich durchlässig werde für die Schönheit, die in mir erstrahlen soll.

Und wenn ich achtsam meinen Weg gehe, erlebe ich, was gehen auch heißen kann: Auswandern aus Abhängigkeiten, weitergehen auf meinem Weg der inneren Wandlung und zugehen auf das Ziel meines Lebens. Alle Tätigkeiten, die ich achtsam verrichte, werden sich mir in ihrem wahren Sinn erschließen. Und ich werde die Menschen und die Dinge um mich herum anders und tiefer wahrnehmen. Ich werde sie achten. Und schließlich werde ich mit wachen Augen das Eigentliche in allen Dingen sehen.

2. März

PIERRE STUTZ

Heute

Heute
beim Frühstück einfach da sein
die Stille oder die Musik genießen
angstbesetzte Gedanken vorbeiziehen lassen
wie Wolken
im tiefen Ein- und Ausatmen

Heute
beim Mittagessen keine Arbeitsthemen angehen
die Mahlzeit mit allen Sinnen wahrnehmen
einander erinnern an die Kraft des Augenblicks
sich stärken im langsamen Essen und Trinken

Heute
beim Abendessen einander zuhören
mit einer brennenden Kerze auf dem Tisch
einander zum persönlichen Erfahrungsaustausch
ermutigen
die Mahlzeit und die Augen-Blicke
genießen können

3. März

ANDREA SCHWARZ

Auf das Leise hören

Ja, ich glaube daran, dass Gott für uns das Leben und Lebendigkeit will. Zugegeben, er schreibt keine E-Mail, keine SMS – und auch bei der normalen Post dürfte eher ein Brief vom Finanzamt zu vermuten sein als ein Brief von Gott.

Die Sprache Gottes ist eine andere Sprache, als wir sie gewohnt sind. Und es kann gut sein, dass wir sie nur mit dem Herzen hören können – aber nicht mit den Ohren.

Mit den Ohren hören wir so viel – Radio- und Fernsehprogramme, den Lärm der Flugzeuge, belangloses Gerede, das Gejohle vom Fußballplatz.

Manchmal kann da die Stimme Gottes verloren gehen. Die Stimme Gottes ist leise und zart. Meistens jedenfalls. Deshalb kann die Stille dabei helfen, diese Stimme zu hören.

Auf das Leise zu hören …

4. März

MARGOT KÄSSMANN

Nebel

Heute Morgen beim Joggen im Wald war der Nebel allgegenwärtig. Es war, als wären wir zwei Laufenden allein auf der Welt. Niemand war vor uns zu sehen, niemand hinter uns, nur der nächste Baum, alles andere unerkannt, schemenhaft. Die Spinnweben glitzerten wie Kunstwerke auf faszinierende Weise im Tau. Der Nebel machte alles fremd. Und wir darin unerkannt, nach dem rechten Weg suchend.

Unheimlich kann Nebel sein, verstörend. Aber wenn Nebel sich dann lichtet, die Konturen wieder klar erkennbar werden, ist das wie ein Erwachen von neuer Lebenskraft und Energie. Auch das ist ja ein Symbol für unser Leben: Es gibt Phasen, in denen wir nicht sehen, wohin der Weg führt. Und dann auf einmal erscheint alles klarer und wir können mit Zuversicht die nächsten Schritte gehen.

5. März

PIERRE STUTZ

Bewusst in der Natur verweilen

Beim Verweilen in der Natur, etwa beim Joggen oder beim Wandern, erinnere ich mich, dass Gott in allem atmet, was lebt. Wir sind »umfangen von den Umarmungen Gottes« (Hildegard von Bingen).

Solche kraftvollen Momente des Staunens lassen mich voll Dankbarkeit himmelwärts schauen. Und wenn ich wirklich mit beiden Füßen auf dem Boden stehe, erfahre ich auch entsetztes Staunen. Ich nehme neben dem Ergriffensein auch all das Himmelschreiende wahr, all die bedrohten und in den Wahnsinn getriebenen Kreaturen. Ein schöpfungszentrierter Mensch erfährt beides: Ergriffensein und Entsetzen. Er verliert damit nicht den Boden unter den Füßen, sondern ist darin geerdet und dem Himmel zugewandt zugleich.

6. März

NOTKER WOLF

Psalmenbeten

Das Zeitmaß der Mönche ist, vom frühen Morgen bis zum Gebet der Nacht, geprägt vom Psalmenbeten. Psalmen sind Gedichte, sie gehören zur Weltliteratur. Sie sind gleichzeitig persönliche, aber auch gemeinschaftliche Gebete. Wenn der Psalm 139 – »Du bist es, der meine Nieren geschaffen; du hast mich im Leib meiner Mutter gewoben«– auftaucht, weiß ich natürlich und ganz unmittelbar, was sich da alles jetzt abspielt.

Ich stehe da, ich singe, aber ich sehe den gesamten Psalm vor mir, wie ich bei einem Gedicht die Gesamtheit des Textes wahrnehme. Es gibt eine gewisse Grundstimmung, die mich einhüllt. Man könnte das auch Meditation oder Kontemplation nennen. Da achte ich nicht mehr auf jedes einzelne Wort. Auf einmal spüre ich einfach diese große Freiheit. Es sind Worte, die seit über 3000 Jahren Menschen immer wieder geholfen haben, ihre Erfahrung ins Wort zu bringen, und das ist meine Erfahrung noch heute: dass dieses Beten, das sich hineinstellt in diesen großen Strom von Betern, unglaublich befreit.

7. März

ANSELM GRÜN

Die Wohnung entrümpeln

Die Fastenzeit ist wie eine Art Frühjahrsputz für Leib und Seele. Der Leib wird durch das Fasten entschlackt, die Seele durch mehr Zeit und Stille. Doch der Frühjahrsputz kann sich auch auf unsere Wohnung beziehen. …

Entrümpeln Sie Ihre Wohnung. Wir sollen uns in der Fastenzeit von allem reinigen, was unser Denken trübt. Dazu gehört auch unsere Wohnung. Sie lässt uns manchmal nicht mehr atmen. Sie werden spüren, dass das Entrümpeln Sie befreit. Gehen Sie einmal ganz bewusst durch Ihre Räume. Schauen Sie genau hin, wo Ihre Wohnung zu voll steht. Jetzt ist eine gute Gelegenheit, einmal durch unser Haus zu gehen und zu überlegen, was wir weggeben oder was wir entsorgen sollen.

Fragen Sie sich: Was habe ich im letzten Jahr nicht in die Hand genommen? Brauche ich es wirklich noch? Oder würde ich mich viel wohler fühlen, wenn ich es aus dem Haus schaffe? Was kann ich verschenken? Was entsorge ich lieber? …

Das Reinigen gerade der Räume, die voll gestellt sind mit unnützen Sachen, kann zum Bild dafür werden, dass wir auch die verborgenen Räume unserer Seele auskehren. Wir werfen die Bitterkeit aus uns heraus, die negativen Gefühle, die sich bestimmten Menschen gegenüber in uns festgesetzt haben, all den Müll vergangener Verletzungen. So werden wir nach dem Frühjahrsputz uns nicht nur im Haus, sondern auch in unserer Seele wohler fühlen.

8. März

PIERRE STUTZ

Durchatmen und loslassen

»Nimm dir jeden Tag eine halbe Stunde Zeit zum Gebet, außer wenn du viel zu tun hast, dann nimm dir eine Stunde Zeit!«, schreibt der heilige Franz von Sales – und wir müssen unwillkürlich lächeln darüber.

Zur Tragik heutiger Menschen gehört, dass sie in Zeiten der Verunsicherung und der Überforderung den Zugang zu den eigenen Ressourcen nicht fördern, sondern sich selber durch das Leben hetzen.

Im französischen Wort Ressourcen steckt das Wort *source* – das heißt: *Quelle*. Die innere Quelle versiegt nie, doch es kann sein, dass ihre Kraft uns wenig belebt und erneuert, wenn und weil wir uns verkrampfen. In Zeiten der Dünnhäutigkeit brauchen wir einen besonders wohlwollenden Blick uns selber gegenüber. Beim tiefen Durchatmen, mit beiden Füßen auf dem Boden stehend, erinnere ich mich: Es kommt wohl auf mich an, hängt aber letztlich nicht nur von mir ab.

9. März

ANDREA SCHWARZ

segen

komm
wir bitten dich

komm und
segne uns

sei uns licht
im dunkel

sei der leise ton
in all dem lärm

sei die stimme
die erinnert

sei
mein gott

sei die hand
die sanft berührt

führe und
leite mich

sei der geist
der mich atmen lässt

ich bin bereit
deinen weg

zu
gehen

dem leben
entgegen

10. März

PIERRE STUTZ

Mein Dasein

als Segen verstehen
das auch andere bestärkt
einfach zu leben
Mein Nichtstun als Segen erfahren
das auch andere ermutigt
maßvoll im Leben zu stehen
Mein Neinsagen als Segen erleben
das auch andere bestärkt
Prioritäten zu setzen

11. März

ANSELM GRÜN

Wir sollten uns Inseln der Langsamkeit gönnen

Die Welt im Ganzen wird immer schneller. Jungsein wird meist gleichgesetzt mit Schnelligkeit, mit Flexibilität und Mobilität. Einer solchen Sicht sollten wir uns, wenn wir älter werden, aber nicht unterwerfen. Auch das Kind ist schließlich langsam. Es genießt die Langsamkeit. Wenn die Eltern es anspornen, sich schneller anzuziehen, genießt es das Kind, bewusst langsam zu sein. Es lässt sich nicht gerne hetzen. Es braucht Zeit zum Träumen und Spielen. Und auch der älter werdende Mensch wird wieder einen neuen Sinn für die Langsamkeit entdecken. Nicht umsonst ist das Buch von Sten Nadolny zum Kultbuch geworden: »Die Entdeckung der Langsamkeit«. Langsamkeit ist auch Zeichen von Spiritualität. Der ältere Mensch kann es sich erlauben, wieder langsamer zu werden. Mitten im Leben stehend können wir bei der Arbeit nicht langsam sein. Sonst würden wir in kurzer Zeit unsere Stelle verlieren. Aber auch wer im Berufsleben steht, braucht den Gegenpol: die Langsamkeit. Es gibt Menschen, die die Hektik bei der Arbeit auch in ihre Familien bringen. Sie sind kein Segen für ihre Familie. Die Kinder wollen nicht die Hektik des Vaters. Sie möchten, dass er sich Zeit für sie nimmt. So besteht die Kunst des Lebens darin, schnell und effektiv zu arbeiten, aber immer auch langsame Zeiten zu haben, in denen man sich Zeit lässt, in denen man die Langsamkeit der Bewegungen genießt. Die Zeit des Betens oder des Gottesdienstes dient seit jeher der Verlangsamung unseres Lebens. Nicht erst im Alter, sondern mitten in der Schnelligkeit des Lebens sollten wir uns Inseln der Verlangsamung gönnen.

12. März

NOTKER WOLF

Leben – mal in Andante, mal in Prestissimo

Was »geschwind« und was »langsam« ist, hing immer schon von den Zeitumständen ab. Mozart zum Beispiel wurde in unterschiedlichen Epochen schneller oder langsamer gespielt, je nach Zeitempfinden. Beethoven hat für seine Eroica, die er bei der Uraufführung im Jahr 1804 dirigiert hat, 60 Minuten gebraucht. Leonard Bernstein hat sie später in Wien auf 53 Minuten und 20 Sekunden beschleunigt und war nochmals vier Minuten schneller, als er sie in New York dirigiert hat. 1987 hat Michael Gielen nur noch 43 Minuten dafür gebraucht. Man kann natürlich fragen: Haben wir nicht einmal mehr eine Stunde Zeit?

Aber jeder Interpret ist ein neuer Gestalter, ein neuer Künstler, ein neuer Tempogeber. Objektivität gibt es in diesem Zusammenhang gar nicht. Wie im Leben.

Alles hat seine Zeit. Alles hat sein Tempo. Unser eigenes Leben ist da nicht anders. Nicht immer ist das Gleiche gefragt. Wir sollten verschiedene Tempi im Musikstück unseres eigenen Lebens spielen können. Es gibt, nicht nur in der Musik, sondern auch in unserem Leben, einen Reichtum an Möglichkeiten: Andante, Presto, Allegro. Zeiten der heiteren Ruhe und des gelassenen Ausruhens. Und Zeiten des Prestissimo.

13. März

ANDREA SCHWARZ

eine stunde lang

dem regen zugeschaut
aus dem fenster geguckt
mich in gedanken verloren

eine stunde lang
vor dem computer gesessen
und keine zeile getippt

eine stunde lang
geguckt geschaut
gedacht gefühlt

und
nichts
getan

und
es war
gut so

14. März

ANSELM GRÜN

Nutze den Augenblick

Wenn du das nächste Mal in einer Warteschlange stehst – im Supermarkt, vor einem Konzert an der Kasse – und wenn du das nächste Mal im Stau stehst, schimpfe nicht, drängle dich nicht vor – und lass auch den Impuls, das zu tun, nicht hochkommen. Versuche einfach, die Leute zu beobachten. Stell dir vor, was die Frau vor dir denkt und fühlt, wie es ihr geht, wonach sie sich sehnt. Beobachte den Mann hinter dir. Was bewegt ihn? Warum ist er so unruhig? Wohin möchte er? Kann er es bei sich nicht aushalten? Was täte ihm gut? Dann versuche, innerlich all diese Menschen zu segnen, ihnen zu wünschen, dass sie in Frieden kommen mit sich selbst. Stelle dir vor, dass Gottes Segen in diese Menschen einströmt und ihre Unruhe beruhigt, ihre Unzufriedenheit befriedet und ihre Trauer erhellt. Und sende mit dem Segen Gottes auch dein Wohlwollen zu den Menschen. Verurteile sie nicht, sondern sag dir vor – so wie Siddhartha in dem Roman von Hermann Hesse: »Es sind Kindermenschen, genauso wie ich. Im Innersten sind wir alle gleich.« Dann wirst du die Warteschlange nicht als negativ erleben. Du wirst dich eins fühlen mit all diesen Menschen. Und es wird dir gut gehen.

15. März

MARGOT KÄSSMANN

Wald

Der Wald steht schwarz und schweiget – oft kommt mir diese Liedzeile in den Sinn, oft habe ich meinen Kindern das Abendlied von Matthias Claudius vorgesungen. Dabei steht er ja gar nicht immer so still! Der Wald kann rauschen. Er kann dunkel sein und ängstigen. Er kann den Wind spielen lassen mit seinen Blättern und die Sonne mit den Farben und schlicht Freude auslösen. Der weiche Boden kann federn unter unseren Füßen.

Wie schön ist es, Wald zu erleben! Bei einem Spaziergang sagte meine jüngste Tochter neulich: »Ich war so lange nicht im Wald, das habe ich richtig vermisst.« Abitur, Umzug, Studienbeginn hatten sie völlig in Beschlag genommen. Ein Waldspaziergang ist wunderbar. Weil er die Möglichkeit gibt zum Reden und zum Schweigen; zwei können sich an die Hand nehmen oder einer an der Schulter des andern weinen. Die Bäume haben schon so vieles gesehen. Sie werden auch diese Freude, Liebe und den Schmerz in ihre majestätische Haltung mit aufnehmen. Das Rauschen der Blätter, das Rascheln seiner Bewohner, die Größe, die verwirren kann und nach Wegen suchen lässt, sie machen den Wald immer noch zum Ort des Staunens, des Erhabenen. Den Wald haben wir nicht »im Griff«. Er lehrt uns Gerüche und neue Wahrnehmungen, regt unsere Sinne an. Waldkindergärten haben offensichtlich eine heilsame Wirkung. Als Erwachsene können wir so etwas auch brauchen: um Natur zu erleben nicht als künstlich angelegte Welt oder handtuchbreiten Park, sondern im Großen, abseits der Häuser und der Glitzerwelt.

16. März

NOTKER WOLF

Offenheit für etwas Größeres

Glück ist immer auch Offenheit für etwas Größeres. In diesem Sinn sind auch Naturerfahrungen Glück für mich. Man kann als Biologe das Zwitschern und den Gesang der Vögel natürlich auch wissenschaftlich einordnen, als Balzruf oder Revierabgrenzung etwa. Ich höre es als Schöpfungszustimmung und als Ausdruck elementarer Lebensfreude.

Einmal, an einem Frühlingsmorgen im Innenhof unseres Klosters S. Anselmo in Rom: Der Morgen war noch grau, ich musste in aller Frühe, um viertel nach fünf, zum Flughafen fahren, und draußen sang eine Nachtigall. Ich hielt inne und lauschte und lauschte. Gerne hätte ich länger verweilt; ich war einfach verzaubert. Doch ich musste weiter.

Viele nehmen diese einfachen Dinge nicht einmal wahr. Dabei sind sie *das* Geschenk des Lebens. Glück ist auch immer *Geschenk*. Nichts aus dem Warenhauskatalog, nicht zu kaufen. Wenn ich etwa am Meer sitze und zuschauen kann, wie die Sonne geradezu zischend ins Grünblau des Ozeans sinkt – dann ist auch das Glück. Um glücklich zu sein, muss ich eine gewisse Wahrnehmungsfähigkeit haben. Ich muss aber auch bereit sein, mich anzustrengen. Wie beim Bergsteigen: Wenn man nach einem anstrengenden Aufstieg am Gipfel angekommen ist, sind das vielleicht die schönsten Glücksmomente. Weil sie geschenkt sind. Man kann etwas dafür tun, aber sie nicht machen.

17. März

PIERRE STUTZ

Lauschen können

mich ins Freie setzen
horchen auf den Wind
hören auf die Vögel

Ganz Ohr sein
beim Spazieren durch Feld und Wald
durch mein achtsames Atmen und Gehen
frei sein von Gedanken

Zuhören können
auf meine Herzensstimme horchen
deine Worte wahrnehmen
gegenwärtig sein im Gespräch

18. März

ANSELM GRÜN

Gehe dich frei

Gehe einmal bewusst durch den Wald und achte dabei auf deine Schritte. Stelle dir zu Beginn deines Weges vor, wie du all die Fäden loslässt, die dich vom Rücken her halten. Es sind vielleicht alte Gewohnheiten, in denen du befangen bist. Oder es sind Bindungen an Menschen, die dir nicht gut tun. Oder Abhängigkeiten von Situationen oder Menschen. Gehe dich frei. Dann hast du das Gefühl: Ich gehe meinen Weg, aufrecht und in Freiheit. Dann achte auf jeden Schritt. Du betrittst mit jedem Schritt die Erde und löst dich wieder davon. Du bleibst immer in Bewegung. Nimm das als Bild dafür, dass du immer auf dem Weg der Verwandlung bist, dass sich in jedem Augenblick in dir etwas wandelt, dass du auch auf deinem Inneren, auf deinem spirituellen und menschlichen Weg immer weiter gehen musst. Du kannst nicht stehen bleiben. Stillstand würde dich erstarren lassen. Nur der innere Weg – den du auch im Sitzen und im bewussten Stehen gehen kannst – hält dich lebendig. Spüre dieses Verwandeltwerden im Wandern. Wandernd verwandelst du dich. Das Ziel der Verwandlung ist dein wahres Selbst. Du kannst es gar nicht mehr beschreiben. Aber du ahnst, dass du im Gehen immer mehr hinein wanderst in deine wahre Gestalt.

19. März

ANDREA SCHWARZ

Gott,
lehre mich hinzuschauen
auf die Schönheit deiner Welt
auf das Leiden
den Menschen zugefügt
auf den Baum am Wegrand
den flackernden Kerzenschein
das Lächeln im Gesicht des Kindes
die Traurigkeit im Gesicht der alten Frau
auf das Funkeln des Weins im Glas
den Reif auf dem Rosenblatt
das trostlose Gesicht hinter der Fensterscheibe
auf die Gebrochenheit in mir
lehre mich mit neuen Augen zu sehen
damit ich dich sehe
wenn ich sehe
hell und dunkel
heil und gebrochen
mich und die Welt

Schauen Sie sich während des heutigen Tages immer wieder einmal etwas bewusst an – einen Baum, einen Kirchturm, ein Haus, vielleicht auch einen Menschen. Schauen Sie es sich so genau an, dass ein Bild in Ihnen entsteht, so, dass Sie es zeichnen könnten, wenn Sie wieder an Ihrem Schreibtisch sitzen. Und wenn Sie gerne zeichnen, dann zeichnen Sie es auch!

20. März

NOTKER WOLF

Zeit für andere

Zeit zu haben für die anderen, das habe ich gelernt durch das Chorgebet. Was mich das klösterliche Leben lehrte: Ich bin immer so frei, mir Zeit für andere zu nehmen. Das beeinträchtigt meine Freiheit nicht, im Gegenteil. Zeit ist für mich unmittelbar eine Dimension des Menschen, meiner selbst, aber vor allem auch meiner Mitmenschen. Zeit bedeutet: Zeit haben für andere. Wenn andere da sind, die mich brauchen, kann ich alles stehen lassen, und mag es noch so drängen. Es ist auch eine Frage der Liebe, die sich auswirkt und Zeit schenkt. Wer die Menschen mag, schenkt ihnen die Zeit weiter. Und darauf kommt es im Leben wirklich an: nicht auf die großen und gewaltigen Dinge, sondern auf das, was sich im Kleinen ereignen kann: ein Stückchen Glück mit anderen Menschen zusammen, ein Stückchen Freude auf Gemeinschaft. Das ist es.

21. März

PIERRE STUTZ

Tag für Tag

meinen Rhythmus finden
dem Leben mit Achtsamkeit begegnen

Stunde um Stunde
die Kraft des Innehaltens feiern
dem Leben mit Staunen begegnen

Minute um Minute
liebevoll Widerstand wagen
für eine Kultur der Langsamkeit

Sekunde um Sekunde
meinem Atemfluss trauen
darin das Verbindende mit allem erkennen

22. März

ANSELM GRÜN

Was das Herz höher schlagen lässt

Wer wartet, schlägt nicht die Zeit vor Langeweile tot. Er ist gespannt, er hofft, er ist auf ein Ziel hin ausgerichtet. Ziel des vorweihnachtlichen Wartens ist ein Fest, das Fest unserer Menschwerdung, der Selbstwerdung, unseres Einswerdens mit Gott. Aber nicht nur wir warten, Gott wartet auch auf uns. Er wartet, bis wir uns für das Leben und für die Liebe öffnen. »Warten« meint eigentlich: auf der »Warte« wohnen. »Warte« ist der Ort der Ausschau, der Wachtturm. Warten heißt also: Ausschau halten, ob jemand kommt. Umherschauen, was alles auf uns zukommt. Warten kann aber auch heißen: auf etwas achthaben, etwas pflegen, so wie der »Wärter« auf einen Menschen aufpasst und auf ihn achtgibt. Warten bewirkt beides in uns: die Weite des Blickes und die Achtsamkeit auf den Augenblick, auf das, was wir gerade erleben, auf die Menschen, mit denen wir gerade sprechen. Warten berührt unser Herz. Es macht das Herz weit. Unsere Sehnsucht sagt uns: Wir sind uns selbst nicht genug. Wir strecken uns aus nach dem, der unser Herz höher schlagen lässt.

23. März

NOTKER WOLF

Alles hat seine Zeit

Im gesellschaftlichen Leben muss sich heute jeder selbst Strukturen einrichten. Das ist nicht selten der Grund auch für seelische Orientierungslosigkeit. In den Klöstern gibt es einen festen Rhythmus, der die Balance garantiert. Gebet und Arbeit, Sonntag und Werktag, Ruhe und Anstrengung gehören zusammen. »Alles hat seine Zeit«, sagt die Bibel. Heute heißt es eher: »Alles hat seine Zeit, nur ich hab keine.« Die Gesellschaft kannte früher und kennt zum Teil auch heute noch feste Rhythmen: Sonn- und Feiertage, die Ferien, aus denen der Urlaub geworden ist, Geburtstage, aber auch einfache Dinge wie gemeinsame Mahlzeiten, einen festen Tagesrhythmus, früher gekennzeichnet durch Gebete. Es sind immer auch feste Strukturen, die Freiheit ermöglichen. Die Klöster wissen noch darum. Vielleicht sind für viele die Klöster heute deswegen wieder so interessant, weil sich hier diese gesunde Balance zeigt.

24. März

ANSELM GRÜN

Fühle dich geborgen

Setze dich an einen Lieblingsort in deiner Wohnung und betrachte still deine Wohnung. Stelle dir vor, dass du nicht allein bist in deiner Wohnung, dass sie erfüllt ist vom Segen Gottes, dass Gottes Liebe dich einhüllt, dass Gottes Frieden deine Wohnung erfüllt. Betrachte die Bilder an den Wänden, die verschiedenen Möbel, alles, was du in deiner Wohnung aufgestellt hast. Alles erinnert dich an deine eigene Lebensgeschichte. Vielleicht erinnert dich manches auch an deine Eltern und Großeltern. Und dann stelle dir vor, dass alles, was in deiner Wohnung ist, gesegnet ist. Deine Geschichte ist gesegnet. Sie ist keine Last für dich. Sie wird vielmehr jetzt für dich zum Segen. Und deine Wohnung ist erfüllt von Gottes Segen. Sie ist auch erfüllt von deinen eigenen Gedanken und Gefühlen und von den Gedanken und Gefühlen, die von deinen Eltern und Großeltern noch vorhanden sind. Aber all diese Gedanken und Gefühle sind vom Segen Gottes verwandelt. Da hängen keine negativen Gefühle mehr herum. Gefühle wie Enttäuschung, Wut, Ärger, Eifersucht, Neid, Kränkung sind von Gottes Segen durchdrungen. Auch in ihnen spürst du nun die Sehnsucht nach Liebe. Und diese Liebe erfüllt nun dein Haus und deine Wohnung. So kannst du dich in deiner Wohnung wirklich geborgen und daheim fühlen, weil das Geheimnis von Gottes Liebe in ihr wohnt.

25. März

PIERRE STUTZ

Zeitloses Dasein

Ich schreibe und lese leidenschaftlich gern. Da bin ich in meinem Element. Einerseits kostet es mich Anstrengung und höchste Konzentration, andererseits geschieht in dieser Arbeit immer wieder das Wunderbare: Raum und Zeit werden aufgehoben.

Wer kennt nicht solche Sternstunden in seinem Leben und Arbeiten? Beim Lesen sind es jene Momente, in denen ich meine, dass diese Worte »nur« für mich geschrieben worden sind. Und wenn Lesende mir schreiben, sie fänden sich in meinen Worten wieder und meine Worte begleiten sie auf ihrer Suche, dann schließt sich der Kreis des Glücks.

26. März

ANSELM GRÜN

Das Kind und die Nüsse

Eine alte Geschichte erzählt, wie das Loslassen und das Genießen zusammenhängen können.

Ein kleines Kind kommt zu einem alten Mönch. Der hat ein Glas voller Erdnüsse auf seinem Tisch stehen. Das Kind greift mit der Hand in das Glas und nimmt, so viel die Hand fassen kann. Aber nun gelingt es ihm nicht, die zur Faust geballte prall gefüllte Hand wieder aus dem Glas zu bringen. Der Altvater sagt: »Lass los. Nur so kannst du die Nüsse genießen.«

Es gibt diese Geschichte als buddhistische Weisheitsfabel, aber auch als Mönchsgeschichte der Wüstenväter. Sie zeigt – über die Kulturen hinweg – einen allgemeingültigen Schlüssel zum guten Leben, ja zur Glückseligkeit: Wer zu viel in seine Hand nehmen möchte, bringt sich selbst um den Genuss. Nur was ich loslasse, kann ich genießen.

27. März

PIERRE STUTZ

Raum für meine Seele

Bei
dir allein
kommt meine Seele zur Ruhe
von dir
kommt meine Hoffnung

Ich will nicht mehr außen suchen
was ich mir in meinem Innern schenken
lassen kann

Meine Unruhe werde ich überwinden
wenn ich wage die Stille auszuhalten
wenn ich lerne
einen neuen Umgang mit mir zu suchen

Im Dasein
im Ausruhen
im Genießen
im Entdecken
meiner schöpferischen Fähigkeiten

So kann ich zur Ruhe kommen
hoffend mein Leben durch dich
vertiefen zu lassen

Jeden Tag neu
Nach Psalm 62,6

28. März

ANSELM GRÜN

Die Kunst, allein zu sein

Setze dich allein in dein Zimmer. Schließe die Augen und mache dir bewusst: Ich bin jetzt ganz allein. Mein Telefon ist ausgeschaltet. Niemand erreicht mich im Moment, niemand denkt an mich. Ich bin ganz auf mich allein gestellt. Spüre diesem Gefühl nach. Vielleicht taucht bei dieser Vorstellung in dir Traurigkeit auf. Die Einsamkeit fühlt sich schwer und traurig an. Aber halte dieses Gefühl aus und gehe durch das Gefühl hindurch. Stelle dir vor: Das Gefühl der Einsamkeit ist vor allem in meinem Herzen. Aber ich gehe durch das Herz hindurch in den Grund meiner Seele. Und dort gelange ich nicht nur in den Grund meiner Person, sondern in den Grund von allem, was ist. Dort, auf dem Grund meiner Seele, fühle ich mich mit der ganzen Schöpfung verbunden. Und dort fühle ich mich zutiefst mit den Menschen verbunden, auch wenn ich jetzt mit niemandem rede oder niemandem schreibe. Ich muss den anderen nichts sagen. Im Schweigen bin ich mit ihnen verbunden. Vielleicht machst du in dieser Stille die Erfahrung, die Evagrius Ponticus so beschreibt: »Ein Mönch ist ein Mensch, der sich von allem getrennt hat und sich doch mit allem verbunden fühlt. Ein Mönch weiß sich eins mit allen Menschen, denn immerzu findet er sich in jedem Menschen.«

29. März

ANDREA SCHWARZ

Seltsam

ich nehme mir Zeit
und Kraft fürs Gebet

und habe mehr Kraft
und Zeit

ich richte mein Tun
auf dich hin aus

und mein Handeln
verändert sich

du dringst ein und nichts
ist mehr so wie es war

Wichtiges wird unwichtig
Unwichtiges wichtig

du stellst mein Leben
auf den Kopf

und ich
lasse mich

ich gebe mich
dir

30. März

ANSELM GRÜN

Die Bank vor dem Haus

Wer sich bewusst die Zeit nimmt, einfach nur da zu sein, der wird erfahren, wie viel Zeit er gewinnt. Die Zeit gehört ihm. Früher gehörte zu jedem Bauernhof eine Bank vor dem Haus. Da saßen oft die Großeltern und schauten einfach zu. Oder sie saßen am Abend und nahmen wahr, wie der Tag sich neigte, wie alles still wurde. Sie taten nichts. Aber es ging von ihrem Dasein ein großer Friede aus. Man spürte, wie sie die Zeit genießen konnten. Sie arbeiteten viel. Aber sie hatten auch die Fähigkeit, einfach nur da zu sein. Die Zeit hat für sie eine andere Qualität bekommen. Sie war kein Tyrann mehr, sondern eine Einladung zur Dankbarkeit, eine Einladung zum reinen Dasein. Solche Augenblicke, in denen ich absichtslos einfach nur dasitze und den Gedanken nachhänge, die in mir auftauchen, sind oft sehr fruchtbare Momente. Da kommen mir neue Ideen. Wenn ich ein Problem in solches »Nichtstun« mitnehme, dann löst es sich. Es relativiert sich zumindest. Und oft genug finde ich gerade in solchen Augenblicken eine Lösung, auf die ich durch angestrengtes Nachdenken nicht gekommen bin.

31. März

NOTKER WOLF

Der Wert der kleinen Gesten

Ich erinnere mich noch an die ersten Hotelaufenthalte in China. Damals grüßte ich das Dienstpersonal auf den Etagen, wenn ich ihm begegnete, ganz selbstverständlich. Bei unseren chinesischen Gastgebern hat das viel Irritation ausgelöst. Solche Leute grüße man doch nicht. Ich sagte, bei uns sei das anders. Für Christen habe jeder Mensch einen Wert, und das spiegle sich eben oft in solch kleinen Gesten. Im Laufe der Jahre hat sich da auch in China einiges geändert, aber aufs Ganze gesehen habe ich bis heute den Eindruck, der Einzelne wird nirgendwo so richtig als Individuum geschätzt, außer vielleicht im Bereich der engsten Familie, des engsten Freundeskreises. Ansonsten denkt man gesellschaftlich oder politisch immer in der großen Masse, den Heerscharen, wie in der berühmten Terrakotta-Armee, die man in Xi'an besichtigen kann: Alle sind gleichgeschaltet. In China zählt der Einzelne nicht in seinem Wert als Einzelwesen, sondern nur als Nummer im Kollektiv, als Bestandteil der »großen Harmonie«, wie es die Regierung auch jetzt wieder formuliert. Da hat jeder seinen Platz wie eine Ameise ihn in ihrem Volk ja auch hat. Aber es ist niemals der unveräußerliche Mensch. ...

Und das ist genau der Punkt, an dem ich meine, dass die christliche Religion China viel zu geben hat. Denn der eigentliche Wert des Menschen, der vor Gott seine ganz persönliche Würde hat, wird nur im Christentum wirklich geschätzt. Und zu erfahren, dass diese Würde respektiert wird, ist letztlich die tiefste, innerste Sehnsucht eines jeden Menschen ob in Deutschland oder in China.

April

Wachsen
lassen

1. April

PIERRE STUTZ

Zeit der ersten Sonnenstrahlen

Die ersten Frühlingstage laden mich ein, die Kunst des Genießens zu kultivieren. Ein langsames, behutsames Sich-Annähern an die Sonne ist gefragt, sonst überfordere ich meinen Leib und erkälte mich. Nach dem kalten, dunklen Winter brauche ich Licht und Wärme und setze mich beidem dennoch nur vorsichtig aus. Auch unsere Seele, das Lebendige im Menschen, braucht immer wieder Zwischen-Räume, Rückzugsmöglichkeiten, um sich wirklich entfalten zu können. Dies sagt sich so leicht. Es ist gar nicht so einfach, behutsam zu warten, wenn ich mich schon so lange nach Nähe und Wärme, nach Intimität gesehnt habe. Es gehört zum Schwierigsten im Leben, sich Zeit zu lassen und doch den Zeitpunkt nicht zu verpassen, wo ein Neuaufbruch gewagt werden muss. Zeiten des Überganges sind notwendiger denn je in unserer Welt; wir erfahren sie, wenn wir die Zeiten des Jahreslaufs wirklich wahrnehmen, und wir lernen in ihnen, die Wunder der Natur mehr auskosten und genießen zu können. Die verschiedenen Bräuche und Frühlingsfeste, die den Winter vertreiben sollen, ermutigen uns zu einer bewussteren Lebensgestaltung, in der ich nicht alles auf einmal haben muss – und zwar *subito*! –, sondern in der ich mich langsam öffnen kann für mehr Nähe und neue Begegnungen.

2. April

MARGOT KÄSSMANN

Neues Grün

Nie im Jahr ist das Grün wie im Frühling, wenn die ersten Blätter sprießen. Und wie sehr freuen sich Menschen an den ersten grünen Zeichen: Schneeglöckchen, Winterlinge, Krokusse. Im späten Frühling und im Sommer dann haben wir uns längst an die Farbenpracht gewöhnt. Erst im Herbst, wenn die Blätter fallen, sehen wir mit einer gewissen Trauer, dass sie vorübergeht. Die Farben und der Duft des Frühlings sind für mich jedes Jahr neu ein Sinnbild für Auferstehung. Dürres Holz, dem wir nichts wirklich zutrauen, treibt aus und bringt Leben hervor. Erde, die kalt und hart war, wird weich und durchlässig. Die Natur zeigt ihre Kraft, Lebenslust wird sichtbar an den Farben des Frühlings. Ein besseres Symbol für Ostern kann es kaum geben. Der Tod hat nicht das letzte Wort. Selbst wenn wir nicht sehen, dass es Leben über das Sterben hinaus gibt – es ist doch im Tod schon das Keimen des Neuen verborgen. Was wir brauchen, ist das Vertrauen: So wird es sein.

3. April

ANDREA SCHWARZ

die Samentüte
die ich kürzlich gekauft habe
ist fünf auf acht Zentimeter groß

Die Samenkörner darin
sind verschwindend klein

laut Aufschrift
versteckt diese Tüte
das Wunder von ca. 680 Gänseblümchen

Dabei wäre mir
ein Gänseblümchen-Wunder
schon mehr als genug

4. April

ANSELM GRÜN

Wachsen lassen

»Warte auf das Wunder – wie der Gärtner auf das Frühjahr.«
Dieser Satz des Dichters Antoine de Saint-Exupéry steckt voller Weisheit für unser alltägliches Leben.

Wunder kann man nicht machen. Wunder geschehen vor allem dort nicht, wo Menschen hektisch hin- und herlaufen, wo sie etwas erzwingen wollen. Wunder geschehen dort, wo jemand warten kann. Das Wunder der Blüte kann nur derjenige beobachten, der darauf wartet wie der Gärtner. Der Gärtner bereitet mit seiner Arbeit dem Frühling den Weg, aber er kann ihn keinen Augenblick früher herbeiführen. Der Frühling kommt, wann er will. Der Gärtner kann nur dabeistehen und warten.

Mit dem Warten tun sich heute viele Menschen schwer. Sie meinen, alles müsse in möglichst kurzer Zeit vollbracht werden. Doch wo etwas wirklich wachsen soll, braucht es das geduldige Warten. Beziehungen zwischen Menschen brauchen Zeit zum Wachstum. Ein Gruppenprozess braucht Zeit. Viele Firmen beugen sich heute dem Druck, innerhalb von zwei Jahren Erfolge vorzuweisen. Doch sind diese oft nur kurzfristig. Was in zu kurzer Zeit erworben wurde, geht auch schnell wieder verloren. Wachstum braucht Zeit. Das gilt auch für den Wachstumsprozess des Einzelnen. Nur wer geduldig ist mit sich selbst, wer warten kann, wird auch die Früchte seines Reifens ernten.

5. April

MARGOT KÄSSMANN

Erde

Für viele Naturvölker ist »Mutter Erde« eine Gottheit. Ich kann das nachvollziehen. Die Erde ernährt uns. Wo sie verdorrt, hungern Menschen. Wo sie keimt, wachsen Nahrung und Leben. Und Erde beheimatet uns. Als bei der Beerdigung von Klaus von Bismarck der polnische Priester Erde von dem Gut, das dieser einst in Pommern besessen hatte, in das Grab in Hamburg warf, hat das alle Anwesenden sehr berührt …

Erde zu be-greifen und anzufassen, ist eine sehr sinnliche Erfahrung. In einer Großstadt ist das nicht so leicht zu machen. Aber wie schön ist es, mit den Händen in der Erde zu wühlen, zu säen, zu pflanzen, zu ernten! Und wie traurig, dass viele Menschen das nicht mehr erleben. Ein Samenkorn in die Erde zu setzen und es keimen zu sehen. Wenn es eine Bohne war: die Früchte zu ernten! Es ist, als könnten wir einem Wunder zuschauen. Von wegen, es gibt keine Wunder …

Jesus nimmt ein Samenkorn zum Gleichnis für das Reich Gottes. Auch wenn es klein ist wie ein Senfkorn, kann es mitten unter uns heranwachsen und groß werden. Wir müssen nur hinschauen.

6. April

ANSELM GRÜN

Kraftquelle Natur

In der Natur dürfen wir einfach sein, wie wir sind. Da müssen wir nichts leisten und werden nicht beurteilt. Da sind wir geborgen. Wir sind Teil der Schöpfung. Wir fühlen uns eins mit ihr, haben teil an der Kraft, die in ihr ist, und an dem Geist, der sie durchdringt. In der Natur kann ich spüren, dass das Leben, das ich überall wahrnehme, auch in mich einfließt. Ich werde lebendig und fühle neue Kraft in mir.

Die Erfahrungen, die wir in der Natur machen, beim Wandern, beim Radfahren, beim Liegen auf der Wiese, sind deshalb so heilsam für uns, weil sie uns mit wichtigen Erlebnissen in der Kindheit in Berührung bringen und weil sie uns neu und intensiv bewusst machen: In der Schöpfung Gottes ahnen wir etwas von der unerschöpflichen Fülle des Lebens, an der wir teilhaben dürfen. Da können wir uns nie sattsehen. Die Natur ist eine Einladung, immer wieder aus der Quelle des Lebens zu trinken.

7. April

PIERRE STUTZ

Die Zeit des Säens

Säen heißt etwas Kostbares aus der Hand geben, um es unserer Mutter Erde anzuvertrauen. Ich erinnere mich, wie auf dem Bauernhof meiner Großeltern das Saatgut »heilig« war, von größtem Wert. Es durfte nicht angetastet und vor der Zeit verbraucht werden, denn es bedeutete das tägliche Brot des nächsten Jahres. Darum bin ich bis heute entsetzt, wenn ich ein Stück Brot oder andere Lebensmittel in einem Abfalleimer entdecke. Es trifft mich ganz tief in meinem religiösen Empfinden. Darum segne ich bis heute wie meine Großmutter, wie meine Mutter das Brot vor dem Anschneiden: als Ausdruck tiefster Dankbarkeit.

Bevor das kostbare Saatgut losgelassen wird, braucht es das Zubereiten und Lockern der Erde. Vor dem Loslassen braucht es die Gabe des Einlassens auf das, was schon da ist. Das Öffnen, Lockern der Erde, das Bewässern, das Hegen und Pflegen der jungen Saat liegt in meiner Hand, das Wachstum bleibt immer Geschenk und Geheimnis.

In den Wachstumsgleichnissen, die Jesus in der Bibel erzählt (Markusevangelium, Kap. 4), kann ich diese tiefe Lebensweisheit verinnerlichen. Jener Liebhaber des Lebens war tief verliebt in die Schöpfung.

Wenn das Weizenkorn nicht in die Erde fällt und stirbt, bleibt es allein; wenn es aber stirbt, bringt es reiche Frucht.

Johannes 12,24

8. April

ANSELM GRÜN

Ernten und Säen

»Beurteile einen Tag nicht danach, welche Ernte du am Abend eingefahren hast. Sondern danach, welche Samen du gesät hast« (R. L. Stevenson). Nicht jeder Tag ist ein Tag der Ernte. Der Bauer erntet im Sommer und im Herbst und nicht schon im Frühling. Wenn ich am Abend auf meinen Tag schaue, dann ist es mir nicht wichtig, wie viel Erfolge ich vorzuweisen habe. Es ist mir wichtig, dass ich bewusst gelebt habe. Wenn ein Gespräch gelungen ist, wenn ich einen gebeugten Menschen aufgerichtet habe, wenn ich ganz bei dem war, was ich getan habe, dann bin ich dankbar. Aber ich weiß, dass das Gespräch kein endgültiges Resultat ergeben hat, dass der Aufgerichtete sich wieder beugen wird, sobald die nächste Krise kommt. Es ist keine Ernte, die ich in die Scheune einbringen kann. Es ist Samen, den ich gesät habe. Ich bin schon dankbar, wenn ich meine urpersönliche Spur in dieser Welt hinterlassen habe. Und das geschieht immer dann, wenn ich ganz in dem bin, was ich sage und tue, wenn ich präsent bin in der Begegnung, wenn ich das Leben wahrnehme, wie es ist. Alles, was bewusst geschieht, hinterlässt Spuren. Und in diesen Spuren wird ein Same ausgesät, der irgendwann einmal aufgehen wird in den Herzen der Menschen, denen ich begegnet bin, zu denen ich gesprochen, für die ich gearbeitet und mich eingesetzt habe. Und ich vertraue darauf, dass die Worte, die ich heute geschrieben habe, wenn sie aus meinem Herzen kamen, auch die Herzen anderer berühren und in ihnen zu einem Samenkorn werden, das irgendwann einmal im Herzen des Lesers und der Leserin zur Blüte heranreift.

9. April

MARGOT KÄSSMANN

Glauben und sich einmischen

Mir wird ja nun oft gesagt, ich sollte mich gefälligst um das Eigentliche kümmern und mich nicht in Dinge einmischen, von denen ich nichts verstehe. Solche Dinge wie Gentechnologie, von der nur Wissenschaftler was verstehen. Solche Dinge wie Krieg, von dem nur Politiker und Soldaten etwas verstehen. Oder solche Dinge wie Armut, von der nur Sozialexperten was verstehen. Da muss ich sagen: Die Freiheit der Einmischung nehme ich mir. Denn das Eigentliche im christlichen Glauben ist keine weltabgewandte Sonderexistenz, sondern stets das Gottvertrauen, das mitten in der Welt Gott über alle Dinge liebt und den Nächsten wie sich selbst. Und das deshalb merkt, wo andere sich an Gottes Stelle setzen oder gesetzt werden. Das fragt, wie es den Schwächsten geht, den Kindern, den Obdachlosen, den Alten, den Behinderten, den Kranken, der geschundenen Schöpfung. Das sagt: So kann es nicht weitergehen. Es gehört eigentlich zum Glauben dazu, sich einzumischen!

10. April

ANDREA SCHWARZ

Gefangen in den Großigkeiten
meines Tages
hetzte ich
durch die Stadt

das Rot der Ampel
brachte mich ungeduldig zum Stehen
die Augen jagten weiter

blieben auf dem
zerzausten weiß-gelben Punkt
im schäbigen Großstadtrasen hängen

Gänseblümchen – Kleinigkeiten
und plötzlich
roch ich den Frühling in der Luft

11. April

ANSELM GRÜN

Nachhaltigkeit

»Der wahre Sinn des Lebens besteht darin, Bäume zu pflanzen, unter deren Schatten man vermutlich selber nie sitzen wird.« Vielleicht war Nelson Henderson, der diesen Satz formuliert hat, ein Gärtner. Auf jeden Fall muss er ein Weiser gewesen sein.

Seine Einsicht widerspricht freilich dem, was heute im Arbeitsleben zählt. In vielen Firmen müssen die Abteilungsleiter ihrem Vorstand innerhalb von zwei Jahren eine Erfolgsbilanz vorlegen. Das Unternehmen kann es sich nicht leisten, eine Durststrecke zu durchschreiten. Also müssen kurzfristige Erfolge her. Doch ob diese Erfolge dem Unternehmen auf Dauer gut tun oder ob sie nur ein kurzes Strohfeuer sind, das interessiert die Vorstände meistens nicht. Wenn man die Bilanz nüchtern zieht, wird man erkennen, dass dieses kurzfristige Erfolgsdenken das Unternehmen langfristig viel Geld kostet.

Die ökologische Bewegung propagiert heute das sogenannte »nachhaltige Wirtschaften«. Nur derjenige wirtschaftet demnach richtig, der die langfristigen Perspektiven für die Umwelt und für die Nachwelt bedenkt. Große Menschen haben nie den kurzfristigen Erfolg gesucht. Sie haben Bäume gepflanzt, deren wahre Größe sie nie gesehen haben. Sie haben Kathedralen gebaut, deren Vollendung sie nie erlebt haben. Aber sie haben einen Traum gehabt, der die Zukunft veränderte. Die Früchte ihrer Arbeit haben Generationen nach ihnen geerntet. Wahre Größe zeigt sich, wer für seine Nachkommen sorgt, wer mit vollem Engagement an Projekte geht, deren Früchte andere genießen werden.

12. April

PIERRE STUTZ

Lernen vom Chicorée

Vom hellen Chicoréegemüse lerne ich, dass nur im Dunkeln kraftvolle weiße Blätter wachsen und reifen können. Die Wurzeln, die meist wie abgestorben aussehen, werden in einer Dunkelkammer ins Wasser gelegt. Wenn ich nach einer langen Wartezeit die Türe öffne, dann bin ich jedes Jahr zutiefst erstaunt über dieses große Wunder des Wachstums, das im Dunkeln geschieht. Es wird mir zur Lebenshilfe, um dunkle Zeiten, Erfahrungen des sogenannten Stillstandes, in einem anderen Licht zu sehen. Wenn wir lebendig bleiben wollen, dann werden wir immer wieder dunkle Zeiten erfahren, in denen so viel Neues wachsen kann. Auch auf einem intensiven spirituellen Weg kann ich der »dunklen Nacht der Seele« nicht ausweichen, wie der Mystiker Johannes von Kreuz sie beschreibt. Es braucht sie manchmal, um die Wärme und das Licht des inneren Feuers wieder neu zu entdecken. Denn der Zugang zu dem, was ich wirklich brauche und wirklich kann, kann sich mir manchmal erst durch eine Krise, ein Zurückgeworfensein auf mich selber, auch auf meine Schattenseiten, neu eröffnen.

13. April

ANSELM GRÜN

Das Leben berühren

Stelle dich an einem schönen Frühlingstag in die Natur. Schließe die Augen. Öffne die Hände zur Schale und versuche, ganz im Augenblick zu sein. In deinen Händen öffnest du deinen ganzen Leib und hältst dich der Sonne und dem Wind hin und in den Elementen der Natur Gott selbst, der dich in der Sonne und im Wind berührt.

Spüre die Sonne, die auf dich scheint. In ihren Strahlen dringt Gottes Liebe in dich ein. Sie wärmt dich, sie erfüllt deinen ganzen Leib mit Liebe.

Spüre den Wind, der dich zärtlich streichelt. Im Wind kannst du die liebevolle Hand Gottes fühlen, die dich sanft berührt, betastet, streichelt. Aber manchmal kannst du im Wind auch die Kraft Gottes spüren, die dich durchweht und alles Verstaubte aus dir heraus treibt.

Öffne die Augen und schaue auf das Leben, das um dich herum aufblüht, in den Bäumen, in den Blumen, auf der Wiese, im Feld.

Stelle dir vor, dass dieses Leben auch in dir ist.

Nimm dieses Leben in dir und um dich herum mit allen Sinnen einfach nur wahr.

Wenn du für ein paar Sekunden ganz gegenwärtig bist, ohne Gedanken und Überlegungen, sondern einfach nur im Sein, dann weißt du, was Leben ist.

Dann berührst du das Leben. Dann ist das Leben, das stärker ist als der Tod, in dir.

14. April

PIERRE STUTZ

Frost im Frühling

Unerwartete Kälteeinbrüche und Frost im Frühling erzählen von der Bedrohung, der neues Leben ausgesetzt ist. Was heute in voller Blüte dasteht, kann über Nacht zerstört werden. Das ist eine schmerzvolle Erfahrung, und wir werden uns mit ihr ein Leben lang schwertun. In mir begehrt alles auf, wenn verheißungsvolle Anfänge und Neuaufbrüche durch Neid und Missgunst, durch Kleinlichkeit und Oberflächlichkeit blockiert und verhindert werden. Ein unaufhaltsamer Schrei nach Leben macht sich in mir dann Luft. Da empöre ich mich, da wehre ich mich, da stehe ich auf für mehr Lebensqualität.

Zugleich bin ich aufgefordert, einen konstruktiven Umgang mit den Rückschlägen im Leben zu lernen. Zunächst drängt sich die Frage des Schutzes auf: Wie gelingt es mir, die zarten, verletzlichen Seiten zu schützen? Wie kann ich anderen Menschen weniger Macht geben, die mich am Reifen hindern wollen, weil sie mich kontrollieren, besitzen wollen und nicht gehen lassen können? Wie gelingt es mir, trotz Verletzungen nicht um mich selber zu kreisen und im Selbstmitleid zu versinken, sondern mich neu zu öffnen, neu zu hoffen und zu vertrauen? Es sind dies zentrale Lebensfragen, mit denen ich nicht alleine bleiben kann: Es braucht verschiedene Ebenen des Austausches und der Begleitung, um gut und gesund mit Rückschlägen umgehen zu können.

15. April

PIERRE STUTZ

Ich wünsche dir
das Vertrauen in deine Verwandlungskraft
damit du neu aufblühen kannst
in deinen Beziehungen und deinem Berufsalltag

Ich wünsche dir
die Gabe der Entschiedenheit
damit du mit neuer Lebendigkeit
Erstarrtes aufweichen lassen kannst

Ich wünsche dir
die wohlwollende Aufmerksamkeit
damit du dich mit allen Sinnen freuen kannst
über die großen Wunder in der Schöpfung

Ich wünsche dir
die beharrliche Geduld
für das gemeinsame Wachsen und Reifen
im Annehmen der Verschiedenheit

16. April

MARGOT KÄSSMANN

Lebendige Steine werden

Im Neuen Testament ist die Rede von lebendigen Steinen. Das ist eine spannende Idee, finde ich. Wer einen Stein in die Hand nimmt, kann ihn fühlen. Er wird warm, er nimmt meine Körperwärme an – und strahlt diese Wärme wieder aus. Das ist ein schönes Bild, Menschen als lebendige Steine, deren Leben sich zusammenfügt zu einem Bauwerk. Um lebendige Steine zu sein, müssen wir allerdings die Wärme des Lebens spüren. Wie viel Leben ist in mir? Was macht meine Lebendigkeit aus? Lebendige Steine, das sind begeisterte Menschen, die wahrhaftig vom Geist Gottes getrieben sind. Menschen, in denen etwas spürbar und lebendig wird. Steine, die Wärme annehmen. Steine, die etwas ausstrahlen. Zunächst sind Steine hart und totes Material. Der Stein, den ich in der Hand halte, strahlt nur Wärme ab, wenn ich ihn berühre. So werden wir nur wirklich lebendig, wenn Gottes Hand uns berührt, wenn wir uns Gottes Wärme und Licht hingeben. Das macht uns lebendig.

17. April

PIERRE STUTZ

Steig hinunter

Intensives Leben ereignet sich nicht nur im Aufstieg und Erfolg, sondern auch im Abstieg und Scheitern. Im Kreuz- und Auferstehungsweg Jesu lerne ich, wie ich wirklich glücklich sein kann.

Tag und Nacht
Sonne und Mond
Lachen und Weinen
Nähe und Distanz
gehören zu einem authentischen Leben.

In unserer fortschrittsgläubigen Welt brauchen wir dringend eine Spiritualität des Karsamstags: Jesus ist hinabgestiegen in unsere Abgründe, unsere Dunkelheiten, damit niemand mehr ganz allein ist in seiner Verzweiflung, Trauer und Empörung.

Sein leidenschaftlicher Weg erzählt von einem heruntergekommenen Gott, der uns an der Hand nimmt, einem neuen Morgen entgegen …

18. April

ANDREA SCHWARZ

Das ist Ostern

Das ist Ostern – wenn im Dunkel plötzlich ein Funke aufglimmt, wenn sich Menschen frierend und ein wenig verloren an einem Feuer in der Nacht treffen, wenn Worte erinnern und berühren, wenn man sich hineinnehmen lässt in das Geheimnis von Verwandlung.

Ostern geschieht immer dann und dort, wo ein Mensch es wagt, dem Leben mehr zu trauen als dem Tod, den entscheidenden Schritt zu tun, die Grenze zu überschreiten, aus dem Grab herauszukommen, den Stein wegzuwälzen, der Versuchung zu widerstehen, liegen zu bleiben. Und das geschieht oft mitten in der Nacht, ganz alleine, mit viel Mut. Und es geschieht oft genug ohne öffentliches Halleluja, ohne Kirchenchor und ohne Festpredigt.

Ostern muss in mir und mit mir geschehen – oder es wird nicht geschehen.

Es mag nicht gerade an dem Datum geschehen, an dem der liturgische Kalender es vorsieht, dass wir Ostern feiern. Das ist auch nicht wichtig.

Er hat es uns vorgemacht – und er lädt uns zur Nachfolge ein. Und das ist Ostern. Leise und manchmal fast nicht wahrzunehmen – aber doch unwiderstehlich, weil uns das Leben, die Liebe, Gott ruft …

19. April

ANSELM GRÜN

Neues Leben spüren

Seit jeher gehört zu den Osterritualen der Osterspaziergang. So lade ich dich ein: Geh ganz langsam durch die Natur. Über eine Wiese oder in einen Wald. Beobachte, wie das Leben wieder aufblüht. Das Leben ist stärker als der Tod. Verstehe, was du siehst, als Bild für das Geschehen in deinem Inneren. Auferstehung heißt, dass in dir das Leben stärker ist als der Tod. In den Blumen, die aufblühen, erkennst du zugleich: Von ihnen her strömt dir die Liebe Gottes entgegen. Die Liebe ist stärker als der Tod. Was möchten die Blumen dir sagen? An welche Qualitäten in dir erinnern sie dich? Schau mit dem Blick Jesu auf die einzelnen Blumen, auf die Sträucher, auf die Bäume. Jesus sagt vom Weinstock: »Ich bin der wahre Weinstock.« Der Weinstock wird für ihn zum Gleichnis für seine Beziehung zu uns. Versuche in den Heilkräutern ein Bild für dich zu sehen. In der Schlüsselblume erkennst du den Schlüssel zu dir selbst. In der Königskerze siehst du deine eigene königliche Würde. Alles was blüht wird zum Gleichnis für dich selbst und für das Geheimnis der Auferstehung. Wenn du mit wachen Augen durch die Natur gehst und mit den Augen des Auferstandenen auf die Natur siehst, dann wird dir das Geheimnis deines Lebens, wie es durch die Auferstehung Jesu verwandelt worden ist, immer mehr aufgehen.

20. April

PIERRE STUTZ

Die Rückkehr der Zugvögel

Am Frühling fasziniert mich die Rückkehr der Vögel. Ihr Zwitschern am Morgen ist für mich Ausdruck der Lebenskraft und Lebensfreude, die nach Zeiten der Müdigkeit und der Verunsicherung zurückkehrt und mich neu belebt. Darum sind die Vögel für mich ein Gebet, weil ich durch sie diese Rückverbindung mit der göttlichen Lebensquelle in mir und in allem wahrnehme. Rückkehr muss also überhaupt nicht einen Rückstand bedeuten – ganz im Gegenteil: Manchmal entdecke ich erst durch eine Rückkehr, wie ich und auch die anderen sich verändert, sich verwandelt haben. Es gibt dieses alte englische Lied »Morning has broken«, das auch Cat Stevens gesungen hat und das von der Erfahrung erzählt, dass die Vögel am Morgen singen, als sei dies der erste Tag, den sie voll Staunen erleben – und dass jeder neue Morgen etwas von diesem ersten Schöpfungstag hat. Wenn ich bewusst früher aufstehe, in das Erwachen eines Frühlingsmorgens hinausschaue und die Lebensmelodien der Vögel höre, dann kann die Erfahrung für mich diese Intensität des »ersten Mals« haben. Nach jeder Nacht, nach jeder Dunkelheit, nach jeder Verunsicherung kehrt ein neuer Morgen zurück. Wie alle Tage – und doch völlig neu. In all meinen Entwicklungen darf ich auf diese Rückkehr vertrauen.

21. April

ANDREA SCHWARZ

In dem Baum
auf den man
von unserem Tagungsraum aus sieht
brütet eine Amsel

Wir reden uns
die Köpfe heiß
über Gott und die Welt

Ich bin mir
nicht ganz sicher
wer im Moment
die wichtigere Aufgabe
für Gott und die Welt
wahrnimmt

22. April

ANSELM GRÜN

Lernen ist wie ein Meer ohne Ufer

»Lernen ist wie ein Meer ohne Ufer.« Dieser Satz stammt von dem chinesischen Weisen Konfuzius. Er spricht von der unermesslichen Offenheit der Wirklichkeit, die uns lebenslang begleitet. Wer lernen will, muss offen sein für alles, was ihm begegnet. Das beginnt sehr früh in der Kindheit und gilt für das ganze Leben. In der Schule ist das Lernen institutionalisiert. Aber eine gute Schule vermittelt nicht nur Stoff und die Lerninhalte verschiedener Fächer. Sie vermittelt vielmehr die Grundfähigkeit zum lebenslangen, selbstständigen Lernen und fördert die Voraussetzungen dafür, dass wir uns in unserem Leben zurechtfinden, auch wenn wir den schützenden Raum der Institution Schule verlassen. Schon in der Schule geht es ja nicht immer gleich um den Nutzen, den wir unmittelbar aus dem Lernen und einem konkreten Wissen ziehen. Es geht vielmehr darum, sich in viele Bereiche hinein zu arbeiten, um sich im Leben in seiner ganzen Vielfalt auszukennen und sich in seiner Weite zurechtzufinden. Es ist wichtig und gut, wenn man bestimmte Lerntechniken beherrscht. Aber es braucht für wirkliche Lebenstüchtigkeit noch etwas anderes und etwas ganz Grundsätzliches: eine Haltung der Offenheit und Neugier.

23. April

PIERRE STUTZ

Die Schöpfung der Lehrmeisterin

Wir Menschen brauchen spirituelle Lehrmeisterinnen und Lehrmeister. Die Schöpfung wird uns zur Lehrmeisterin, und wir können die vier Jahreszeiten als innere Wachstums- und Reifungsprozesse sehen lernen. Eine selbstbewusste Spiritualität entfaltet sich im tiefen Eingebundensein in ein größeres Ganzes. Brache und Ruhezeiten, Aussaat und das Keimen des Neuen, Wachstum und Entfaltung, Reife und Ernte sind Prozesse, die wir in der Natur um uns wie in unserem eigenen Leben beobachten. Achtsamkeit, Pflege und Geduld sind nötig, damit ein zarter Keim zur Reife kommt, Erfolg, Überraschung, Enttäuschung und Stolz begleiten den Weg bis zur Ernte.

Ich verfolge – zum Beispiel – im Frühling das Heranwachsen einer Löwenzahn-Blüte über längere Zeit. Ich »sauge« das kraftvolle Gelb in mir auf. Ich entdecke, wie nach einer gewissen Zeit die Blütenblätter sich wieder schließen, umhüllt von den grünen Knospenblättern. Dann geschieht die Verwandlung und die weißen Flugkörper geben der Blume ein neues Aussehen. Kraftspendend ist für mich die Beobachtung der wilden Reben an unserer Klostermauer. Im Winter wirken die Zweige so unscheinbar, verdorrt und wie für immer abgestorben. Unglaublich, wie daraus im Frühjahr kraftvolle grüne Blätter entstehen, die im Herbst die ganze Wand voller Farbenpracht aufscheinen lassen.

Diese Gleichnisse aus der Natur helfen mir, auch an die Kraft der Verwandlung in meinem Mitmenschen zu glauben.

24. April

MARGOT KÄSSMANN

Wachsen wie ein Baum, blühen wie die Liebe

Mit einem winzigen Senfkorn vergleicht Jesus das Reich Gottes. Ein Senfkorn, das zu einem großen Baum werden kann. Das Senfkorn fängt an zu keimen, wo es Wärme und Licht gibt. Deshalb können wir uns sagen: Wir geben dem Senfkorn des Reiches Gottes eine Chance. Wir lassen es nicht vertrocknen und nicht ersaufen, wir lassen es nicht verdorren, sondern hegen und pflegen es, ja pflanzen dieses Senfkorn immer neu, jeden Tag. Übersetzt könnte das heißen: Wir halten am Glauben fest.

Mit unseren Gebeten können wir als Christinnen und Christen die ganze Welt umspannen. Könnte es nicht auch eine durchbetete Welt geben, die etwas erkennen lässt von Gottes Zukunft? Das Reich Gottes: Es wird wachsen wie ein Baum, blühen wie die Liebe. Und ich bin sicher, dieser Baum wird unübersehbar sein in unserer Zeit und Welt.

25. April

PIERRE STUTZ

Im zärtlichen Blütenregen

Ich begegne Tag für Tag den großen Wundern, die so unscheinbar und so kraftvoll von der Großzügigkeit, der Verletzlichkeit und der Kraft des Lebens erzählen. Ich denke dabei an die Blüten, die von einem rauen Wind zerzaust und abgerissen werden können, und zugleich an den zärtlichen Blütenregen, der vom Verschwenderischen der Schöpfungskraft erzählt. Eine Spiritualität des Staunens über das Wunder des neuen Aufblühens und des Loslassens auch dessen, was uns kostbar ist, gelingt, wenn wir uns nicht von einer geizigen Haben-Mentalität gefangen halten lassen, sondern vermehrt aus dem Sein leben. Offen großzügig und immer verletzlich.

Unsere Welt braucht dringend mehr Frauen und Männer, die sich selber finden und die sich vom Leben finden lassen, damit sie ihr ihre geschenkten Gaben zum Blühen bringen können und dadurch selbstloser im Leben stehen.

Die Ros' ist ohn warum:
sie blühet, weil sie blühet,
sie acht nicht ihrer selbst,
fragt nicht, ob man sie siehet.

Angelus Silesisus

26. April

ANDREA SCHWARZ

**werdend
bleiben**

ich lebe
ich wachse

treibe Blätter
blühe Blüten

und manches
stirbt ab

manchmal
tut mir

mein Wachsen
weh

es ist Abschied
Aufbruch

Veränderung
Wechsel

notwendig
und angesagt

und doch
nicht immer leicht

weinen und lachen
nah beieinander

der Tod
rückt näher

das Leben
wird dichter

27. April

PIERRE STUTZ

Staunendes Verweilen

Lange schaue ich unserer Katze Mira zu. Sie führt ihre drei jungen Kätzchen in die Kunst des Lebens ein. Stunden des Glücks sind mir geschenkt.

Mit größter Sorgfalt nimmt sie eines nach dem anderen in die Nähe eines Baumes. Eine Lektion im Klettern ist angesagt. Mich beeindruckt, wie Mira ihren Jungen ein Gefühl der Sicherheit und Geborgenheit vermittelt und wie sie ihnen sehr schnell eine große Selbstständigkeit zumutet.

In diesen für die Jungen anstrengenden Momenten kommt das Spielerische nicht zu kurz und die Zärtlichkeit auch nicht. Dabei kann ich für mich abschauen, mit Entschiedenheit und Leichtigkeit im Leben zu stehen. – Einmal mehr sind die Katzen mein Gebet!

28. April

ANSELM GRÜN

Vom Wachsen eines Kindes

Natürlich wissen wir von der Biologie her, dass das Kind im Mutterleib entsteht. Aber dennoch ist und bleibt es ein Geheimnis. Zu vertrauen, dass Gott das Kind selber formt, wahrt das Geheimnis beim Entstehen eines Kindes. Die Mutter kann das Kind anders empfangen, wenn es geboren wird. Es ist ein Geschenk Gottes. Gott selbst hat es in ihrem Leib geformt. Die Mutter kann ja das Entstehen ihres Kindes nicht direkt beobachten. Sie nimmt vor allem wahr, dass es in ihrem Mutterleib wächst. Aber die Entwicklung vom Fötus zum Kind bleibt verborgen, sie ist ein Geheimnis. Und daran zu glauben, dass Gott selbst seine schöpferische Kraft in das eigene Kind legt, erzeugt in der Mutter Ehrfurcht vor dem, was in ihrem Leib geschieht.

Der Prophet Jeremia fühlt sich nicht nur von Gott im Mutterleib geformt, sondern auch auserwählt: »Das Wort des Herrn erging an mich: Noch ehe ich dich im Mutterleib formte, habe ich dich ausersehen, noch ehe du aus dem Mutterschoß hervorkamst, habe ich dich geheiligt, zum Propheten für die Völker habe ich dich bestimmt« (Jeremia 1,4–5). Was vom Propheten Jeremia gilt, das gilt in analoger Weise für jeden von uns. Jeder von uns wird von Gott erwählt, eine bestimmte Aufgabe in dieser Welt zu erfüllen. In der Taufe werden wir zum Propheten und zur Prophetin gesalbt. Wir sind nicht in gleicher Weise Prophet, wie es Jeremia als seinen Hauptberuf gesehen hat. Aber jeder von uns hat die Aufgabe, auf einmalige Weise etwas von Gott auszudrücken, was nur durch uns zum Ausdruck gebracht werden kann.

29. April

NOTKER WOLF

Rockmusik im Kloster

Ich nehme mir auch als Abt die Freiheit zur Rockmusik. Sie ist besonders, sie hat aber auch ihren Sitz im Leben. 1991 saß ich mit ein paar Schülern und Lehrern zusammen und habe gesagt: In einer Schule sollte immer etwas Neues geschehen, da muss sich was bewegen. Und da warf einer in die Runde: Machen wir einen Zirkus! Ich habe die Idee aufgeschnappt und gesagt: Wir sind zwar schon ein Zirkus im Kloster, jetzt machen wir noch einen. Dabei war natürlich auch Musik angesagt. Jemand aus der Band unserer ehemaligen Schüler, Feedback, kam auf mich zu und meinte: »Geh, Vater Erzabt, du spielst doch so gut Querflöte. Versuch es doch einmal mit dem Flötensolo von Jethro Tull's ›Locomotive breath‹.« Gesagt, getan, und weil man mit einer Flöte nicht so viel tun kann, haben sie mir noch eine Gitarre in die Hand gedrückt und ein paar Riffs beigebracht, ich habe dann das ›It's all over now‹ in der Version der Rolling Stones gespielt, die ich sowieso immer mochte.

Ich bin dann mit der Gruppe zusammengewachsen – auch menschlich. Ich habe ihre Lebensschicksale miterlebt und mitgetragen bis zum heutigen Tag. Auch das ist eine Form, mit den Menschen zu sein.

30. April

ANDREA SCHWARZ

Möge die Liebe
stark sein und wachsen

Gott gib mir den Mut
die Hoffnung
die Kraft

in eine Welt der Gleichgültigkeit
der Verantwortungslosigkeit
der Trägheit
und der Unachtsamkeit

Liebe zu säen
Empfindsamkeit zu pflanzen
Zartheit zu behüten
Verstehen zu hegen

Brachliegendes zu bestellen
Darbendes zu bewässern
Überwucherndes zu beschneiden
Knospendes zu schützen

mache mich frei
von Hass und Gewalt
schenke mir Demut und Ehrfurcht
vor dem Leben

segne den Boden
segne die Saat
segne die Frucht
segne mein Tun

Mai

Freude
spüren

1. Mai

ANSELM GRÜN

In der Natur – Aufbrechen aller Starre,
Aufblühen und Grünwerden.
Symbol für den Sieg
der Liebe und des Lebens.

Sich vom Mai in die Schule
nehmen lassen, heißt:
spüren, wie viele Augenblicke
den Geschmack des Glücks
in sich schließen.

2. Mai

NOTKER WOLF

Fröhlich sein und die Spatzen pfeifen lassen

Lebensfreude besteht darin, das Leben so zu nehmen, wie es ist. Das Leben ist nun einmal begrenzt. Der Mensch ist nun einmal unvollkommen. Humor ist die angemessene Haltung. »Life is too important to be taken seriously«, hat Oscar Wilde gesagt. Ich schmunzle über die kleinen Unvollkommenheiten des Lebens aus einer gewissen Distanz heraus und habe keine Lust, jemanden zu verurteilen, der meinen Maßstäben nicht entspricht. Im Grunde sehnen sich alle nach einer solchen Gelassenheit. Wer will schon ständig unter einem Vollkommenheitsdruck leben?

»Fröhlich sein und die Spatzen pfeifen lassen«, sagt Don Bosco. Das ist christliche Gelassenheit: Ich akzeptiere, dass die Welt endlich und begrenzt ist. Dann kann ich meine Rechnung aufmachen, alles abwägen und handeln. Eine Welt, in der wir uns unter dieser Voraussetzung begegnen, schaut ganz anders aus als eine Welt, die den Perfektionisten oder Moralisten in die Hand fällt.

3. Mai

PIERRE STUTZ

Dich
loben und preisen alle Kreaturen
sie stimmen mich ein
zu einer staunenden Dankbarkeit

Du
bewegst uns zu einem gesunden Rhythmus
im intensiven Verweilen
in deiner wunderbaren Schöpfung

Du
lädst uns ein zum Innehalten
unter dem Sternenhimmel
um deine Nähe und Weite zu feiern

4. Mai

PIERRE STUTZ

Die Lebenskunst der Ziegen

Mit entschiedenen Schritten wollte ich zurück zum Arbeitsplatz. Doch die jungen Ziegen halten mich auf. Sie sprühen
vor Lebensfreude: Aus dem Stand springen sie in die Luft,
erweitern ihren Lebensraum. Zweckfreies Dasein, »ohne
Warum«, wie Meister Eckhart es ausdrückt. Ich verliere mein
Zeitgefühl, eine ausgelassene Freude erfüllt mich. Unser Alltag wäre weniger bestimmt durch Resignation und Frustration, wenn wir mehr Luftsprünge wagten! Wer verbietet sie
uns eigentlich?

5. Mai

NOTKER WOLF

Jubilate Deo – Jubelt dem Herrn!

Als ich vor über 30 Jahren in meinem Kloster zum Abt gewählt wurde, musste ich mir auch ein Motto für mein Amt suchen. Ich habe damals gewählt: »Jubilate Deo«. Warum? Ich war in Rom für einige Jahre Choralmagister gewesen und es war immer ein beglückendes Erlebnis, mit meiner Schola zu singen. Wir haben auch Konzerte veranstaltet in sehr schönen, alten gotischen Zisterzienser-Kirchen. Und die schönste Zugabe, die wir machen konnten, war dieses »Jubilate Deo«: für mich das schönste gregorianische Stück. Und in dem Jahr meiner Wahl, da dachte ich nie daran, dass ich einmal gewählt würde, schrieb ich meinem Vorgänger: »Lieber Vater Erzabt, wenn ich unter Ihrer Amtszeit sterben sollte, setzen Sie bitte auf meinen Grabstein ›Jubilate Deo‹.« Das war immer mehr zu meinem Lebensinhalt geworden, hatte sich immer mehr eingegraben in meine Existenz: auf Gott blicken zu dürfen, auf diesen großen Gott, der einer von uns geworden ist. Im Blick auf ihn sind meine Sünden nicht mehr wichtig. In seinem Glanz sieht man die Fehler gar nicht mehr. Es gibt Leute, die meinen, Gott habe nichts anderes zu tun, als ihnen links und rechts über die Schulter zu schauen, sozusagen den Tugendkatalog und den Lasterkatalog im Blick auf unsere Biographie abarbeiten. Ich aber glaube, Gott wird meine Tränen abtrocknen, die ich auch über mich selber weine, und er wird sagen: »Komm her«. In diesem Lichte, in diesem Glanz leben zu dürfen, und dabei sich selbst vergessen zu können – das ist das eigentliche Glück unseres Lebens.

6. Mai

ANSELM GRÜN

Wie bei Mozart

In seinem letzten Klavierkonzert variiert Mozart im dritten Satz immer wieder die Melodie, in der er auch sein Lied »Komm, lieber Mai, und mache die Bäume wieder grün. Und lass mir an dem Bache die kleinen Veilchen blüh'n!« komponiert hat. In diese Melodie hat er seine ganze Liebe, seine ganze Fröhlichkeit hineingelegt. Der Frühling, in dem er es komponierte, sollte der letzte Frühling sein, den er erlebte. Frühling war für Mozart mehr als eine schöne Jahreszeit. Sie war für ihn Überwindung des Todes, Aufbrechen aller Starre, Aufblühen und Grünwerden. All das ist für ihn Symbol für eine tiefere Wirklichkeit, letztlich für die Wirklichkeit der Auferstehung, für den Sieg der Liebe über den Tod, für den Sieg des Lebens über alle Erstarrung.

Komm, lieber Mai, und mache
die Bäume wieder grün,
und lass mir an dem Bache
die kleinen Veilchen blüh'n!
Wie möcht' ich doch so gerne
ein Veilchen wieder seh'n!
Ach, lieber Mai, wie gerne
einmal spazieren geh'n!

7. Mai

MARGOT KÄSSMANN

Lachen

Lieber Gott im Himmel,
ich bin rundherum glücklich.
Einfach glücklich.
Ich könnte den ganzen Tag lachen. Alles scheint mir erfüllt
mit Heiterkeit.

Die Sonne scheint, die Vögel singen,
ich räume und sortiere mein Leben
und denke: es ist alles gut.
Ja, es ist gut, so wie es gut war,
als du geschaffen hast.

Heute ist meine Welt himmelblau und kunterbunt.
Alles scheint so leicht.
Das Lächeln auf meinem Gesicht
kann mir niemand vermiesen.
Niemand! Und so lache ich!

8. Mai

ANDREA SCHWARZ

Morgenlob

Den Tag
beginnen
mit dem Lob
deines Namens

den Morgen
atmen
und
mich neu verlieben

in das Geschenk
dieses Tages
mich neu verlieren
in dir

mich finden
auf der Suche
und Frieden
zieht ein

mein Tag
ist dein
nichts wird geschehen
was du nicht willst

ich bin
dein
sei du
mit mir

9. Mai

ANSELM GRÜN

Unter der Sonne verbunden

Suche dir einen Platz in der Sonne. Stell dich in die Sonne, aber nur wenn sie nicht zu heiß auf dich brennt, sondern wenn sie dich angenehm umstrahlt. Stelle dir vor, dass die Sonnenstrahlen deine Haut wärmen. Stelle dir vor, wie sie langsam durch die Haut hindurch gehen, deinen ganzen Leib durchdringen und ihn mit Licht und Wärme erfüllen. Stelle dir dann vor, dass in den Sonnenstrahlen Gottes Liebe selber in dich eindringt. Schließe die Augen und überlege dir: Wenn das stimmt, dass in diesen Sonnenstrahlen Gottes Liebe selbst in mich eindringt, wenn es wahr ist, dass ich ganz und gar durchdrungen bin von Gottes Liebe, dann muss ich mich nicht mehr anstrengen, zu lieben. Dann bin ich einfach Liebe. Und diese Liebe gibt meinem Leben einen neuen Geschmack, einen angenehmen und süßen Geschmack. Und ich bin auf einmal fähig, mich selbst zu lieben und die Liebe zu genießen, die in mir ist. Diese Liebe kann mir niemand nehmen. Und ich kann diese Liebe zu andern strömen lassen, ohne mich dazu drängen zu müssen. Sie fließt von alleine in diese Welt hinein und verbindet mich mit der Natur und mit allen Menschen, die mir einfallen.

10. Mai

ANDREA SCHWARZ

Ich lebe
mit Haut und Haaren
allen Poren der Seele
und des Körpers

ich sauge gierig
mein Leben
in mich auf

Mensch
muss ich tot
gewesen sein

11. Mai

PIERRE STUTZ

Selbstvergessenheit

Selbstvergessenheit
wünsche ich dir
Stunden der Ausgelassenheit
die dich federleicht werden lassen
Zeiten des Beflügeltseins
die dir Erholung schenken

Selbstvergessenheit
sei dir geschenkt
Momente des Angerührtseins
voller Lebensfreude
die deine Widerstandskraft stärken
für ein tolerantes Miteinander

Selbstvergessen und voller Achtsamkeit
mitten im Leben

12. Mai

MARGOT KÄSSMANN

Himmel

Während meiner ersten Schwangerschaft lag ich kurz vor der Geburt meiner Tochter auf einer Maiwiese und habe in den Himmel geschaut. Es war ein anrührender Moment, die Erinnerung daran ist mir sehr lebendig. Was sind die Wege meines Lebens? Wie werden die Wege meines Kindes aussehen?

Der Himmel begleitet uns ein Leben lang. Er verändert sich ständig und ist doch vertraut, wo immer uns der Lebensweg hinführen mag. Wir bleiben unter demselben Himmel, auch wenn wir im Leben Veränderungen erfahren, neue Wege auf uns nehmen müssen, davonziehen wie die Wolken. Über uns bleibt derselbe Himmel. Und Gespräche mit dem Himmel sind oft Gespräche mit Gott.

Dabei muss »himmlisch« nicht »unirdisch« sein. Himmel und Erde können sich berühren, wo Menschen »Himmlisches« umsetzen. Keine Stelle der Bibel zeigt das wohl besser als die Seligpreisungen. Sie beschreiben eine Art Kontrastgesellschaft zu dem, was wir erleben. Die Barmherzigen stehen im Vordergrund, nicht die Durchsetzungsfähigen. Die »reinen Herzens sind« und nicht die Cleveren. Die »geistlich arm sind« und nicht die Reichen mit Geld. Für mich sind das himmlische Wegweiser, die irdische Welt zu betrachten.

13. Mai

ANDREA SCHWARZ

Wochenmarkt in Walchum

Ich mag ihn, diesen kleinen Wochenmarkt in Walchum, einer Gemeinde an der Ems. Jeden Mittwochmorgen findet er statt: Da gibt es einen Stand mit Honig und einen mit Blumen, da verkauft einer Kartoffeln und ein anderer Gemüse. Mittendrin steht ein überdachter, großer Anhänger, in dem man gemütlich beieinander sitzen und einen Kaffee trinken kann. Nein, dieser Wochenmarkt ist nicht unbedingt groß und eindrucksvoll wie so manche Märkte in Osnabrück oder Mainz. ...

Dieser Markt lebt von einer Idee. Man hat etwas anzubieten, und das, was man anbieten kann, ist durchaus sehr unterschiedlich. Wenn alle das Gleiche anbieten würden, wäre es nur langweilig. Der Markt lebt geradezu von dieser Unterschiedlichkeit. Aber man bietet es gemeinsam an – gleicher Ort, gleicher Tag, gleiche Uhrzeit. Man ist präsent – und das durchaus sehr verlässlich.

Manchmal, wenn ich dann mit einem Bund Karotten zurück nach Steinbild fahre, bin ich ein wenig nachdenklich. Ob wir als Kirche nicht etwas von diesem kleinen Wochenmarkt in Walchum lernen könnten? Kirche: Bei aller Unterschiedlichkeit trägt uns eine gemeinsame Idee. Es geht nicht darum, dass alle nur noch Honig anbieten. Der Wochenmarkt lebt davon, dass es Honig und Gemüse und Blumen gibt. Aber man bietet es gemeinsam an.

Und zwischendrin trinkt man einfach miteinander einen Kaffee in dem überdachten Anhänger.

Ich glaube, das könnte etwas mit Pfingsten zu tun haben ...

14. Mai

PIERRE STUTZ

Freude ausstrahlen

Heute
berührt werden zur Freude
im Verweilen am Brunnen
im Genießen der Gastfreundschaft
im Aufstehen für die Menschenrechte

Heute
angestiftet werden zur Freude
im Zeithaben zum Aufatmen
im Aufgehen in der Arbeit
im mitfühlenden Dasein

Heute einfach
Freude ausstrahlen

15. Mai

MARGOT KÄSSMANN

Lebenslust

Der Anblick eines Klatschmohnfeldes bringt mich zum Lächeln. Wie farbenprächtig ist die Natur, wie bunt das Leben! »Himmel, Erde, Luft und Meere sind erfüllt von deinem Ruhm, alles ist dein Eigentum«, singen wir in einem Kirchenlied. Solche überschwängliche Lebensfreude dürfen wir spüren und auch im Glauben erleben. Allzu oft wird Christsein mit einer gewissen Lebens- und Lustfeindlichkeit verwechselt – das ist ein Trauerspiel, finde ich.

Wie könnte Gott keine Lebensfreude haben, wo so viel Schönes und Lustvolles aus der Schöpfung hervorgegangen ist? Warum sollten Gottes Geschöpfe griesgrämige Kreaturen sein? Das ist doch ein Widerspruch in sich selbst! Wir glauben an den Auferstandenen und nicht an einen Toten. Es wäre schön, wenn sich diese fröhliche Gewissheit auf den Gesichtern spiegeln würde. Wie heißt es in der Bibel: »Seid fröhlich in Hoffnung!«

16. Mai

ANSELM GRÜN

Aufgehellt

»Eine einzige Freude vertreibt hundert Betrübnisse« (Chinesisches Sprichwort). Die Freude ist wie ein Licht, das in der Finsternis angezündet wird. Auch wenn die Kerze nur ganz klein ist, vertreibt sie die Dunkelheit eines Raumes. Der Raum bekommt eine andere Atmosphäre. Das kleine Licht leuchtet mitten in der Finsternis und vertreibt sie. Die Kerze hellt den Raum noch nicht so auf, dass man darin lesen kann. Aber ein Raum, in dem eine Kerze brennt, ist nicht mehr dunkel. Genauso – meint das chinesische Sprichwort – kann eine kleine Freude die getrübte Stimmung, die die Seele des Menschen verdunkelt, vertreiben.

Die Freude hellt die trübe Stimmung auf. Sie ist wie ein Keil, der in die Mauer der Betrübnisse geschlagen wird. Der Keil bricht die Mauer entzwei. Es entsteht eine Lücke, durch die das Leben wieder eindringen kann in den Menschen.

17. Mai

NOTKER WOLF

Freude in Fülle

1979 besuchte eine Gruppe von japanischen Buddhisten und Shintoisten unser Kloster in St. Ottilien. Die Mönche haben einige Zeit mit uns gelebt und den Alltag mit uns geteilt. Vor ihrer Abreise kamen Journalisten: »Was ist Ihnen am meisten im Kloster aufgefallen?« Das war die erste Frage. Ich selber hielt in Erwartung der Antwort ein wenig die Luft an. Und dann sagten die Gäste aus Asien: »Die Freude.«

Meine spontane Reaktion: Wenn das Nietzsche gehört hätte! Ich bin überzeugt, das Christentum braucht mehr Moral und weniger Moralin. Und Nietzsches Forderung, »Sie müssten fröhlicher aussehen die Christen«, gilt auch heute noch.

Wir sind zum Glück und zur Freude bestimmt, nicht zum Leiden und zum Unglück. Keiner wird auf die Frage, wozu er geboren sei, sagen: zum Trauern. Zum Leben, wenn es da ist, gehört Fülle, auch die Freude in Fülle. Jesus hat gesagt: Ich möchte, dass sie das Leben in Fülle haben – und damit auch die Freude in Fülle. Gemeint ist echte Freude, nicht die Scheinfreude, die die Werbung aufoktroyiert. Jesu Grundgefühl ist die Freude am Leben. Diese Freude, die aus Gott kommt, ist eine Möglichkeit, Gott kennenzulernen. Das ist der Kern seiner Botschaft: »damit meine Freude in euch ist und damit eure Freude vollkommen wird« (Joh 15,11).

18. Mai

MARGOT KÄSSMANN

Gute Zeit

Lebenslust sollten wir spüren.
Griesgrämigkeit hat mit Christsein nichts zu tun.
Von Herzen lachen, fröhlich sein, das Leben, das uns
geschenkt ist,
genießen – darum geht es doch.

Es gibt genug schwere Zeiten,
die guten aber dürfen wir aus Gottes Hand nehmen und uns
freuen am Leben.
Es ist nicht immer alles gut.
Aber wenn es gut ist, darf es auch gut sein!

19. Mai

NOTKER WOLF

Musik schafft Freiheit

Was Musik freisetzen kann, habe ich am schönsten erlebt in Nordkorea. Wir haben in diesem kommunistischen Staat ein Krankenhaus eingeweiht, das wir nach vielen Schwierigkeiten gebaut hatten. Eine Schwester sagte spontan zu mir: »Abtprimas, holen Sie doch Ihre Querflöte heraus. Spielen Sie uns etwas vor!«

Dann habe ich während des festlichen Mittagessens mit den kommunistischen Funktionären Mozart gespielt. Plötzlich fiel mir ein, dass ich auch ein koreanisches Volkslied kann, es ist sicher das bekannteste. Als ich das anspielte, sprang eine Bedienung auf und sang spontan mit, und ich habe sie begleitet. Man kann gar nicht beschreiben, was da aufblühte, was plötzlich an Kommunikation möglich war.

Wenn manche sich immer wieder wundern, dass ich auch mit Kommunisten »konnte« – das Geheimnis erklärt sich aus einer solchen Situation: Die Musik hat diese Freiheit geschaffen, diesen Resonanzraum auf der Ebene des Herzens ermöglicht. Wir konnten einfach als Menschen aufeinander zugehen.

20. Mai

PIERRE STUTZ

Bei StraßenmusikerInnen

In der Familie, im Freundeskreis und eben auch in der Stadt entsteht durch das Spielen von Instrumenten eine verbindende Atmosphäre. Wichtig ist dabei nicht das fehlerlose Spiel, sondern der Mut sich einzubringen, damit Grenzen aufgelöst und die Mauern des Misstrauens durchbrochen werden:

Mitten in der Stadt
am Boden sitzen
geerdet sein
der Musikgruppe zuhören

Herzhaft lachen können
die Blickkontakte genießen
staunen
wie Jung und Alt
stehen bleiben
sich hineinholen lassen
in den Zauber der spielerischen Kraft
die Humor und Kreativität entstehen lässt

Sich einbeziehen lassen
Menschen verschiedener Kulturen
geben einander die Hand
Grenzen werden aufgelöst
weil wir mit Dir
Mauern überspringen

Nach Psalm 18,30

21. Mai

ANSELM GRÜN

Das Schönste im Leben

Ein alter Mitbruder, der mit 92 Jahren gestorben ist, hat bis zuletzt jedem Mitbruder zum Namenstag ein Ständchen gespielt, zuerst auf der Trompete und dann, als das nicht mehr ging, auf der Mundharmonika. Wenn ich mich bei ihm bedankt habe, meinte er: »Es ist doch das Schönste im Leben, einem anderen eine Freude zu machen.« Wenn wir einem anderen eine Freude bereiten, werden wir selbst auch mit Freude erfüllt. Solange wir nur um uns selbst kreisen und uns bedauern, dass das Leben so schwer ist, wird sich auch keine Freude einstellen. Allerdings sollen wir uns nicht unter »Freudendruck« setzen. Einen Depressiven kann ich nicht so schnell zur Freude motivieren. Er muss sich damit aussöhnen, dass sich die depressive Stimmung auf ihn gelegt hat. Aber er soll trotzdem daran glauben, dass unterhalb seiner depressiven Gefühle auch die Emotion der Freude bereitliegt. Auch wenn er sie jetzt nicht spürt, sie hat ihn nicht verlassen.

22. Mai

PIERRE STUTZ

Tanz des Lebens

In unserer Gesellschaft brauchen wir eine Kultur der Lebensfreude, die nicht mit dem Zwang zum Spaß verwechselt werden darf. Echte Lebensfreude verwirklicht sich, wenn wir uns nicht nur durch Leistung definieren, sondern uns zur Leichtigkeit des Seins bewegen lassen. Die Mystikerin Madeleine Delbrêl (1904–1964) sagt es mit bezaubernden Worten:

»Wir haben aus dem Leben eine Turnübung gemacht und dabei vergessen, dass es in den Armen Gottes getanzt sein will.«

Das Leben als Tanz zu sehen, heißt nicht nur vorwärts kommen zu wollen, sondern auch seitwärts sich drehen zu können, um offen zu sein für die Mitwelt.

23. Mai

ANSELM GRÜN

Feste feiern

Feste sind eine willkommene Abwechslung im grauen Alltag. Wer die Feste übergeht, der geht an einer wichtigen Quelle seiner eigenen Lebendigkeit und Lebensfreude vorbei. Es gibt verschiedene Qualitäten von Festen. Da gibt es die Feten. Fete kommt aus der Studentensprache und ist seit dem 18. Jahrhundert bezeugt. Eine Fete feiert man, weil man dazu gerade Lust hat. Natürlich sucht man sich oft genug einen Anlass, den Geburtstag eines Kommilitonen oder ein bestandenes Examen. Oft gibt es auch spontane Feten, die häufig die schönsten sind. Bei solchen Gelegenheiten können sich die besten Gespräche ergeben. Und es gibt die lange geplanten Feste, die Feste zur Verabschiedung des Firmenchefs, die Feste zu einem runden Geburtstag. Da kommt es ganz darauf an, ob man das Fest nur mit äußerem Pomp feiert oder ob die Einladenden kreativ waren und das Fest mit einem liebevollen Herzen vorbereitet haben. Vom Ursprung her hat Fest immer eine religiöse Bedeutung. Im Fest bricht Gott in unser Leben ein. Im Fest feiern wir die Zustimmung zu unserem Leben. Und wir drücken im Fest unsere Sehnsucht aus nach Heimat und Geborgenheit, nach gelingender Gemeinschaft. Wir spüren, dass unser Leben wertvoll ist. … Jedes Fest hat etwas von einem Hochzeitsfest an sich. Gott feiert mit uns Hochzeit. Gott selbst verbindet sich mit uns und unserem Leben. Daher ist es angemessen, immer wieder ein Fest zu feiern, um uns zu vergewissern, wer wir eigentlich sind, dass unser Leben sich nicht beschränkt auf Arbeiten und Essen, sondern offen ist auf einen weiten, auf einen göttlichen Horizont hin.

24. Mai

PIERRE STUTZ

Sich zum Teilen bewegen lassen

Glücklich
wer teilen lernt
seine Angst überwindet
zu kurz zu kommen

Glücklich
wer seinen Nächsten sieht
in seiner Bedürftigkeit
und ihn Gerechtigkeit erfahren lässt

Glücklich
wer Gott in sich träumen lässt
und sich zutiefst bewegen lässt
ein Gleichnis des Miteinanderteilens zu werden

25. Mai

NOTKER WOLF

Nichts für große Asketen

Klöster sind Schulen einer Freiheit, die in der Ausrichtung auf Gott ein großes und positives Ziel hat, Benedikts Regel ist keineswegs für große Asketen geschrieben. Das gilt sogar für die Fastenübungen. Alle Fastenübungen sollen dem Abt unterbreitet werden, damit sich kein Leistungsgedanke oder kein Stolz einschleicht. Benedikt ist weder Vegetarier noch Antialkoholiker. Den Kranken wird zur Stärkung der Genuss des Fleisches erlaubt. Und was den Wein angeht, so sei es zwar besser, wenn sich die Mönche des Alkohols enthalten, »weil aber die Mönche heutzutage (sechstes Jahrhundert!) sich davon nicht überzeugen lassen, sollten wir uns wenigstens darauf einigen, nicht bis zum Übermaß zu trinken, sondern weniger« (RB 40,6). An besonders heißen Tagen oder in der Zeit der Ernte kann der Abt sogar mehr gestatten (RB 40,5). Die Gemeinschaft hält an bestimmten Tagen zwar ihr Fasten, aber wenn Gäste kommen, soll der Abt »dem Gast zuliebe« auf das Fasten verzichten, »nur nicht an einem allgemein vorgeschriebenen Fasttag« (RB 53,10). Das Kloster ist daher auch nicht ein Ort totaler Armut, schon gar nicht der Armseligkeit – die Kulturgeschichte der Klöster beweist das Gegenteil –, sondern jeder soll das bekommen, was er braucht. Gleichwohl ist Bescheidenheit eine Tugend. Wenn der Cellerar, also der für die Verwaltung der Klostergüter verantwortliche Mönch, einem Mitbruder etwas nicht geben kann, dann gebe er ihm wenigstens ein gutes Wort. »Es steht ja geschrieben: ›Ein gutes Wort geht über die beste Gabe‹« (RB 31, 14).

26. Mai

ANDREA SCHWARZ

Wenn Gott
das Lied der Erlösung spielt
will ich Flöte und Gitarre sein
Harfe und Tamburin
möchte Töne, Melodien
aus mir hervorlocken lassen
verzaubert von seinen Fingern

27. Mai

ANSELM GRÜN

Heiterkeit – fröhlich und leicht

Die Heiterkeit war für die frühen Mönche ein Zeichen echter Spiritualität. Das Ziel des geistlichen Weges war die »hilaritas«. Hilaritas meint die Heiterkeit und die unbekümmerte Fröhlichkeit. Auch für Buddhisten ist gelöste, über den Dingen stehende Heiterkeit übrigens ein spirituelles Ziel, ja sogar ein Zeichen von Erleuchtung. Das deutsche Wort »heiter« meint ursprünglich: scheinend, leuchtend, hell, klar und wolkenlos. Die Beschreibung dieses Gefühls entstammt also der Himmelsbeobachtung.

Wenn wir die Heiterkeit des Gemütes mit einem metereologischen Vergleich beschrieben haben, mit unseren Wetterbeobachtungen und dem Bewölkungsgrad am Himmel, dann ist das sofort einleuchtend. Auch die frühen Mönche haben bei der Beschreibung von Seelenzuständen an den Himmel gedacht, allerdings nicht an den irdischen Himmel. Sie glauben, dass der Mensch dann heiter wird, wenn er den göttlichen Himmel über sich strahlen lässt. Nach einem Wort des schlesischen Mystikers und Dichters Angelus Silesius ist der Himmel in uns. Wenn in uns der Himmel ist, dann wird unser Gemüt klar und heiter. Dann zieht uns die Erdenschwere nicht nach unten, dann verdunkeln die Wolken des Leids unsere Seele nicht. Denn in unserer Seele strahlt das heitere Licht Gottes. Dieses heitere Licht Gottes preist ein Hymnus, den wir Mönche in der Vesper singen: »Heiteres Licht vom herrlichen Glanze deines unsterblichen, heiligen, sel'gen himmlischen Vaters: Jesus Christus. Dich verherrlichen alle Geschöpfe.«

28. Mai

MARGOT KÄSSMANN

Beten und Poesie

Von Gott kann ich so reden, wie ein Gedicht Sprache findet, und manches Gebet ist ein Gedicht, manches Gedicht ein Gebet. Gott kommt mir nahe in Versen und Psalmen und Gebeten. Da fällt mir noch ein Gedicht ein, von Rainer Maria Rilke:

Du musst das Leben nicht verstehen,
dann wird es werden wie ein Fest.
Und lass dir jeden Tag geschehen
so wie ein Kind im Weitergehen
von jedem Wehen
sich viele Blüten schenken lässt.

Sie aufzusammeln und zu sparen,
das kommt dem Kind nicht in den Sinn.
Es löst sie leise aus den Haaren,
drin sie so gern gefangen waren,
und hält den lieben jungen Jahren
nach neuen seine Hände hin.

Zeit brauchen wir für Poesie im Leben. Zeit, dem Leben nachzusinnen. Zeit für die Rede von Gott, die Tiefe gewinnt. Ja, die Poesie ist wohl eine der Sprachen Gottes. Gedichte und Gebete, sie begleiten uns im Leben, wenn wir uns darauf einlassen. Und dann wird Neues in uns Raum gewinnen, eigene Worte vielleicht, oder auch Stille, Liebe, Raum für Gott.

29. Mai

NOTKER WOLF

Der Index und die Leselust

Odilo Lechner, Altabt der Benediktinerabtei St. Bonifaz in München und des Priorats Andechs, des berühmten Klosters auf dem »Heiligen Berg« Bayerns über dem Ammersee, erzählt gerne eine Geschichte aus dem Leben seiner Mutter, die lange zurückliegt und die ihn sehr geprägt hat. Seine Mutter war fromm, aber in keiner Weise ängstlich. Als junges Mädchen beichtete sie einmal, dass sie französische Romane gelesen hatte, die auf dem Index der von der Kirche verbotenen Bücher waren. Als der Beichtvater sie fragte, ob sie denn versprechen wolle, solches künftig nicht mehr zu tun, verneinte sie. Denn auf das Vergnügen, Weltliteratur zu lesen, wollte sie nicht verzichten. Die Folge: Sie erhielt keine Lossprechung.

Darauf ging sie am nächsten Samstag wieder zur Kirche, aber in einen anderen Beichtstuhl. Dort schilderte sie dem neuen Beichtvater, warum sie gekommen war und dass sie – und natürlich auch, warum sie – nicht auf interessante Literatur verzichten wolle. Der Beichtvater lobte ihre Ehrlichkeit und ihren Mut – und gab ihr die Absolution. Abt Odilo erzählt dies mit großem Vergnügen als Zeichen der Freiheit des Christenmenschen und mit dem Hinweis, dass das für ihn gerade nach der unfreien Nazizeit, die er selber erlebt hatte, eine besonders wichtige Erfahrung war. Obwohl ich nicht weiß, ob der zweite Beichtvater Benediktiner war – es ist eine Geschichte von benediktinischer Freiheit.

30. Mai

PIERRE STUTZ

Das Leben feiern

Gönne dir
Oasen des Glücks
wohltuende Momente des Verweilens
die zu zärtlicher Freundschaft befreien

Gönne dir
Räume des Glücks
zeitlose Stunden der Begegnung
die zu Toleranz und Mitgefühl bewegen

Gönne dir
Orte des Glücks
bestärkende Zeiten des Feierns
die Erde und Himmel verbinden

31. Mai

MARGOT KÄSSMANN

Zeit des Gelingens

Gütiger Gott, ich danke dir.
Es ist eine Zeit des Gelingens.
Alles scheint mir zuzufliegen.
Alles ist in Balance.
Ich erlebe den Zuspruch vieler.
Das tut gut.
Ich spüre den Neid anderer.
Das tut weh.
Ich weiß, Hochmut kommt vor dem Fall.
Und ich spüre tief in mir eine große Demut.
Nichts, was ich leiste,
verändert deinen Blick auf mich.
Ich weiß.
Aber ich weiß auch,
dass ich feiern und mich freuen darf,
denn du bist kein Gott, der Griesgrämigkeit liebt.
Es ist schön, zu ahnen, dass du Lachen kennst,
Humor, Freude und Lebensglück.
Und so feiere ich.
Nicht ins Gelingen verliebt,
nicht auf Erfolg fixiert,
nicht hochmütig,
aber doch voller Freude und Dankbarkeit.

Juni

Zweifel
wagen

1. Juni

PIERRE STUTZ

Unerträgliche Nachrichten

Beim Lesen von Tageszeitungen bin ich als spiritueller Mensch herausgefordert. Da begegne ich einer himmelschreienden Not, die mich immer wieder zweifeln lässt an der Güte Gottes. Es geschieht besonders, wenn ich mindestens einmal pro Woche ganz bewusst einen Hintergrundartikel lese. Da spüre ich nicht nur einen seelischen, sondern auch einen körperlichen Schmerz: eine Revolte, die meinen Glauben an das Gute im Menschen erschüttert. So lese ich bei UNICEF, dass in den letzten 10 Jahren über 2 Millionen unschuldige Kinder in den weltweit 45 Kriegen gestorben sind. Da erfahre ich durch die Organisation »Ärzte ohne Grenzen«, dass in den nächsten Jahren in Afrika über 100 Millionen Menschen an Aids sterben werden. Billige Medikamente stehen nicht zur Verfügung, obwohl die Pharmaindustrie von Jahr zu Jahr enorme Gewinnsteigerungen meldet. Unglaublich ist in diesem Zusammenhang die Meldung, dass Regierungen Szenarien ausgearbeitet haben, um Millionen von Menschen aus Asien nach Afrika zu bringen, als billige Arbeitskräfte, um die Aids-Toten so schnell wie möglich ersetzen zu können!!!

Ich kann kaum beschreiben, was ich angesichts solcher menschenverachtenden Pläne empfinde. Meine Frage »Warum lässt Gott das zu?« hat sich schon lange verwandelt in den Aufschrei: »Warum lassen wir das zu?«.

2. Juni

ANSELM GRÜN

Segen im Zweifel

Du zweifelst am Sinn deines Lebens. Du zweifelst an dir selbst, ob du dein Leben schaffst, ob du deinen Lebenstraum erfüllen kannst. Du zweifelst an deinen Fähigkeiten. Und du zweifelst an der Liebe der Menschen, mit denen du dich nahe verbunden fühlst. Und oft genug zweifelst du auch an Gott. Du hast so oft gebetet, aber Gott hat dir deine Wünsche nicht erfüllt. Stelle dich mit deinen Zweifeln unter den Segen Gottes. Stelle dir vor, dass sein Segen stärker ist als deine Zweifel. Gottes Segen möge dich mit deinen Zweifeln tragen wie ein Vater, der sein zweifelndes Kind in seine Arme nimmt, um ihm zu zeigen, dass er es liebt und dass es für ihn wichtig ist. Gottes Segen möge deine Zweifel verwandeln in eine neue Zuversicht, dass dein Leben gelingt. Gottes Segen möge deine Zweifel an Gott verwandeln in einen tieferen Glauben. Die Zweifel wollen dich nicht von Gott trennen, sondern nur die Bilder zerstören, die du dir von Gott gemacht hast. Der Segen Gottes ist kein Bild. Er ist Wirklichkeit. Er trägt dich und umgibt dich. Vertraue diesem Segen und vertraue darauf, dass du unter dem Segen Gottes alle Zweifel zulassen darfst. Sie können dich nicht von Gott trennen, sondern nur immer mehr in den Segen Gottes hineintreiben, der dich umarmt wie ein Vater oder eine Mutter, die ihr Kind mit seinen Zweifeln umarmen. Amen.

3. Juni

MARGOT KÄSSMANN

Bleibende Gottesfrage

Bei alledem: Wir werden nie sagen können, wer Gott ist. Unsere Worte sind Annäherungen, Versuche, in Sprache zu fassen, was wir glauben, Versuche, festzuhalten, was wir wissen. Am Ende geht es darum, welchen Stellenwert wir Gott in unserem Leben geben.

Letzten Endes werden wir uns nur anvertrauen können.

Zweifel kann letztlich nicht beseitigt werden, Gott lässt sich nicht beweisen. Er oder sie ist das Geheimnis des Lebens. Ein Geheimnis, das die Macht hat, uns zu beseelen. Ja, wir haben eine Seele. Das ist ein Grundverständnis des Menschen, der an Gott glaubt. Die jüdisch-christliche Tradition ist überzeugt, dass diese Seele unverwechselbar ist. So heißt es beim Propheten Jesaja: »Ich habe dich bei deinem Namen gerufen, du bist mein« (43,1). In diesem Vertrauen glauben Christinnen und Christen, dass Gott, den sie nur annäherungsweise in der Geschichte von Jesus erkennen, ihr Leben kennt, ihrem Leben Sinn zusagt, und sie hält im Leben, im Sterben und darüber hinaus. Dabei ist die Seele ein Ausdruck für die Verbindung des Menschen zu Gott. Das zu besingen hat sie allen Grund, findet Paul Gerhardt in diesem Lied:

Du meine Seele, singe, / wohlauf und singe schön
dem, welchem alle Dinge / zu Dienst und Willen stehn.
Ich will den Herren droben / hier preisen auf der Erd;
ich will Ihn herzlich loben, / solang ich leben werd.

4. Juni

ANDREA SCHWARZ

Still
kleinlaut
hocke ich
in meiner Ecke

ich
weiß
nicht mehr weiter

ich
find
den Weg nicht mehr

du
find mich

5. Juni

ANSELM GRÜN

Wenn Kinder zweifeln

In den ersten Jahren vertraut das Kind den Eltern, allen ihren Worten und Antworten. Es erlebt seine Eltern als Hort der Sicherheit. Die Eltern können alles. Sie werden fast vergöttert. Doch irgendwann kommt das Kind in ein Alter, in dem es zu zweifeln beginnt. Es zweifelt beispielsweise die Antworten des Vaters an. Das zeigt sich nicht in der Ablehnung, sondern in der erneuten Frage nach dem Warum: Warum ist das so? Und wenn der Vater es geduldig erklärt hat, folgt erneut die Frage: Warum? So leicht lässt sich das Kind nicht abspeisen. Es ist gut, wenn Kinder ihre Zweifel äußern, wenn sie nicht alles für bare Münze nehmen, was andere ihnen sagen. Der Zweifel ist Ausdruck ihres kritischen Verstandes. Der Verstand braucht Gründe, die er verstehen kann. Wenn er etwas nicht versteht, zweifelt er. Aber das Kind zweifelt nicht nur an den Antworten der Eltern, sondern auch an ihrer Unfehlbarkeit und Macht. Es erfährt, dass die Eltern auch nur begrenzt sind, dass sie Fehler machen, ungerecht sind. Solche Erfahrungen nähren ihren Zweifel. Diese nicht zu unterdrücken, sondern aufzugreifen, ist für Kinder hilfreich. Die Zweifel an der Göttlichkeit der Eltern sind eine Einladung, über die Eltern hinauszusehen und Gott als den eigentlichen Grund des Lebens zu erkennen.

6. Juni

MARGOT KÄSSMANN

Zweifel

Ja, wir dürfen auch zweifeln.
Das gehört zum Glauben von Anfang an.
Als Jesus verhaftet wurde, verleugnete ihn Petrus.
Die Frauen hatten Angst, vom leeren Grab zu erzählen.
Paulus war erst einmal ein Christenverfolger.

Nur wer um den Glauben ringt, kann im Glauben wachsen.
Reden wir über unsere Fragen, das ist Teil der Gemeinschaft
als Kirche.

7. Juni

ANSELM GRÜN

Zweifel gehören zum Glauben

Schaut man einmal auf die ursprüngliche Wortbedeutung von »Zweifel«, so stellt sich heraus, dass es zusammengesetzt ist aus der Zahl Zwei und dem Wort »falten«. Ich kann also »zweifach falten«, es gibt zwei Möglichkeiten. Zweifel drückt die Unsicherheit und Ungewissheit aus angesichts zweier Möglichkeiten, zweier Antworten, zweier Lösungen. Der Zweifel gehört zum Glauben. Manche klagen sich an, wenn sie Glaubenszweifel haben, doch der Zweifel hat die Aufgabe, weiter zu fragen und uns davor zu bewahren, dass wir unsere Projektionen, die wir auf Gott gerichtet haben, mit Gott verwechseln. Der Zweifel klärt unseren Glauben. Er lässt uns immer wieder fragen: Was heißt es wirklich, dass Gott Mensch geworden ist, dass Christus von den Toten auferstanden ist, dass er uns das ewige Leben schenkt? Indem wir an unseren Antworten zweifeln, fragen wir weiter, versuchen wir, das Unbegreifliche zu verstehen und ihm näherzukommen. Der Zweifel behütet uns davor, dass wir auf dem Glaubensweg stehen bleiben und meinen, wir würden Gott mit unseren Begriffen besitzen und wüssten genau über ihn Bescheid.

8. Juni

ANDREA SCHWARZ

Auf dein Wort hin

trotz

meiner Fragen
meiner Verzweiflung
meiner Einsamkeit
meinem Verlorensein
meiner Heimatlosigkeit
meiner Ohnmacht
meiner Kraftlosigkeit
meiner Ratlosigkeit
meiner Traurigkeit
meinen Dunkelheiten

hinausfahren

die Netze
auswerfen

und

das Leben
an mich

ziehen

9. Juni

ANSELM GRÜN

Glaube ist Vertrauen

In jedem Leben kommt ein Punkt, an dem wir uns erst einmal von dem abwenden, was wir mitbekommen haben. Und das ist nicht falsch: Wir sollen es kritisch hinterfragen. Aber nach diesem Hinterfragen sollen wir auch prüfen, was in dem Überlieferten an Gutem war und wie weit es uns heute – auf bewusste Weise gelebt – Halt zu geben vermag. …

Für mich ist es eine Hilfe, die Alternative des Nicht-Glaubens zu Ende zu denken: »Alles ist Einbildung. Wir können nichts wissen.« Wenn ich diese Alternative zu Ende denke, dann steigt in mir eine tiefe Gewissheit auf: Die Deutung des Glaubens stimmt. Und es reift in mir der Entschluss: »Ich entscheide mich für den Glauben.« Wir können den Glauben nicht beweisen. Aber er ist trotzdem vernünftig. Und es ist nicht gegen meinen Verstand, wenn ich auf die Karte des Glaubens setze. Jedoch braucht es immer auch den Sprung in den Glauben, es braucht Vertrauen und Entscheidung. Ein weiterer Aspekt des Glaubens zielt nicht auf das Wissen und die Deutung, sondern auf die Haltung. Ich glaube *jemandem*. Glaube ist Vertrauen auf eine Person. Auch wenn dieses Vertrauen letztlich Gott als den eigentlichen Halt unseres Lebens meint – es ist für viele noch nicht möglich, Gott zu vertrauen, der ihnen so weit weg erscheint. Und dennoch fühlen sie sich irgendwie getragen. Dietrich Bonhoeffer hat in seinem Gedicht kurz vor seiner Ermordung im KZ von den guten Mächten gesprochen, die uns tragen. Diese Worte können auch die für sich in Anspruch nehmen, die sich schwertun, Gott als den Grund ihres Vertrauens zu erkennen.

10. Juni

PIERRE STUTZ

Du
begleitest uns in all unseren Erfahrungen
bist uns näher als wir uns selber sind
wohnst und wirkst wesentlich in uns

Du
offenbarst dich auch durch uns
im gemeinsamen Aushalten von Schmerz
im staunenden Feiern des Lebens

Du
erweckst in uns heilende Kräfte
im Mitteilen von Hoffnungsgeschichten
im Aufbruch zur Menschlichkeit

11. Juni

MARGOT KÄSSMANN

Trotzig glauben

Der frühere tschechische Staatspräsident Vaclav Havel hat einmal gesagt: »Hoffnung ist eben nicht Optimismus, ist nicht die Überzeugung, dass etwas gut ausgeht, sondern die Gewissheit, dass etwas Sinn hat – ohne Rücksicht darauf, wie es ausgeht.« Das ist eine Aussage, die meine Lebenshaltung als Christin sehr gut zum Ausdruck bringt. Ich kann nicht sagen, wie es werden wird. Die Welt zu sehen, lässt mich manchmal verzweifeln. Aber ich glaube geradezu trotzig gegen den Augenschein an, der mir immerzu weis machen will, dass alles schlimmer, schrecklicher, ärmer und dunkler wird. Und ich werde letztlich nicht an der Welt verzweifeln, weil ich immer noch glaube, dass sie Gottes Welt ist.

12. Juni

ANSELM GRÜN

Neue Maßstäbe

Nimm dir einmal zwei Psalmverse aus Psalm 150 und lies dir die Worte laut vor:

»Lobt Gott in seinem Heiligtum, lobt ihn in seiner mächtigen Feste! Lobt ihn ob seiner gewaltigen Taten, lobt ihn in der Fülle seiner Hoheit!« (Ps 150,1 f)

Hier wird kein Inhalt für dein Gebet angeboten. Es ist einfach nur die Aufforderung, Gott zu loben. Der Gott, den du loben sollst, wird nur beschrieben als der, der in seinem Heiligtum wohnt, also in einem anderen Raum als die Räume, die du von deinem Leben her kennst. Und er soll gepriesen werden ob seiner gewaltigen Taten, weil er auch in deinem Leben Großes getan hat. Wiederhole einfach die Verse und dann spüre in dich hinein: Was macht das mit mir, wenn ich einfach nur Gott lobe? Wenn ich einmal aufhöre, über die Probleme der Welt nachzudenken, und meine Sinne für Gott öffne? Ist das eine Flucht vor der Realität? Oder rücken sich da die Maßstäbe in mir zurecht? Spüre ich, dass all das, was mich an Problemen belastet, sich relativiert vor dem unbegreiflichen Geheimnis Gottes, vor dem ich stehe? Schau dann bewusst von diesen Lobversen her auf deinen Alltag. Vielleicht erlebst du dann auch, dass sich vieles von dem, was dich belastet, relativiert und leichter wird.

13. Juni

PIERRE STUTZ

Du
stellst mich auf die Füße
lässt mich gerade stehen
für mein Leben

Du
sprichst zu mir durch innere Bilder
die mich bestärken
Gerechtigkeitswege zu begehen

Du
durchbrichst unsere Zweifel
belebst uns mit deinem heilenden Geist
der Vertrauen und Hoffnung stiftet

Deine
Auferstehungskraft lebt
in allen liebenden Menschen
die aufstehen für deine Vision
einer friedvolleren Welt

14. Juni

ANDREA SCHWARZ

»Über den Wolken muss die Freiheit wohl grenzenlos sein …«
So besingt Reinhard Mey einen uralten Wunschtraum der
Menschen: die grenzenlose Freiheit. Aber, mit Verlaub, hier
irrt der Kollege – und der Wunsch nach der grenzenlosen
Freiheit ist nicht nur schon deshalb richtig oder sinnvoll, weil
er von vielen Menschen geteilt wird.

Die grenzenlose Freiheit, die gibt es nicht. Es gibt Bedingungen, in die wir hineingestellt sind – unsere Geschichte,
unsere Möglichkeiten, Ort, Zeit und Raum. Natürlich stehen mir theoretisch alle Möglichkeiten offen, jeden Beruf zu
ergreifen oder gar einen neuen zu erfinden. Aber ich muss
Rücksicht nehmen auf meine Begabungen, auf die Notwen-
digkeit, Geld zu verdienen, auf das, was machbar ist. Und
darüber hinaus gilt: Etwas, das keine Grenzen hat, verschwin-
det im Nichts. Der grenzenlose Horizont, das ist die Weite, in
der man sich verliert. Selbst wenn ich die Freiheit hätte, alles
zu tun – in dem Moment, wenn ich etwas tue, verliere ich
diese Freiheit – gerade weil mein Tun anderes wieder aus-
schließt. Und wenn ich gar nichts tue, um ebendiese Freiheit
nicht zu verlieren, dann ist und geschieht eben auch nichts.
Was aber will ich dann mit dem Traum einer grenzenlosen
Freiheit, der gar nicht lebbar ist?

Erst wenn ich von dieser angeblichen Grenzenlosigkeit Abschied nehme, kann etwas sein und werden. Und erst dann
werde ich sein …

15. Juni

MARGOT KÄSSMANN

Gott – eine Formel für Schwächlinge?

Wir sind gerade hierzulande blind geworden für die Gottesfrage. Der Machbarkeitswahn beherrscht uns. Wir haben ein Recht auf ein gesundes Kind, suggeriert uns die Gentechnologie. Wir haben ein Recht, unseren Tod selbst zu bestimmen, erklären uns die Befürworter der aktiven Sterbehilfe. Ich und mein Leben, das ist der Mittelpunkt, das ist das Entscheidungskriterium, behauptet die Werbung. Die Frage nach dem Unverfügbaren wird verdrängt. Gott wird zur Formel für Schwächlinge; er ist doch nicht für die Macher. Aber im Grunde unseres Herzens wissen wir: Wir sind Geschöpfe. Wir haben unser Leben nicht selbst in der Hand. Wenn wir das einsehen würden, hätten wir auch den Mut, offen zu werden. Uns anzuvertrauen. Es gibt eine große Sehnsucht danach. Sehnsucht nach Glauben und Spiritualität. Und nach Vorbildern – wie der Familie zum Beispiel, die Ja sagt zu ihrem behinderten Kind.

16. Juni

PIERRE STUTZ

Einzigartig

Du bist gesegnet
in all deinem Ringen und Aufbegehren
in all deiner Sehnsucht und Hoffnung
in all deiner Verzweiflung und Angst

Du bist aufgehoben
in deinem Selbstwerdungsweg
in deinem Einsatz für die Menschenrechte
in deinem Mitgefühl mit aller Kreatur

Du bist gesegnet
jeden Tag neu
in deiner Einmaligkeit und Stärke
in deiner Einzigartigkeit und Schwäche

17. Juni

MARGOT KÄSSMANN

Gottes Name

Was ist mir das Liebste? Das, worum keine Scherze gemacht werden sollen? Wo ich verletzt bin, wenn es lächerlich gemacht wird? Ist es eine Liebe, die eigene Familie, mein Besitz? So wie mit diesem Liebsten geht es Glaubenden mit Gott. Gott darf nicht missbraucht werden für Formeln, für etwas, was banal ist. Gottes Name, er ist uns lieb und teuer. Wir nennen ihn, wenn wir an Gottes Treue denken. Sie erweist sich immer wieder in den biblischen Geschichten. Gott rettet – aus der Unterdrückung in Ägyptenland, aus Hunger und Not. Gott liebt Menschen, Jesus hat uns das wunderbar gezeigt. Gott will Leben, über den Tod hinaus. Deshalb achten wir Gottes Namen, den wir als Vater, Sohn und Heiligen Geist kennen. Wir heiligen Gottes Namen, wenn wir Kinder segnen, wenn wir beten, wenn wir für Arme, für Gerechtigkeit einstehen. Unnütz gebraucht wird Gottes Namen, wenn wir in diesem Namen Krieg führen, Menschen versklaven, andere verachten. Gottes Name will lebendig sein in unserem Leben.

18. Juni

ANDREA SCHWARZ

Der mutet mir was zu!

Eine junge Frau geht im Wald spazieren. Da rennt plötzlich ein großer Hund auf sie zu, umspringt sie, bellt sie an. Und in weiter Ferne der Besitzer des Hundes, leicht rennend, mit den Armen fuchtelnd, rufend: »Der ist lieb! Der tut nichts!« – und dann denkt die junge Frau darüber nach, ob wir Gott deshalb so oft als »lieb« bezeichnen, damit er uns »nichts tut«.

Mich hat diese kleine Geschichte, die ich irgendwo in einer Zeitschrift las, nachdenklich gemacht. Denn Gott ist nicht lieb, das holt ihn nur in unsere menschlichen Denkkategorien hinein – und macht ihn zum netten »Kuschelgott«. Gott ist eigentlich eine Zumutung, eine Herausforderung. Da ist eher etwas »Herbes« als etwas »Nettes«. Da bleibt eine unbegreifliche Distanz, etwas Fremdes. »Was er sagt, ist unerträglich« – keine neue Erfahrung, sondern Jahrtausende alt. Und da hilft es auch nichts, wenn wir aus einem »allmächtigen« einen »barmherzigen« Gott machen, wenn wir den »lieben Advent« ansagen oder singen »deine Liebe ist wie Gras und Ufer«.

Gott … ist nicht lieb – sondern eine Zumutung. Das haben damals schon viele Jünger nicht ausgehalten und haben ihn deswegen verlassen. Die Lösung kann nicht heißen, das Herbe an Gott wegzunehmen, damit möglichst viele bleiben, nicht anecken. Gott ist und bleibt eine Zumutung. Aber Zumutungen haben schließlich auch was mit »zutrauen« zu tun. Wer sich mir zumutet, traut mir was zu. … Ich finde dieses herbe Bild von Gott sehr viel faszinierender als die »weichgespülte Fassung«. …

Gott ist anders.

19. Juni

ANDREA SCHWARZ

Gott ist ganz anders

Vergiss
alle Eigenschaftswörter

verbrenn
alle Bilder

schreib ihn
nicht fest   rechne nicht
                mit dem Berechenbaren
trau
keinem Namen   nimm Abschied von deinen Erwartungen
                und lass dich überraschen
feilsche
nicht   gib deiner Sehnsucht Raum
                aber fessele ihn nicht

                alle Versuche dir deinen Hausgott
                zu basteln sind vergebens

                Gott ist
                ganz anders

                aber er sucht dich
                wenn du dich finden lässt

                er findet dich
                wenn du ihn suchst

20. Juni

PIERRE STUTZ

In schlaflosen Stunden

mir wohlwollend begegnen
achtsam ein- und ausatmen
Ja sagen zu meinen Grenzen

In schlaflosen Stunden
mir liebevoll entgegenkommen
aufmerksam ein- und ausatmen
Ja sagen zu meiner Bedürftigkeit

In schlaflosen Stunden
mich verständnisvoll annehmen
bewusst ein- und ausatmen
Ja sagen zu meiner Verletzlichkeit

21. Juni

ANSELM GRÜN

Durchlässig werden für das Licht

Genieße den längsten Tag des Jahres. Genieße den milden Abend, der noch lange hell bleibt. Und sammle, wie die Maus Frederick in der berühmten Kindergeschichte, die Sonnenstrahlen in deinem Innern. Stelle dir vor, dass die Sonne, die heute so lange scheint, jetzt abnehmen wird. Aber sie möchte immer in deinem Herzen leuchten. Stelle dir vor, dass Christus, die wahre Sonne, in deinem Herzen nie untergeht, auch dann nicht, wenn es Nacht wird. Und stelle dir vor, dass Christus nur dann in dir leuchten kann, wenn du dein Ego zurücknimmst und es durchlässig werden lässt für das Licht Jesu Christi.

22. Juni

ANDREA SCHWARZ

Wozu bin ich auf der Welt?

Die einfachsten Fragen sind manchmal die interessantesten. Es gab Zeiten in meinem Leben, da hätte ich auf diese Frage keine Antwort gewusst. Und es gab Zeiten und wird sie immer wieder geben, in der mir die Frage selbst gar nicht präsent ist, Zeiten, in denen ich mich im Selbstverständlichen, in der Arbeit, im Alltag verliere. Andererseits: Wenn meine einmal gefundene Antwort auf diese Frage stimmt, dann kann sie mich auch durch solche Zeiten hindurchtragen.

Auf meinem Lebensweg haben mich zwei Sätze entscheidend geprägt und sind zu meiner Antwort geworden: »Er hat mich gesandt, damit ich den Armen eine gute Nachricht bringe; damit ich den Gefangenen die Entlassung verkünde und den Blinden das Augenlicht; damit ich die Zerschlagenen in Freiheit setze und ein Gnadenjahr des Herrn ausrufe« (Lukas 4,18b.19). Ich werde zum Leben befreit, mir gehen die Augen auf, mir gilt die gute Botschaft, dass Gott meine Lebendigkeit will! …

Der zweite Satz stammt aus einem Text von Werner Sprenger: »Es gibt einen Weg, den keiner geht, wenn du ihn nicht gehst!« – und seitdem begleitet mich immer wieder die Frage, ob ich den Weg gehe, den sonst keiner gehen kann.

Beide Sätze zusammen sind meine Antwort auf die Frage, die sich so einfach anhört. Eine Antwort, die für mich zum Lebensprogramm geworden ist: lebendig sein ohne »wenn« und »aber«, mich spüren in allen Höhen und Tiefen, leben dürfen – und es aus ganzem Herzen tun. Und immer wieder neu meinen ganz eigenen Weg suchen, ihn manchmal finden und gehen – vielleicht.

23. Juni

MARGOT KÄSSMANN

Gott sucht die Zweifler

Was ermutigend ist: Jesus schickt gerade die Zweifler, die Ungläubigen, die Ängstlichen in die ganze Welt, um vom Glauben zu sprechen. Das finde ich nun geradezu unglaublich! Diese Fischer und Huren und Zöllner sind nun gerade keine so ganz überzeugenden Leitfiguren. Bei jedem Casting würden sie durchfallen. Keine Sonnyboys, keine Glamourgirls, keine Erfolgsfiguren. Aber sie werden geschickt in alle Welt, um von der guten Nachricht zu erzählen, von der Überwindung des Todes, um zum Glauben zu rufen und zu taufen. Das kann doch jeden und jede von uns nur ermutigen. Auch wir mit unseren Ecken und Kanten, wir mit unseren Zweifeln und unserem Unglauben werden geschickt, Spuren des Reiches Gottes zu legen. Wir können in diese Welt gehen und weitersagen: Er ist auferstanden, er ist wahrhaftig auferstanden.

24. Juni

PIERRE STUTZ

Sei gesegnet
in deinem Schreien nach Sinn
dass mitten in der Verzweiflung
ein Hoffnungsfunke aufscheine

Sei gesegnet
in deiner Bodenlosigkeit
damit mitten im Fallen
der tragende Grund spürbar wird

Sei gesegnet
in deinem Verwirrtsein
damit mitten im inneren Sturm
ein Regenbogen sichtbar wird

25. Juni

ANSELM GRÜN

Wenn Zweifel immer wiederkehren

Bei einem Kurs hat mir ein Mann erzählt, dass er erst mit 30 Jahren seinen Weg zum Glauben gefunden hat, weil sein Vater sehr antikirchlich und antireligiös eingestellt war. Der Vater hat auf alles, was mit Kirche und Glauben zu tun hatte, sehr aggressiv reagiert. Der junge Mann spürt nun beide Pole in sich: Auf der einen Seite fasziniert ihn alles Religiöse sehr, aber auf der anderen Seite überkommen ihn auch immer große Zweifel. Es sind die Zweifel des Vaters, und er fühlt sich hin- und hergerissen. Ich habe ihm gesagt, er müsse nichts beweisen. Die Zweifel werden ihn sicher stets begleiten, aber er kann sagen: »Ja gut, der Zweifel ist da, aber ich werde jetzt nicht auf den Vater hören und mich ihm gegenüber rechtfertigen. Das ewige Ich-habe-recht-und-du-hast-nicht-recht bringt nichts.« Ich habe ihm geraten, sich mit seinen Zweifeln in die Kirche zu setzen (oder in die Natur oder wo auch immer), sich tragen zu lassen und zu sagen: »Ja, da sind die Zweifel, und wenn ich diese Erfahrung jetzt mache, wird der Zweifel nicht überwunden. Aber ich bin mit meinem Zweifel trotzdem getragen und spüre, im Tiefsten weiß ich: Ja, es stimmt. Aber morgen wird der Zweifel wiederkommen und ebenso in Zukunft. Ich brauche aber keine Angst vor ihm zu haben, denn er hält mich auch lebendig. Ich bin dankbar für den Glauben, aber ich weiß, der Zweifel hält mich lebendig. Es ist keine Garantie, dass ich immer im Glauben bin.«

26. Juni

NOTKER WOLF

Wo war Gott?

Wir kennen auch den abwesenden Gott. Immer wenn große Katastrophen passieren, fragen die Menschen: Wo ist Gott? Auch nach der Katastrophe von Fukushima kam diese Frage.

Gott ist immer da. Ich kann mich in meiner Not immer an ihn wenden. So wie Jesus immer bei den Menschen war. In ihrer Not war er präsent. Er hat gesagt: Ich bin nicht als Arzt zu den Gesunden gekommen, sondern zu den Kranken. Aber auch wenn Gott meine Hoffnung bleibt: Er ist nicht der, der unsere Fehler ausbügelt. Wir dürfen uns ihn nicht so vorstellen wie Eltern, die kleine Kinder immer wieder aus der Gefahrenzone wegzerren, die schnell zugreifen und ihnen sagen: »Pass auf! Ich helfe dir, ich mache das für dich wieder richtig.« Wo bliebe da die Freiheit? Gott nimmt uns ernst in unserer Freiheit und überlässt uns die Verantwortung.

Ich weiß keine Antwort auf die Probleme der großen Naturkatastrophen. Leid oder Tod bleiben das große Fragezeichen. Aber schon in der Bibel finde ich Hinweise. Die Geschichte von Adam und Eva etwa. Schon das ist eine Geschichte, die mit unser Freiheit zu tun hat: Sie wollten alles selber tun und haben sich von Gott abgewandt. Die Bibel sieht den Menschen in einer Einheit mit der Natur, den Tieren, der Umwelt. Sie sieht in den Katastrophen der Natur einen Ausdruck der Teilhabe an dieser Gottesabwendung.

Aber klar ist auch: Gott ist kein Sadist, der Lust zur Bestrafung hätte. Wer sagt, dass Erdbeben oder Naturkatastrophen eine Strafe Gottes seien, beleidigt Gott und die Menschen. Das ist Überzeugung der Theologie. Als Mahnung, dass wir uns nicht allzu sehr auf unsere technischen Möglichkeiten verlassen dürfen, dass uns Menschen Grenzen gesetzt sind, die wir in aller Freiheit und Verantwortung zu respektieren haben, dürfen wir sie aber durchaus sehen.

27. Juni

MARGOT KÄSSMANN

Erbarme dich

Herr, erbarme dich
all der geschlagenen, missbrauchten, verletzten Kinder
dieser Welt
Herr, erbarme dich
all der vergewaltigten, verschleppten, gefolterten Frauen
dieser Welt
Herr, erbarme dich
all der verfolgten, geschundenen, durch Waffen zerstörten
Männer.
Herr, erbarme dich.
Höre uns, Herr, denn wir können so wenig tun.
Wir brauchen dich. Wir brauchen einander.
Wir rufen:
Herr, erbarme dich.

28. Juni

ANDREA SCHWARZ

**gewisse
hoffnung**

einmal
wird all das
von mir abfallen
was mich bindet
fesselt
was mir
die wahrheit
verhüllt

einmal
werde ich
verstanden werden
und
verstehen

29. Juni

PIERRE STUTZ

Gesegnet sei
dein Genießen der Fülle des Lebens
damit du immer mehr Ja sagen kannst
zu deinen Grenzen und deiner Endlichkeit

Gesegnet sei
deine Verletzlichkeit und deine Zerbrechlichkeit
damit du ein einfühlsamer Mensch bleibst
der auch in dunklen Stunden Hoffnungsfunken erahnt

Gesegnet sei
deine Annahme von Gegensätzen in dir
damit du toleranter wirst
und die Angst vor dem Fremden verlierst

Gesegnet sei
dein Klagen und Weinen
damit dein Mitgefühl Kreise ziehen kann
und echten Trost spendet

30. Juni

MARGOT KÄSSMANN

Roter Faden Liebe

Da sind so viele unbeantwortete Fragen, die lassen es einem Menschen leicht eng ums Herz werden. ...

Was soll ich? Was, wenn das ganze Leben sinnlos wäre? Was, wenn da unter der Oberfläche nichts ist, der leere Raum, nichts? Jean Paul, ein Philosoph und Schriftsteller aus dem späten 18. Jahrhundert, hat das einmal auf sehr nahegehende Weise in Worte gefasst, finde ich. In der »Rede des toten Christus vom Weltgebäude herab, dass kein Gott sei« beschreibt er den auferstandenen Christus, der im Weltall Gott sucht, auf den er doch so fest vertraut hat. Aber er findet Gott nicht und muss nun denen, die wiederum ihm vertraut haben, eben dies beibringen. Der Text hat mich tief beeindruckt, als ich ihn das erste Mal gelesen habe. Er fasst eine ganz existenzielle Angst vor Vergeblichkeit und Sinnlosigkeit in Worte.

Vielleicht ist es aber auch so, dass wir uns einfach nicht zu viel vornehmen dürfen im Leben. Wir werden nicht die ganze Welt verändern. Aber vielleicht können wir an unserem kleinen Ort, in unserer begrenzten Zeit sinnvoll etwas zum großen Ganzen beitragen. Albert Schweitzer hat einmal gesagt: »Das einzig Wichtige im Leben sind die Spuren von Liebe, die wir hinterlassen, wenn wir gehen.« Das ist doch ebenso eindrücklich: Alles andere vergeht, Ruhm, Anerkennung, Bücher ... Selbst von den sogenannten Heiligen und den großen Gestalten der Geschichte verliert sich doch irgendwann die reale Spur. Aber dass es einen roten Faden der Liebe und damit der Hoffnung auf der Erde gibt, dazu kann jeder und jede einen Beitrag leisten.

Juli

Kraft
tanken

1. Juli

ANDREA SCHWARZ

Losgehen

Und dann bist du plötzlich auf dem Weg, den Rucksack auf dem Rücken, den Koffer in der Hand. Du gibst die Bequemlichkeit, die Sicherheit des Alltags auf – und gehst los.

Du bist bereit, in eine andere Welt zu gehen – und fragst dich doch:
Was mache ich eigentlich hier?
Und gehst los – und traust dem Traum.

2. Juli

PIERRE STUTZ

Meine Freizeit
als freie Zeit erfahren
als Zeit des Nichtstuns
als Zeit des Auftankens

Unsere Freizeit
als erholende Zeit gestalten
als Zeit des Verweilens
als Zeit des Spielens

Meine Freizeit
als Atempause erleben
als belebende Brachzeit
als erholsame Ruhezeit

3. Juli

ANSELM GRÜN

Fernweh

Sehnsucht nach Heimat und Geborgenheit ist eine tief ver-
wurzelte Emotion. Es gibt aber auch das entgegengesetzte
Gefühl. Es zielt auf das Neue, das Abenteuer. Die zahllosen
Reisenden, die sich jedes Jahr auf den Weg in ferne Länder
machen, sind im Grunde von einem tiefen Fernweh getrieben.
Dieses Fernweh ist die Sehnsucht nach dem ganz anderen, das
sie erleben möchten. Sie möchten aussteigen aus dem gewohn-
ten Trott. Sie möchten in der Ferne das unverfälschte Leben in
seiner Ursprünglichkeit spüren. Sie machen sich auf den Weg,
auf überfüllten Autobahnen, in Flugzeugen, und suchen das
Paradies in weiten Fernen und exotischen Ländern.

Ein kluger Mensch hat festgestellt: Fernweh und Heimweh
liegen oft eng zusammen: »Fernweh erledigt sich nicht damit,
dass man ein Schiff besteigt; oft ist es sogar nichts anderes
als eine Form von Heimweh – die Sehnsucht nach dem Un-
bekannten oder noch nicht Entdeckten in uns selbst« (John
Cheever). Viele suchen in der Ferne die Heimat, die sie dort,
wo sie wohnen, verloren haben. Doch letztlich sind sie auf
der Reise nach sich selbst. In der Ferne suchen sie das, was
eigentlich so nahe ist: das Geheimnis ihres eigenen Herzens,
den inneren Raum, in dem sie wahrhaft zu Hause sein dürfen.

4. Juli

PIERRE STUTZ

Meine Oasen auf dem See

Die Dampfschiffe auf dem Genfersee sind im Sommer meine Oasen. Einmal in der Woche gönne ich mir eine Fahrt im Liegestuhl! Der Wind bläst meine Alltagssorgen sehr schnell weg, und es gelingt mir, einfach da zu sein: die höchste Stufe des Glücks.

Das Rauschen des Wassers, die Möwen als Begleiter, viele Begegnungen von Jung und Alt erinnern mich an die Kraft des Sabbats, ans Genießen, das wir Menschen zum Glücksein brauchen. Beim Daliegen in der Sonne fliegen mir Worte der Mystikerin Mechthild von Magdeburg (1207–1282) zu: »Gott leuchtet in meiner Seele wie die Sonne auf dem Golde.«

Meine Oase bestärkt mich, im Alltag das Leuchten Gottes in allem zu erkennen.

5. Juli

NOTKER WOLF

Genießen können

Wenn wir den Zusammenhang von Glück und Glauben reflektieren, kommen wir nicht umhin zu sehen: Es gibt auch im Christentum eine Geschichte innerer Unfreiheit. Es gab da etwa auch immer den Trend zur Leidensverherrlichung. Das war die Schattenseite der anderen grundlegenden Erfahrung, dass Leid keineswegs immer mit Unfreiheit verbunden ist. Wir sind ja zum Teil noch so erzogen worden: Es muss wehtun. Es darf nicht gut sein. Das Essen muss man hinunterdrücken – nur weil man es braucht, damit man nicht verhungert. Lust ist nur erlaubt, wenn es darum geht, Kinder zu zeugen. Und als Kind haben wir noch gehört: Was süß ist für den Mund, ist sauer für den Magen. Die gesunden Dinge schmecken sowieso alle nicht gut.

Zur Christusnachfolge gehört zweifelsohne die Kreuzesnachfolge, doch bestand das Ziel Jesu nicht im Leiden, sondern in der Überwindung des Leids. Benedikts Christusbild ist der Auferstandene, der Lebendige, der in der Gemeinschaft der Kirche und des Klosters lebt. Die Grundstimmung ist die Freude des befreiten Menschen. Benediktiner galten noch nie als Kostverächter. Auch das Genießenkönnen wird zu einem Zeichen christlicher Freiheit.

6. Juli

MARGOT KÄSSMANN

Meer

Meine Familie stammt aus der Nähe von Köslin, nahe der Ostsee. Das hat mir die Sehnsucht nach dem Meer auf wundersame Weise eingepflanzt. Sie klang sozusagen in unsere Kindheit hinein, auch wenn wir weit weg vom Meer aufwuchsen. Es war ein Klang der Freiheit vom Alltag, von frischer Luft, ja, von Stille und Weite.

Für mich ist das immer wieder eine überwältigende Erfahrung, ganz gleich, an welcher Küste der Welt: der Sand unter den Füßen und dieses imposante Schauspiel des Wassers und der Wellen, endlos wie die Ewigkeit Gottes. Am Meer können Lebensfragen in den Hintergrund treten und klein werden angesichts solcher Horizonte. Du kannst deine Angst, die Sorgen oder den Zorn hinausrufen, und das Wasser nimmt sie mit, trägt sie fort im Kommen und Gehen. Sicher, sie lösen sich nicht einfach auf im endlosen Ozean. Aber mir geht es so: Wenn ich weggehe vom Meer, fühle ich mich meist erleichtert, entlastet. So als hätten die Wellen etwas abgetragen von aller Last des Lebens.

7. Juli

ANDREA SCHWARZ

rhythmus des lebens

unaufhörlich
rollt welle an welle
ans land
bricht am felsen
schlägt hoch
verläuft sich
um die nächste welle
kommen zu lassen

unaufhörlich
kommen die wellen des lebens
brechen am felsen
schlagen hoch
verlaufen sich
nur um der nächsten welle
platz zu machen

das meer lehrt uns
das leben

aber du kannst es dir
natürlich auch
an einem netten
binnensee
gemütlich machen

8. Juli

MARGOT KÄSSMANN

Stille und Weite erfahren

Die Bibel preist an vielen Stellen die Schöpfung, bewundert ihre Vielfalt und ihre Schönheit. Und sie erzählt von Menschen, die sich zurückziehen, um sich neu zu orientieren und Kraft zu schöpfen – in die Wüste, auf einen Berg, in eine Höhle. In der Natur, mit dem Rücken zur tosenden oder verwirrenden Welt des Alltags, auf sich selbst zurückgeworfen, finden sie neue Orientierung im Leben und im Glauben. Das sind Zeiten der Selbstvergewisserung, in denen die Tiefendimension des eigenen Lebens wahrgenommen werden kann, Zeiten der Gottesbegegnung. Jesus selbst hat solche Zeiten gebraucht, erzählt die Bibel. Etwa, als er in die Wüste ging, um sich über seinen Auftrag klar zu werden. Erst danach begann er, öffentlich zu predigen.

Ruhig zu werden, um auch die zarten Töne zu hören, darum geht es. Die Enge verlassen und sich einlassen auf das äußere und innere Erleben, das ist Teil des Glaubenslebens. Die Natur ist ein guter Ort, um Stille und Weite zu erfahren, äußerlich und innerlich.

9. Juli

PIERRE STUTZ

Kraftorte suchen

Um einen spirituellen Weg des Vertrauens zu gehen, hilft es mir, Kraftorte zu suchen, die mir an Leib und Seele gut tun und mich bestärken, meiner Lebensaufgabe zu trauen. Dort spüre ich immer wieder, was mir zutiefst gut tut, ich gewinne neue Energie.

Dieser Ort der Kraft kann an einer Quelle sein, einer Kirche, einem Kloster, einem Grab, einem Aussichtspunkt, einem Baum. Die Natur, aber auch besondere von Menschen gebaute oder gestaltete Orte können für mich einen Platz bieten, an dem ich Kraft spüre. Umfassender und ganzheitlicher erfahre ich diese Kraft, wenn ich mich – je nach meiner körperlichen Befindlichkeit – zu Fuß zu diesem Ort aufmache, dorthin wandere. Dadurch drücke ich die innere Bereitschaft aus, einen Weg zu gehen, mein Leben zu durchschreiten, meiner Seele Entfaltungsräume zu schenken.

Ich verweile an diesem Ort im bewussten Atmen und lese mir Worte, die mich berühren und/oder mir gerade viel bedeuten – ein Gedicht, ein Gebet, eine Geschichte, einen Songtext, eine eigene Erkenntnis, ein biblisch-mystisches Wort – laut vor. Dadurch erfahre ich die Kraft, die über diesen Ort hinaus in meinen Alltag führt.

10. Juli

ANDREA SCHWARZ

Manchmal
träume ich davon
dass ich nicht immer
nur blühen muss

sondern Zeit
Ruhe habe
um Kraft für neue Triebe
zu sammeln

11. Juli

PIERRE STUTZ

Wurzeln, die tragen

Im Gespräch mit den Bäumen kann ich wesentliche Lebens-grundwerte entdecken wie die Verwurzelung, den Umgang mit »Verknorztem«, das Loslassen und die Ausrichtung zum Licht. Im Dialog mit den Bäumen zeigt sich, wie sehr wir Menschen auf sie angewiesen sind. Die Bäume lehren uns ei-nen einfachen Lebensstil, in dem Selbstentfaltung und Soli-darität keine Gegensätze sind. Bäume stehen fest zu ihrer Ein-maligkeit. Diese Kraft lässt viele Menschen in ihrem Schatten ausruhen. …

Ich denke an Menschen, die sich nach einem »Burn-out« oder in einer längeren Umbruchzeit sehr lange mit ihrer Mü-digkeit und ihrem Erschöpftsein auseinandersetzen müssen. Wochen- und monatelang können sie und wir den Eindruck haben, dass sich nichts verändert. Sich dabei mit Wohlwollen und Geduld begegnen, ist unglaublich schwer. Darum kön-nen konkrete Bilder in der Schöpfung eine echte Lebenshilfe sein, um seiner Müdigkeit wohlwollender zu begegnen. Es gelingt, wenn ich meine Langsamkeit als Chance sehe, um all die vielen – im Stillen geschehenden – Wachstumswunder bewusster wahrzunehmen: jene Wunder vor allem, die mir offensichtlich werden lassen, dass sich auch in »abgebroche-nen« Situationen, in Unterbrechungen, im Stillstand neues Leben unaufhaltsam seinen Weg sucht. Jene Wunder, die mir zeigen, dass sich in Zeiten der Trockenheit unsere Wurzeln noch tiefer auf die Erde einlassen, um unerwartet neue Zu-gänge zum Wasser des Lebens zu entdecken.

12. Juli

ANSELM GRÜN

Im Regen gehen

Wenn es regnet, zieh dich gut an und nimm einen Schirm mit. Und dann gehe langsam und bewusst im Regen spazieren. Im Regen gehen hat eine eigene Qualität. Rieche die Natur, wenn es regnet. Die Natur hat einen anderen Geruch, je nachdem, wie und wann es regnet. Der Frühlingsregen fühlt sich anders an als der Sommerregen und der Herbstregen hat wieder seinen eigenen Geruch. Und dann horche auf das Tröpfeln des Regens. Auch da wirst du den Regen sehr verschieden wahrnehmen: Den Nieselregen spürst du kaum. Du gehst einfach im Regen, ohne dass er dich sehr stört. Dann gibt es den starken Regen, bei dem du vielleicht etwas Zuflucht unter einem Baum suchst. Und dann gibt es das gleichmäßige Tropfen des Regens. Spüre diesem gleichmäßigen Regnen nach. Es beruhigt dich. Und es gibt dir das Gefühl: Du bist mitten in der Natur, mitten im Geschehen von Befruchtetwerden, von Durchtränktwerden. Der Regen erfrischt dich. Er weicht das Dürrgewordene und das Erstarrte in dir auf und verheißt dir neue Lebendigkeit und Fruchtbarkeit.

Bleibe manchmal bewusst im Regen stehen und genieße den Regen um dich herum. Und dann stelle dir vor, was wir im Advent singen: »Tauet Himmel, den Gerechten, Wolken regnet ihn herab!«

13. Juli

NOTKER WOLF

Wirkliche Fülle

Wir leben immer länger. Und wir haben immer weniger Zeit.
Warum sind die meisten Menschen so ruhelos? Und so maß-
los? Was erwarten sie von ihrem Leben? Sie wollen frei sein
und das Leben in Fülle haben. Aber im Grunde denken sich
viele nichts dabei, sondern lassen sich einfach treiben. Leben
in Fülle – das ist es ja, was wir alle wollen. Für viele bedeutet »Fülle« freilich in erster Linie, alle Genussmöglichkeiten
auszuschöpfen, jede Nacht eine andere Party, Urlaubszeiten
voller Animation und Entertainment. Auch die Übersteige-
rung des Genusses in Drogen hat ja Konjunktur. Wirkliche
Freiheit und damit auch Fülle aber findet der Mensch, der
sich selbst kennt, seine Möglichkeiten und seine Grenzen. Er
kennt sein Maß und weiß, dass die absolute Fülle erst in Gott
erreicht werden kann. Jesus hat gesagt: »Ich bin gekommen,
damit sie das Leben haben und es in Fülle haben« (Joh 10,10).

14. Juli

ANSELM GRÜN

Unerschöpfliche Kraft

Setze dich an eine Quelle, an einen Bach oder Fluss und beobachte das Wasser. Schau zu, wie es fließt. Viele werden ruhig, wenn sie einfach nur auf das strömende Wasser schauen. Du kannst dir vorstellen, dass das Wasser all die Trübungen abwäscht, die das ursprüngliche Bild Gottes in dir verstellen. Das Wasser reinigt dich auch von all den Trübungen deiner Emotionen. Oft sind deine Gefühle gleichsam beschmutzt von den Gefühlen, die dir aus deiner Umgebung zuströmen. Und das Wasser, das immer weiterfließt, befreit dich von allem Ballast, der sich auf dich gelegt hat, von den Problemen, die dich belasten. Und im Fließen kommt auch in dir etwas in Bewegung. Dein Leben beginnt wieder zu fließen und fruchtbar zu werden. Und du kannst dir vorstellen, dass im Wasser der Heilige Geist selbst deine Wunden heilt, all das Blinde in dir abwischt und das Erstarrte und Gelähmte zum Leben weckt. Und du siehst in dem Wasser, das immer wieder nachströmt, die unversiegbare Quelle des Heiligen Geistes. Du kannst aus dieser Quelle trinken, ohne dass sie jemals leer wird. So wirst du nie vertrocknen und nie erschöpft werden. Denn die Quelle des Heiligen Geistes ist unerschöpflich, weil sie göttlich ist.

15. Juli

PIERRE STUTZ

Schenk dir Zeit
zum Geschehenlassen
zum Heilen
zur Versöhnung

Schenk dir Zeit
sie ist nicht zu haben
sondern immer im Werden
in ihr zeigt sich
der Geschenkcharakter des Lebens

Schenk dir Zeit
für einen inneren Prozess
für einen Durchgang zum Neuen
für ungeahnte Möglichkeiten

16. Juli

ANDREA SCHWARZ

ich stell mich

erfüllt
berührt
bewegt

hinstehen
einstehen
aufstehen

ruhe und antrieb
ruf und aufbruch
rede und antwort

mit ganzem herzen
mit ganzer seele
mit ganzer kraft

17. Juli

ANSELM GRÜN

Den Tag ausklingen lassen

Genießen Sie einen schönen Sommerabend.
Setzen Sie sich auf eine Bank
und betrachten Sie die Natur.
Hören Sie auf das Zirpen der Grillen,
auf das leise Rauschen des Windes.
Schauen Sie einfach,
wie die Sonne langsam untergeht.
Achten Sie darauf,
welche Farben sie an den Himmel zaubert.
Und genießen Sie die Ruhe des Sommerabends.
Versuchen Sie,
einfach nur dankbar da zu sein,
alles zu vergessen, was Sie bedrückt hat,
alles, was Sie den Tag über belastet hat,
versuchen Sie, alle Sorgen hinter sich zu lassen
und nur im Schauen und Hören zu sein.
Dann wird die Schönheit der Natur
sich auch in Ihr Herz eingraben.
Und die Ruhe der Natur
wird Ihnen Frieden schenken.

18. Juli

ANDREA SCHWARZ

»Pilgern«, das ist ein Wort, das heutzutage ein bisschen aus der Mode gekommen ist. Aber ich glaube, es ist nur das Wort, das nicht mehr so oft benutzt wird – die Menschen pilgern wie eh und je, wie in allen Kulturen und Religionen und zu allen Zeiten. Menschen brechen auf, machen sich auf die Suche nach dem, was Spuren von Sinn erkennen lässt, ein Ziel für das eigene Leben erahnen lässt, das erklären kann, warum das Leben so und nicht anders ist. … Für die einen ist es der Urlaub im Süden, in den nach sinnentleerten Arbeitswochen alles an Sinn-Möglichkeiten hineinprojiziert wird, für andere ist es die Beziehung, Ehe oder Familie, die zum absoluten Lebenssinn erhoben werden, andere setzen aufs Aussteigen und den alternativen Bauernhof, manche auf Rausch und Drogen und wieder andere mögen sogar einen Sinn im Leiden entdecken, weil sie sich selbst erst im Schmerz spüren.

Pilgern heißt eigentlich, sich auf die Suche nach dem Sinn im eigenen Leben zu machen und hat deshalb etwas mit Unterwegssein, mit Suchen und Fragen zu tun – und wenig mit Angekommensein, mit Antworten und Schon-gefunden-Haben. Und das ist für die meisten Menschen aktuell – auch wenn es immer wieder manche geben mag, die schon fertig sind mit sich und der Welt, für die alles klar und eindeutig ist.

Aus meiner Sicht hat eine solche Suche immer etwas mit Gott zu tun, mag man es so sagen oder nicht, mag man Gott beim Namen nennen oder irgendeine Chiffre dafür wählen. Der, der sucht, fragt über seinen jetzigen Lebenshorizont hinaus, er will mehr, ihn treibt eine Sehnsucht nach etwas, was noch nicht ist – auch wenn er ihr keinen Namen geben kann.

19. Juli

ANSELM GRÜN

Immer auf dem Weg

Wenn du alleine oder gemeinsam mit deiner Familie oder mit Freunden wanderst, dann gönne dir, eine Zeit lang schweigend zu gehen. Nimm die Landschaft wahr, durch die du gehst. Und vergegenwärtige dir den Satz von Novalis: »Wohin denn gehen wir? – Immer nach Hause.« Und spüre, dass du durch diese schöne Landschaft gehst, dass du aber letztlich immer auf dem Weg bist zu einem letzten Zuhause. Auch wenn die Natur noch so schön ist, du bist hier in dieser Welt nicht schon für immer zu Hause.

Du kannst dir auch das Wort aus dem Philipperbrief vorsagen: »Unsere Heimat ist im Himmel« (Phil 3,20). Wir gehen letztlich immer dem Himmel entgegen, einem letzten Zuhause. Aber dieser ist nicht nur das, was uns im Tod erwartet. Wir gehen jetzt schon in einen Zustand hinein, der sich wie der Himmel anfühlt. Im Gehen erahnen wir, dass wir immer mehr in unsere wahre Gestalt hineingehen und dass wir in unserem Gehen von Gott umgeben sind. Das ist Himmel.

Das Wort »Himmel« hängt zusammen mit dem Wort »Hemd«, also mit dem, was uns bedeckt. Wenn Gottes Gegenwart uns einhüllt und schützt, dann sind wir jetzt schon im Himmel. Und der Himmel, der uns im Tod erwartet, ist nur das Offenbarwerden dessen, was wir jetzt schon erspüren – im Gehen. Der Himmel ist für uns immer auch ein Bild der Schönheit. Im Gehen kannst du dich von Gottes Schönheit umgeben wissen, von seiner Schönheit, die dich auf ewige Herrlichkeit verweist, zu der hin du unterwegs bist.

20. Juli

PIERRE STUTZ

Gesegnet sei
euer Wandern
durch Täler und Höhen
durch Wiesen und Wälder
durch Schluchten und Irrwege

Gesegnet sei
euer Ringen nach Sinn
im Aushalten von dunklen Stunden
der Verzweiflung und der Empörung

Gesegnet sei
euer dankbares Ernten
von Früchten der Achtsamkeit
die zu einer bewussteren Lebensgestaltung bewegen

Gesegnet sei
euer Gestalten von Zwischen-Räumen
damit echte Begegnungen gefördert werden
die zur Tiefe des Lebens führen

21. Juli

ANDREA SCHWARZ

Unerwartete Führung

Müde, durchnässt, lustlos erreichen wir die ersten Häuser des kleinen Dorfes, das am Pilgerweg liegt. Zehn Kilometer liegen heute noch vor uns – und eigentlich haben wir jetzt schon mehr als genug. Im strömenden Regen ziehen wir die Straße entlang, wir sprechen kein Wort mehr, ducken uns vor den Windböen, sind durchgefroren – irgendwie, Nordspanien im Juni hatte ich mir auch anders vorgestellt. Plötzlich zupft mich Christiane am Ärmel und deutet auf ein Schild. Ein großer gelber Pfeil zeigt nach links und darunter steht in ungelenken Buchstaben das Wort »Bar«, in dieser Gegend durchaus nichts Anrüchiges, sondern ein Ort, an dem man was zu trinken und zu essen bekommt. Wir schauen uns kurz an und nicken. Es kann nur besser werden. 50 Meter abseits vom Pilgerweg steht ein aufgeklappter Sonnenschirm etwas deplatziert am Rande der Straße und fröhliche Stimmen ertönen. Jetzt werden wir wirklich neugierig. Beim Näherkommen sehen wir, dass ein findiger Bewohner kurzerhand seine Garage zur »Straßenwirtschaft« umfunktioniert hatte. Dort stehen Biertischgarnituren, daran circa zehn Pilger, einen Kaffee oder Tee oder auch ein Bier vor sich, ein belegtes Brot in der Hand. Die Regenjacken dampfen an einem Kleiderhaken vor sich hin, die Rucksäcke stehen in der Ecke, die Gespräche sind lebhaft. Dankbar nehmen wir die Rucksäcke ab und freuen uns an der unverhofften, etwas improvisierten Bar, die in keinem Reiseführer stand. Und als wir dem Huhn zusehen, das sich wagemutig durch alle Pilgerbeine hindurchschlängelt, um ein paar Brotkrumen zu finden, sehen wir uns nur an und lächeln. …

22. Juli

ANDREA SCHWARZ

dazwischen

den Weg
als Geschenk

erkennen

die Herausforderung
als Chance

leben

hier
und
jetzt

23. Juli

MARGOT KÄSSMANN

Glauben in der Wellness-Oase

Ich bin reif, reif, reif für die Insel, überreif – Sie erinnern sich an dieses Lied? Ja, die Insel lädt ein zur Ruhe, aber auch zur Suche nach Sinn: sich entspannen, der Seele Raum geben, offen werden für die großen Fragen des Lebens. Der Wellness-Bewegung kann ich als Christin durchaus etwas abgewinnen. Leben in Fülle ist im Sinne Gottes. Allerdings komme ich da an meine Grenzen, wo Wellness in Glauben übergeht.

Es ist gut und wichtig, dass Menschen für ihr Wohlbefinden und ihre Seele sorgen. Denn unser Körper ist ein Geschenk Gottes wie unsere Seele. Mit beidem sollten wir sorgfältig umgehen. Eine Gefahr aber zeigen wir da an, wo der Körper zum Idol wird, zum Inhalt des Lebens, zum Heilsweg. Da verliert sich der Mensch in sich selbst, und das ist grausam. Denn der Körper wie die Seele ist zerbrechlich.

24. Juli

ANDREA SCHWARZ

sich
zurück
ziehen

spüren
die eigene kraft
ist nicht unbegrenzt

und mich entziehen
den täuschungen
und erwartungen

mich neu orientieren
um zu erkennen
was wichtig ist

mich selbst finden
um mich nicht zu verlieren
in die stille gehen

zu gott
ihm alles geben
von ihm verwandeln lassen

um dann
meine kraft
anderen zu geben

wenn ich es will
weil ich
es kann

25. Juli

PIERRE STUTZ

Zeit am Wasser

Die Sommerzeit führt uns in die Nähe des Wassers, zu Bächen und Flüssen, zu Seen und zum Meer. Das Wasser ist der Ursprung allen Lebens, auch unseres ganz persönlichen Lebens: Neun Monate schwimmen wir im Fruchtwasser der Mutter. Darum hat das Wasser eine so große Anziehungskraft in unserem Leben. Es erfrischt, beruhigt, inspiriert und reinigt.

In allen Religionen und Kulturen finden wir Rituale und Riten, die die Symbolik des Wassers aufnehmen; darin können wir unseren Lebenslauf erkennen. So feiern wir in der christlichen Taufe im Eintauchen in das Wasser, dass wir das Leben nie im Griff haben werden – es ist immer im Fluss. Solches Loslassen ist wie »ein kleiner Tod«, ein Sterben, um lebendiger zu werden. Mystikerinnen und Mystiker entfalten das biblische Motiv vom Wasser des Lebens in ihrer Ermutigung, einen inneren Weg zu gehen, um aus der eigenen Quelle zu schöpfen (Bernhard von Clairvaux), um den unmittelbaren Zugang zum Göttlichen im Schweigegebet als erfrischende Quelle zu erfahren (Teresa von Ávila), um sich nicht mit einer Pfütze, mit der Oberflächlichkeit im Leben zu begnügen, sondern aus der Tiefe, dem eigenen Brunnen zu schöpfen (Angelus Silesius). Die Begegnungen am Wasser, besonders am Meer, laden uns ein zu spirituellen Erfahrungen.

26. Juli

MARGOT KÄSSMANN

Strand

Wenn ich an einen Strand komme, fällt es mir schwer, die Schuhe nicht abzustreifen. Die Kälte könnte mich abhalten, ja. Aber selbst die nehme ich in Kauf für dieses Gefühl, mit der Erde verbunden zu sein und dem Wasser immer wieder spielerisch auszuweichen. Die Muscheln zu spüren, manchmal schmerzhaft scharfkantig. Es ist ein Erleben von Ursprünglichkeit, die oft verloren geht im Alltag.

Wenn ich Kinder beobachte, die im Sand spielen, buddeln, Wasser tragen, Burgen bauen und darum kämpfen, dass sie nicht von den Wellen zerstört werden, denke ich, das muss ihrer Seele gut tun. Sie erleben Freiheit und Kreativität, Energie und Lebenslust. Diese Unmittelbarkeit, dieses Spüren und Erleben verankert sich tief in der Seele. Solche Momente, solche Erfahrungen geben Kraft für Zeiten, in denen alles schwer scheint und belastend. Solche Momente in der Erinnerung zu horten, solche Erfahrungen tief in dir festzuhalten, das kann ein Lächeln auf dein Gesicht bringen, wenn du auf sie zurückblickst.

27. Juli

ANDREA SCHWARZ

**und in den Wanten
pfeift der Wind**

aufgebrochen
auf einen Traum
eine Sehnsucht
ein Wort hin

Segel gesetzt
den sicheren Hafen verlassen
mich auf das Abenteuer
eingelassen

mich ausgesetzt
der Einsamkeit der Weite
der Enge der Begrenzung
der Gewalt der Natur

das Leben probiert
Grenzen erfahren
und manchmal überschritten
und doch

gelebt
und nicht zu wenig

28. Juli

ANSELM GRÜN

Felder, Wiesen, Blumen

In Einklang mit uns selbst kommen wir nicht nur, indem wir nach innen gehen. Auch das Wahrnehmen der äußeren Welt kann uns zu innerem Frieden führen. So hat es Teresa von Ávila erfahren, wenn sie von sich sagt: »Ich betrachte gerne Felder, Wiesen, Blumen. Diese Dinge helfen mir zur Sammlung.« Wenn ich ganz im Schauen der Wiesen und Felder um mich herum aufgehe, dann bin ich bei mir, dann bin ich gesammelt, dann bin ich eins mit mir selbst. Das Schauen der Schönheit bringt mich mit der Quelle der Schönheit in Berührung, die in meiner Seele bereitliegt. Ich schaue in der Schönheit der Natur mein eigenes Wesen. So sammle ich im Schauen äußerer Schönheit die schönen Seiten meiner eigenen Seele und komme in Einklang mit mir selbst.

29. Juli

PIERRE STUTZ

Auf der Alp

Im Wandern erfahre ich meinen spirituellen Weg. Schritt für Schritt genieße ich die Schöpfung und habe dabei die Möglichkeit, die Erlebnisse der letzten Zeit, die kraftvollen und schwierigen, nochmals wahrzunehmen, um sie dann besser loslassen zu können:

Kuhglocken
dasitzen auf der Alp
die Grünkraft tief anschauen
und einatmen

Alles steht bereit
für mich
wenn ich den Mut habe
aus der Hektik auszubrechen
aus dem Gefangensein in mir selber

Brot
Käse und Wein genießen
inmitten Deiner Schöpfung
wie wenig braucht es doch
um das Leben als Fest zu erfahren

Nach Lukas 14,7

30. Juli

ANDREA SCHWARZ

stattdessen

will ich mir Zeit nehmen
dem Schmetterling zu folgen
und dem Zug der Vögel
dem Weg der Wolken
und dem Klang einer Melodie
dem Tanz der Blüten am Zweig
und dem Traum der Nacht

ein Glas Rotwein mit Freunden
ein Telefonanruf
ein Brief
ein gutes Wort
Gebet und Stille und Raum

und glauben
einem Stern
der Verheißung
der Zusage

und leben
endlich wieder

leben!

31. Juli

ANSELM GRÜN

Der Friede der Nacht

Am Abend wird es ruhiger um uns herum. Wenn du in der Stadt wohnst, wirst du immer noch den Verkehrslärm hören. Auf dem Land ist der Frieden des Abends leichter zu spüren. Die Menschen haben aufgehört zu arbeiten. Das Vieh hat sich zur Ruhe gelegt. Alles um uns herum ist still geworden. Auch diesen Frieden haben die Abendlieder gerne besungen, etwa Paul Gerhardt in seinem bekannten Lied »Nun ruhen alle Wälder«.

Alles um uns herum ist still geworden. So können wir am Abend diese Stille genießen. In der Stille, die uns umgibt, kann es auch in unserem Herzen still werden. Die Gedanken hören auf, in uns zu lärmen. Wir erfahren in der Stille den tiefen Frieden, der uns von außen umgibt. Aller Streit hat aufgehört zu schreien. Und auch der innere Streit kann so zur Ruhe kommen. So sehnen wir uns am Abend, dass – wie Johann Wolfgang Goethe es in »Wanderers Nachtlied« ausgedrückt hat – »süßer Friede« in unsere Brust komme. Dieser Friede, diese innere Ruhe wird für uns erfahrbar, wenn wir die berühmten Verse aus einem anderen Gedicht von Goethe auf uns wirken lassen: »Über allen Gipfeln / ist Ruh, / in allen Wipfeln / spürest du / kaum einen Hauch; / die Vögelein schweigen im Walde. / Warte nur, balde / ruhest du auch.

Sage dir diese Verse langsam laut vor und spüre, welche Wirkung sie auf dich haben. Du wirst die Ruhe, die diese Worte ausdrücken, in deinem Herzen spüren.

August

Wunder
entdecken

1. August

PIERRE STUTZ

Staunen können
die Wunder des Lebens entdecken
in den verschiedenen Regentropfen
im Einatmen der Blumendüfte

Staunen können
den Überraschungen des Lebens begegnen
im langsamen Durchstreifen des Waldes
im Daliegen auf einer Blumenwiese

Staunen können
die Fülle des Lebens erfahren
wenn ich langsam durch den Garten gehe
den Himmel beobachte

2. August

ANSELM GRÜN

Die Weisheit des Tagore

»Meine Augen haben viel gesehen, aber sie sind nicht müde. Meine Ohren haben viel gehört, aber sie verlangen nach mehr.« Der indische Philosoph und Dichter Tagore, von dem dieser Satz stammt, ist viel in der Welt gereist. Dennoch wurden seine Augen nie müde, die Schönheit der Welt zu sehen. Er hat sich offensichtlich einen Blick für die Schönheit und für das Geheimnis dieser Welt bewahrt. In allem, was er gesehen hat, hat er etwas von der Schönheit Gottes erblickt. Und er hat in den Gesichtern der Menschen ihre Erfahrungen und ihre Sehnsüchte entdeckt. In ihren Bauten, in ihrer Kultur hat er das Geheimnis des menschlichen Herzens gesehen. Wer so zu schauen vermag, dass er mit dem Geschauten eins wird, dass er sich im Schauen selbst vergisst und das Unsichtbare sieht, dessen Augen werden niemals müde. Manchmal verstopfen wir unsere Ohren, um den Lärm um uns herum nicht zu hören. Oder wir haben genug, wenn uns Menschen über ihre Probleme erzählen. Wir wollen nichts mehr hören. Tagore hat bei seinen Reisen viel gehört. Er hat den Menschen zugehört, denen er begegnet ist. …

Es gibt Menschen, die wollen ständig Skandalgeschichten hören. Ihr Hören tut nicht gut. Ihre Ohren locken aus uns etwas heraus, was wir gar nicht sagen wollten. Tagore hat anders zugehört. Er hat im Hören auf das Unhörbare gehorcht, auf das, was in den Stimmen der Menschen mitklingt, auf die Zwischentöne, auf die Sehnsucht, die ihre Worte verraten.

Wer so hört, der verlangt nach mehr. Er hört auf das Geheimnis des Lebens. …

3. August

MARGOT KÄSSMANN

Regenbogen

Ein Regenbogen kann atemberaubend sein. Er bringt uns zum Staunen, mitten in unserer durchgestylten, digital vernetzten Welt. Ich stehe da und sehe das Farbenspiel, ich kann erklären, wie es entsteht – und bin doch einfach nur begeistert, möchte festhalten, was ich sehe.

Ein Regenbogen strahlt etwas ungeheuer Tröstliches aus. Er begeistert und ermutigt. Vielleicht liegt das daran, dass wir wissen oder ahnen: In ihm liegt, biblisch gesehen, ein Versprechen. Denn in der Bibel sagt Gott dem Menschen nach der grausamen Zerstörung der Sintflut einen Bund zu. Nie wieder will Gott die Erde vernichten. Sommer und Winter, Saat und Ernte, sie sollen erhalten bleiben, damit der Mensch Vertrauen in die Zukunft hat. Gott sagt in der biblischen Erzählung zu, diesen Bund zu halten in guten wie in schlechten Tagen. Das ist beruhigend, das trägt und hält mich. Was immer geschieht: Der Regenbogen ist wie ein Versprechen der Nähe Gottes. Und dieses Symbol spricht für sich, vor dreitausend Jahren wie auch heute im 21. Jahrhundert. Das allein ist erstaunlich.

Manchmal aber beschleicht mich auch ein Unbehagen. Könnte es sein, dass der Mensch als Bündnispartner den »Vertrag« infrage stellt? Sind wir es, die den Rhythmus des Lebens zerstören?

4. August

ANDREA SCHWARZ

Groß bist du, o mein Gott!

Wunderbar sind deine Werke
mächtig ist dein Tun
und ich werde des Staunens nicht müde
Sonne und Mond kennen ihren Weg
das Weizenkorn weiß um seine Gestalt
der Bach nimmt seinen Lauf
die Wolken ziehen dahin
Menschen lachen und weinen
tun und lassen
reden und hören
leben und sterben

ich bin lebendig
ich höre und schweige
ich berühre und werde berührt
ich sehe und staune und schmecke und liebe
du schenkst dich und traust mir
du lädst ein und gibst dich
bleibst Frage und Antwort
bist Zumutung und Herausforderung
dir
kann ich mich hingeben
vor dir
kann ich niederfallen

du bist mein

5. August

ANSELM GRÜN

Sommergesang

Geh aus, mein Herz, und suche Freud
In dieser lieben Sommerzeit
An deines Gottes Gaben;
Schau an der schönen Gärten Zier
Und siehe, wie sie mir und dir
Sich ausgeschmücket haben.
(Paul Gerhardt)

Diese Verse aus dem viel längeren Lied erwecken auch in uns die Freude am Sommer. Für Gerhardt ist es ein Loblied Gottes. In der evangelischen Kirche wird es daher im Gottesdienst gesungen. Und doch beschreiben die meisten Strophen einfach nur die Natur. Die freilich ist für Paul Gerhardt Schöpfung Gottes: Er schenkt uns die Schönheit des Sommers. Indem der Dichter uns die Blumen, Felder und Bäume vor Augen führt und unsere Ohren für den Gesang der Nachtigall öffnet, will er unser Herz zur Dankbarkeit führen. Gottes Tun weckt im Dichter alle Sinne. Und es sollte auch unsere Sinne öffnen, damit wir die Schönheit des Schöpfers schauen, hören, schmecken, riechen, betasten. Die Schöpfung selbst singt Gott ihr Loblied. Wenn der Mensch singt, singt er nicht allein, sondern mit allen Kreaturen. Gottes Schönheit zeigt sich in der Natur. Alles, was wir sehen, hat Gott uns geschenkt, um uns mit Freude zu erfüllen. So viele Menschen gehen durch die Natur und hängen ihren Sorgen nach. Wer sich einladen lässt, mitzusingen, wenn die ganze Schöpfung singt, dessen Herz wird weit und voller Freude.

6. August

PIERRE STUTZ

Sehen mit offenen Augen

Sehen
mit offenen Augen
staunen wie du Gott
lebendig bist in Schöpfung und Kosmos

Sehen
mit geschlossenen Augen
wie du mich bewohnst und bewegst
staunen wie du in mir atmest
und meine ökologische Achtsamkeit
wachhältst

Sehen
mit offenen Augen
mich begeistern lassen
von all den vielen Wundern
die du uns alltäglich zufließen lässt

Sehen
mit geschlossenen Augen
dich als tiefsten Seelengrund erfahren
um mich mit meinen Gaben und Grenzen
annehmen zu können

Sehen
mit offenen Augen
die brennenden Fragen unserer Zeit
wahrnehmen
Wut und Entsetzen spüren
um mit dir den Traum einer gerechteren Welt
umzusetzen im solidarischen Miteinander

7. August

MARGOT KÄSSMANN

Malven am Straßenrand

Jeder Mensch hat sie wohl, die Sehnsucht nach erfülltem Leben. Dabei sind wir bisweilen so sehr auf das große Ziel fixiert, dass wir im Alltag oft die Kleinigkeiten übersehen, die das Leben so wunderbar machen: die Malve am Straßenrand, das Wasser, Sternenabende, Pflaumenmus, Mandelbaum und Sauerampfersuppe. Mich rührt an, wie die Dichterinnen den Blick bewahren für das, was Glück in unserem Alltag ausmacht. Sie zeigen uns und machen so bewusst, wie dieses Glück vor allem in dem aufleuchtet, was nicht käuflich ist. ... Es ist zu finden im Duft einer Rose oder einem Lächeln, das seine Spur hinterlässt, und auch in der Geduld und manchmal Mühe, jeden neuen Tag für lebenswert zu halten.

Dabei klingt immer wieder auch der Glaube an, das Vertrauen, dass es eine größere Wirklichkeit gibt als die sichtbare: wenn etwa von Brot und Wein die Rede ist, vom Weltenende, von der Wolkenbürgschaft, dem Wunder und der Auferstehung aus dem Schlaf. Im Kleinen das Große zu sehen, in der sichtbaren Oberfläche die verborgene Tiefe und so »Leben in Fülle« zu entdecken, das ist ja auch ein biblisches Motiv. Schon der Psalmbeter weiß: »Du tust mir kund den Weg zum Leben: Vor dir ist Freude die Fülle und Wonne zu deiner Rechten ewiglich« (Psalm 16,11). Das heißt für mich: Gerade auch im Glauben kann ich diese Tiefe des Lebens finden, nach der ich Sehnsucht habe. Und diesen Glauben lebe ich nicht im Abseits, in Kirche oder Kloster, sondern mitten im Alltag der Welt, in der Küche wie in der Schule, bei der Arbeit wie in der Nachbarschaft oder im eigenen Garten.

8. August

ANDREA SCHWARZ

Hoffnung

Der Bürgersteig
vor unserem Haus
hat eine dichte
solide Asphaltdecke

jahrelang
bin ich darüber gelaufen

Vorgestern
bemerkte ich plötzlich
eine dicke Beule
in dem glatten Asphalt

Gestern
sah ich
zwischen aufgeworfenen Asphaltbrocken
einen weißen Pilz

Heute war der Pilz fort
zertreten, zerstreut, tot

Aber
jetzt
ist ein Loch im Asphalt

9. August

PIERRE STUTZ

Kind sein dürfen

»Wenn ihr nicht werdet wie die Kinder, findet ihr keinen Zugang zu Gottes neuer Welt«, sagt der Liebhaber des Lebens, Jesus von Nazaret. Darin entdecke ich die tiefe Lebensweisheit, ein Leben lang Kind sein zu dürfen, ein Leben lang jeden Tag neu anfangen, ein Leben lang wachsen und reifen zu können, bis zur letzten Stunde meines Lebens in mir zu entfalten, was noch brach liegt. Im Unterwegssein mit Kindern können wir diese spirituelle Grundhaltung täglich erneuern.

»Staunen ist die erste mystische Grundhaltung«, sagt Dorothee Sölle. Darum können Kinder unsere spirituellen Lehrmeister sein. Durch sie können wir das Staunen, das Offensein, das Lachen und Weinen, das Aussprechen von Bedürfnissen, das In-Beziehung-Sein mit der Schöpfung lernen.

Mystikerinnen und Mystiker sprechen von der Geburt Gottes im Menschen; sie geschieht auch, wenn wir die Menschenrechte fördern, Widerstand leisten gegen Kinderarbeit, eine kinderfreundliche Welt mitgestalten.

10. August

ANDREA SCHWARZ

Der schwarz-weiß-getigerten Katze
die Pfote schütteln
die Pusteblumenkinder
in die Welt hinaus pusten
den großen Zeh
in den eiskalten Bach tauchen
in der satten Wiese liegen
und alle viere von mir strecken

spüren
ich lebe

11. August

ANSELM GRÜN

Durch die Tauwiese gehen

Gehe im Sommer frühmorgens barfuß auf eine Wiese. Mache kleine langsame Schritte und spüre bei jedem Schritt die Frische des Morgens, die Lebendigkeit der Wiese, die Feuchtigkeit des Taus. Bleibe immer wieder stehen und betrachte einzelne Tautropfen. Sie sind wie kostbare Perlen, die uns die Natur über Nacht geschenkt hat. Wenn sich im Tautropfen die Sonnenstrahlen brechen, dann stehst du wirklich vor einem Wunder der Natur. Wenn du ein Heilkraut auf der Wiese entdeckst, pflücke es behutsam und rieche daran. Nimm die verschiedenen Pflanzen, Gräser, Blumen, Heilkräuter wahr. Erfreue dich am Reichtum einer sommerlichen Tauwiese.

Dann gehe langsam hindurch, spüre, wie es deinen nackten Füßen gut tut, die feuchte Erde zu berühren. Du fühlst dich als ein Teil der Erde. Und du gehst erfrischt und neu belebt wieder zurück.

12. August

ANDREA SCHWARZ

Blumengeschäfte
verkaufen
keine Gänseblümchen

Sie sind
wohl auch
unverkäuflich

genauso wie ich
Liebe
Zärtlichkeit
Freundschaft und Menschen
nicht kaufen kann

Sie wachsen wild
blühen unbeachtet
und warten nur auf jemanden
der sich
endlich
bückt

13. August

ANSELM GRÜN

Was in dir werden möchte

Setz dich auf deine Lieblingsbank oder auf deine Lieblings-
wiese und beobachte die Natur, die im August und Anfang
September umschlägt. Es wird Spätsommer. Der Höhepunkt
des Sommers ist vorbei. Jetzt nähert sich der Herbst. Was du
in der Natur siehst, das beziehe auf dich. In der Lebensmitte
wird der Zenit überschritten. Du kannst dich fragen: War das
alles, was ich bisher gelebt habe? Was will jetzt kommen? Was
kann ich von der Natur lernen, die sich jetzt auf den Herbst
bereitet? Geht es auch für mich darum, mich auf den Herbst
meines Lebens einzustellen? Was ist der Sinn meines Lebens?
Was möchte ich mit meinem Leben ausdrücken? Welche Spur
möchte ich eingraben in diese Welt? Was sollte ich loslassen,
damit Neues in mir werden kann? Der Spätsommer lädt dich
ein, deinem Leben neuen Glanz zu verleihen, einen stillen
Glanz, einen zarten Glanz. Lass alles Laute deines Lebens
verstummen und öffne dich dem, was in dir werden möchte.

14. August

PIERRE STUTZ

Geschenkcharakter des Lebens

In der Kette der Ereignisse
meines Lebens erahnen
wie das Wesentliche
weder mach- noch kaufbar ist
sondern immer Geschenk

In der Kette meiner Anstrengungen
die immer wieder zu meinem Leben gehören
erkennen wie tiefste Erfüllung
sich unerwartet ereignet

Das Kostbare des Menschseins
mir schenken lassen
im alltäglichen Staunen
über die vielen wunderbaren Momente
des Miteinanders

15. August

MARGOT KÄSSMANN

Jesus war da

Während meines Urlaubs auf Gran Canaria sprach mich nach einer Sportstunde eine Frau an. Eigentlich mag ich das nicht, es tut im Urlaub auch einfach gut, nicht »im Dienst« zu sein. Aber sie war so voller innerer Freude, das hat mich richtig gerührt. Sie erzählte, dass sie gerade die Augen geschlossen hatte, in den blauen Himmel schaute und dachte: Lieber Gott, danke, dass ich das erleben darf! Da habe sie ihr Mann angeschubst und gesagt: »Guck mal, ein Gruß für dich.« Über die Hotelanlage flog ein Hubschrauber mit dem Banner: »Jesus war da«. Irgendwie kitschig, ich weiß. Aber mich hat angerührt, wie sehr sich diese Frau über einen schönen Tag im Hotel freuen konnte. Sie konnte ihr Glück wahrnehmen, sie konnte es spüren. Allzu oft treffe ich Menschen, die gar nicht wahrzunehmen scheinen, in welch einer privilegierten Situation sie leben. Eine Reporterin fragte mich einmal in einem Interview: »Auf einer Skala von eins bis zehn, wo sehen Sie sich mit Blick auf Glück?« Ich habe gesagt: »Zehn!«, und sie war erstaunt. Wenn ich bedenke, wie Frauen in anderen Ländern heute leben müssen, wie Frauen in Europa in den Jahrhunderten und Jahrzehnten vor mir gelebt haben, dann kann ich unsere Lebenssituation nur als glücklich bezeichnen! Noch bis Ende des letzten Jahrhunderts konnten Ehemänner den Arbeitsplatz der eigenen Frau kündigen, wenn sie meinten, diese käme den ehelichen Pflichten nicht nach. Heute können Frauen einen Schulabschluss machen, eine Ausbildung, studieren, leitende Positionen übernehmen – aus eigener Kraft, in eigener Verantwortung. Zum Glück!

16. August

PIERRE STUTZ

Lebe einfach

genieße den Augenblick
der dich zu deiner wirklichen Sehnsucht führt
zum tiefen Bedürfnis des Angenommenseins

Lebe achtsam
entdecke die alltäglichen Wunder
damit du dich nicht im Suchtverhalten verlierst
sondern dem Leben zuliebe Grenzen setzen
kannst

Lebe einfach
lass dich ein auf Beziehung
auf das unendliche Spiel von Geben und Nehmen
das Geborgenheit im Sein bewirkt

17. August

ANDREA SCHWARZ

Gipfelmomente

Es gibt Momente im Leben, die gehen einem unter die Haut. Da spürt man sich plötzlich ganz lebendig, da weiß man für einen Moment in aller Klarheit: »Das ist es!« Augenblicke, in denen ich mich eins fühle mit mir selbst, der Welt und Gott. Ich bin mitten im Leben – und das Leben ist in mir. Es sind Augenblicke, die mitten im Alltag geschehen können – und doch nie zum Alltag werden, dazu sind sie viel zu rar und zu kostbar. Das ist der Moment, wenn die Dreijährige mit einem Strauß Gänseblümchen in der Faust vor Oma oder Opa steht und sagt »Die sind für dich!« Das ist der Moment, in dem Liebende sich finden und erkennen. Oder wenn ein Sterbender dir still die Hand drückt. Wenn man in einer sternklaren Nacht in den Sternhimmel hinaufschaut. Oder am Strand, wo die Wellen unaufhörlich kommen und das Meer mich die Sehnsucht lehrt. Das ist immer dann, wenn etwas ganz tief mein Herz bewegt, wenn ich mich berühren lasse – und auf einmal mitten in diesem Strom des Lebens und des Lebendigen bin. … Es sind Augenblicke, die prägen, die man nie mehr vergisst. Momente, in denen man keine Fragen mehr hat oder sie nicht mehr wichtig sind. Alles ist plötzlich ganz klar, erklärt sich selbst.

Abraham Maslow, ein Psychologe des letzten Jahrhunderts, spricht da von »Gipfelerlebnissen«. Und David Steindl-Rast, ein Benediktiner, erklärt es so: »In den besten, wachsten, lebendigsten Augenblicken unseres Lebens wissen wir uns mit einer Wirklichkeit verbunden, die weit über unser begrenztes Selbst hinausgeht.«

18. August

ANSELM GRÜN

Wo Leben ist, ist Glück

»Wenn du glücklich sein willst – lebe«, so einfach ist Lebenskunst nach Leo Tolstoi.

Und es stimmt: Glück kann man nicht direkt anstreben, genauso wenig wie die Freude. Wer glücklich sein will, soll sich dem Leben mit allen Höhen und Tiefen zuwenden. Glück ist Ausdruck erfüllten Lebens. Wenn ich mit allen Sinnen lebe, wenn ich mich einlasse auf das Leben, dann werde ich in meiner Lebendigkeit auch Glück erfahren. Das Glück lässt sich nicht festhalten, genauso wenig wie das Leben. Das Leben fließt immer weiter. Manchmal fließt es durch finstere Täler, manchmal wird es zum Wasserfall. Auch im Schmerz ist Leben. Und so kann in jedem auch eine Ahnung von Glück sein, im Schmerz, der mich für den Bruder oder die Schwester öffnet, in der Freude, die ich mit andern teile, in der Anstrengung, die ich auf mich nehme, um einen Gipfel zu besteigen, in der Entspannung, wenn ich im Meer schwimme.

Überall, wo wirklich Leben ist, ist auch eine Spur von Glück. Doch sowenig ich das Leben von außen betrachten und analysieren kann, sowenig lässt sich das Glück als etwas Objektives beobachten. Es stellt sich ein bei dem, der lebt, der lebendig ist und der sich mit allen Sinnen auf das Leben einlässt.

19. August

PIERRE STUTZ

Selbst schöpferisch werden

»Jedes Kind ist ein Künstler. Das Problem besteht darin, wie es ein Künstler bleiben kann, wenn es aufwächst«, sagt Pablo Picasso. Ich lasse mich von der Vielfalt der Schöpfung anregen, selbst schöpferisch zu werden: Viel liegt noch in uns brach, was entfaltet werden möchte. Wir brauchen unsere schöpferischen Fähigkeiten nicht auf bekannte Künstlerinnen und Künstler zu projizieren, sondern wir können selbst kultivieren, was in uns an Kreativität vorhanden ist. Jede Lebensphase birgt in sich die Chance, neue künstlerische Kräfte zu entfalten. Denn sie wurden uns von Gott geschenkt, damit wir uns daran freuen und stärken und sie so weiterschenken können.

Nicht perfekt muss sein, was so entsteht: Schön ist es, weil ich gewagt habe, es selbst zu machen.

Ich inspiriere andere und lasse mich von anderen inspirieren, in mir zu entdecken, was schon da ist, was ich aber selbst zu wenig sehe.

20. August

MARGOT KÄSSMANN

Gewitterwolken

Im letzten Sommer habe ich morgens beim Joggen am Strand der französischen Atlantikküste den Himmel beobachtet, der sich zu einem Gewitter zusammenzog. Der Anblick hat mich begeistert, fasziniert und sogar ein wenig beängstigt. Was für ein imposantes Schauspiel! Wie eine schwarze Wand verdunkelten die Wolken den Himmel, es gab dumpfes Grollen und zuckende Blitze. Da wird dir bewusst: Der Mensch beherrscht die Schöpfung nicht! Es ist pure Überheblichkeit, zu meinen, die Erde sei uns untertan. Wir Menschen sind nicht die Beherrscher der Schöpfung, sondern Teil von ihr, Geschöpfe.

Tsunamis und Erdbeben, Vulkanausbrüche und Fluten lehren das immer wieder. Es nimmt mich nicht wunder, dass Völker in Himmel und Sonne, Wolken und Gewitter Götter am Werk gesehen haben. Dieses Gefühl, ein kleiner, klitzekleiner Teil unter dem großen Himmel der Welt Gottes zu sein – das kann auf gute Weise Demut erzeugen.

»Der Wolken, Luft und Winden gibt Wege, Lauf und Bahn, der wird auch Wege finden, da dein Fuß gehen kann«: Dieser Vers aus Paul Gerhardts Lied »Befiehl du deine Wege« klang mir im Leben oft im Ohr.

Gott gibt Lauf und Bahn. Dir wie den Wolken am Himmel. Es werden sich Wege in die Zukunft finden lassen, auch in deinem Leben. Das ist eine Glaubensüberzeugung, die ich ungeheuer tröstlich finde. Und Kraft schenkt sie auch.

21. August

ANDREA SCHWARZ

Alles ist Gnade

Regenbögen
entziehen sich

wenn du sie
festhalten willst

du kannst ihnen nur
nachziehen

begleitet
von Regen und Sonne

voll Vertrauen
dass Er sich

dir

schenkt

22. August

PIERRE STUTZ

Mit leeren Händen

Mit leeren Händen
voll im Leben stehen
offen für die Überraschungen
die auf uns warten

Mit leeren Händen
berührbar bleiben
für die unerwarteten
Zuwendungen Gottes im Alltag

Mit leeren Händen
zu den hellen und dunklen Seiten stehen
sie als inneres Bild sehen
um zu unserem Wesen zu finden

Mit leeren Händen
mein Leben sammeln
einfach da sein
mich erfüllen lassen von Dir

Inspiriert von:
»Ich habe dich eingezeichnet in meine Hände«
(Jesaja 49,16).

23. August

MARGOT KÄSSMANN

Das Wunder der Geburt

Ein neugeborenes Baby kann mich jedes Mal zutiefst anrühren. Nun, ich weiß als Mutter von vier Töchtern sehr wohl, dass Kinder nicht ein Leben lang nur süß und wonnig sind. Eine Geburt aber bleibt für mich ein Wunder. Alle Technik kann dieses Wunder nicht beherrschen, alle Klonversuche und alle Reagenzglasbefruchtungen dieser Welt werden dieses Wunder nicht schmälern können. Ich verstehe es so, dass Gott die Beziehung zu uns Menschen sucht und uns diese Möglichkeit von Zeugen und Gebären gibt, damit sich das Leben fortsetzen kann. Geboren werden und sterben stehen in einem Zusammenhang im großen Kreislauf des Lebens, das Gott uns schenkt und das weit über diese Zeit und Welt, die wir sehen, hinausgeht.

24. August

PIERRE STUTZ

Staunen wie die Kinder

Kinder haben eine besondere Begabung zur Begeisterung und zum Staunen; »wer das Reich Gottes nicht annimmt wie ein Kind, wird nicht hineingelangen«, sagt Jesus, der Liebhaber des Lebens (Markus 10, 15). Seit ich Menschen spirituell begleite, werden mir diese Worte immer vertrauter. Den Weg in die Tiefe zu wagen, sich selber mit seinen Schattenseiten anzunehmen, die Hoffnung auf Verwandlung nicht zu verlieren, das kann ich nicht mit großen Schritten herbeizaubern. Das Schlimmste, was wir uns antun können, ist mit uns selbst zu streng zu sein. Um sich allerdings nicht zu unterfordern und sich fatalistisch abzufinden mit der eigenen Situation, hilft mir die Erinnerung, Kind bleiben zu dürfen. Ich sehe darin den Zuspruch vor allen Ansprüchen, immer wieder ganz klein anfangen zu können. In jeder Lebenssituation, auch im hohen Alter, brauche ich dieses Wohlwollen, um Verwandlung an mir geschehen zu lassen. Staunen, dass auch gut eingespielte Mechanismen oder immer wiederkehrende »Fallen« mir zur Wachstumschance werden, ist nur möglich, wenn mir der Schonraum des Kindes zugestanden wird. Zum Staunen, wie sich verhärtete Beziehungen aufweichen lassen, weil einander Verwandlung zugestanden wird, gehört die Offenheit des Kindes in mir. Hier liegt einer der tiefsten Gründe, warum in meinem ganzen Leben das Staunen Raum haben soll: Bei Gott zählt nicht, was ich war, sondern nur, was ich bin. Jeden Tag kann ich neu anfangen, mich verwandeln zu lassen – nicht unter Druck, sondern in meinem Tempo.

25. August

ANSELM GRÜN

Schauen in der Kirche

Mitten in einer Stadt eine Kirche zu haben, in die wir uns hineinsetzen und deren Schönheit wir bestaunen können, ist eine Wohltat, die über Jahrhunderte hinweg die Menschen erreicht hat. Humanisierung einer Gesellschaft hat viele Aspekte. Auch das Schöne gehört dazu. Wir dürfen es nicht gegen soziale und karitative Aspekte ausspielen. Simone Weil, die sich unermüdlich für die ungerecht behandelten Arbeiter in Frankreich eingesetzt hat, brauchte immer wieder die Erfahrung des Schönen, um ihren Einsatz durchzuhalten. Wir brauchen nicht nur Brot, sondern auch die Schönheit, die uns nährt. »Schönheit wird die Welt retten« hat Dostojewski gesagt. Nehmen Sie sich also immer wieder einmal Zeit, sich in eine schöne Kirche zu setzen und lassen Sie die Schönheit auf sich wirken. Und dann fragen Sie sich: Was wandelt sich da in mir? Kann ich mich anders sehen? Kann ich mich liebevoller anschauen und an das Schöne in mir glauben? Und kann ich nun auch das Schöne in den Mitmenschen erkennen, wenn ich sie liebevoller anschaue? Achten Sie bewusst darauf, wie Sie nach dem langen Besuch einer Kirche mit neuen Augen auf die Menschen und auf die Straßen der Stadt schauen. Sie werden bemerken, dass Sie alles anders anschauen als vor einem solchen Kirchenbesuch.

26. August

PIERRE STUTZ

Wandern können

durch die Wunder der Schöpfung
im schweigenden Unterwegssein
intensiver wahrnehmen was schon da ist

Wandern können
Auf- und Abstieg als Sinnbild
eines bewegten Lebens erkennen
zum dem immer Hoch und Tief gehören

Wandern können
durch die Leichtigkeit des Seins
befreit lachen können
losgelöst von allen Alltagssorgen

27. August

ANSELM GRÜN

Staunen – Anfang der Weisheit

Das deutsche Wort »staunen« kommt von »stauen«. Wenn ich vor einem faszinierenden Sonnenuntergang stehe, dann staut sich in mir etwas an – und ich bleibe stehen. Die Eindrücke von außen dringen in mich ein. Ich staune über das Wunder dessen, was ich schauen darf. Das griechische Wort für »Staunen« ist »thaumazein«, das man auch übersetzen kann mit: sich wundern. Staunen hat mit dem Wunder zu tun, das mich ergreift. Das Wunder bringt mich zum Staunen. ...

Kinder können noch staunen. Sie bleiben staunend vor dem Lichterglanz eines geschmückten Christbaums stehen, mit offenem Mund und aufgerissenen Augen. Ja, sie sind ganz und gar Auge. Als Erwachsene sind wir fast neidisch auf dieses Staunenkönnen der Kinder. Denn wir haben das Staunen oft schon verlernt. Wir sind abgebrüht und lassen uns von nichts mehr in Erstaunen setzen. Doch für den, der nicht mehr staunen kann, wird das Leben arm. Es hat keine wirklichen inneren Höhepunkte mehr. Das Staunen ist die Emotion, die uns bis in den Grund unserer Seele hinein anrührt und uns ganz und gar an diesen einen Augenblick bindet. Im Staunen sind wir ganz in unseren Sinnen, im Schauen und im Hören. Und indem wir schauen, wollen wir tiefer schauen, wollen wir eindringen in den Grund allen Seins.

28. August

PIERRE STUTZ

Gesegnet sei
dein Ausruhen
du bist angenommen
im einfachen Dasein

Gesegnet sei
deine Erholung
deine Müdigkeit
dein Nichtstun

Gesegnet sei
deine Bewegung
in Spiel und Sport
dein Genießen aller Sinne

Gesegnet sei
dein Verweilen
dein Hiersein
dein Umarmtwerden

29. August

ANDREA SCHWARZ

Augenblicke

Einen Augenblick lang, einen Moment nur, trifft sich der Blick.
Man sieht und wird gesehen. Einen Herzschlag kurz Erkennen – und vorbei. Und doch ist irgendwas anders geworden.

Ein Augenblick, von Mensch zu Mensch, zwischen Menschen,
von mir zu dir, von dir zu mir. Und einen Augenblick lang
ist es völlig belanglos, wer krank oder gesund ist, wer Arzt
oder Patient, wer Schwester oder Besucher ist. Einen Augenblick lang sieht man mit dem Herzen und sieht den Menschen.
Einen Augenblick lang erahnt man im anderen die abgrundtiefe Einsamkeit, den stillen Mut, die sich überfordernde Hin-
gabe, die Sehnsucht nach Ruhe, die Sorge, die zermürbende
Angst, das leise Glück, die Nervosität, die laute Geschäftigkeit,
die bangende Hoffnung, die zweifelnde Frage.

Einen Augenblick lang sieht man auf den Grund und ahnt.
Und man wird im Grunde gesehen und weiß …

Und vorbei.

Und doch – irgendwas ist anders geworden. Durch einen winzigen Augenblick …

30. August

ANSELM GRÜN

Nachtgedanken

Die Nacht regt uns zu vielen Gedanken an. Sie will uns etwas sagen über unser Leben, über das, was wichtig ist, und über das, was wir vergessen sollen. In wunderbarer Weise hat Matthias Claudius diese verschiedenen Nachtgedanken in seinem Lied »Der Mond ist aufgegangen« zum Ausdruck gebracht.

Der Mond und die Sterne drücken die Geborgenheit aus, die Gott uns in der Nacht schenkt. Gott lässt uns nicht allein. Die Natur schweigt, aber das Licht des Mondes und der Sterne scheinen uns. Und in ihnen dürfen wir Gottes heilende Nähe spüren. Die Stille der Nacht ist für Matthias Claudius nichts Bedrohliches, sondern sie hüllt uns ein. Sie gleicht einem schützenden Mantel. Und sie gleicht einer Kammer, in der wir den Jammer der Welt vergessen dürfen. Aller Jammer schweigt, die Klage über unser Leben, die Not, die uns oft genug bedrängt, die Sorgen, die uns plagen – sie alle kommen in der Nacht zum Schweigen. So ist die Nacht etwas Heilsames. Sie tut uns gut. Sie bringt alles in uns zum Schweigen, was uns tagsüber so oft bedrückt und zermürbt. Und die Nacht lädt uns ein, all das, was wir sehen, zu relativieren. Der Mond, der nur halb zu sehen ist – das lädt uns ein, über vieles zu lachen, was wir nicht sehen. Wir müssen unsere Augen nicht auf alles Leid der Welt richten. In der Nacht dürfen wir das Leid ruhig einmal vergessen. Der Mond lädt ein, das Unsichtbare zu lassen. Wir wissen, dass wir die Welt nur halb wahrnehmen. Aber wir müssen auch nicht alles wissen. Wir sollen es getrost Gott überlassen, der alles sieht und alles nach seinem Ratschluss lenkt.

31. August

PIERRE STUTZ

Die Sterne mein Gebet

Beten ist nicht das Bemühen, Gott zu erreichen, sondern ein wohltuendes Aha-Erlebnis, dass sein Licht uns bewohnt und verbindet mit Schöpfung und Kosmos. »Lobt ihn, Sonne und Mond, lobt ihn, all ihr leuchtenden Sterne«, heißt es in Psalm 148,3. Unser Alltag wird verwandelt, wenn wir uns regelmäßig ein liebendes Innehalten gönnen, indem wir uns erinnern, dass Sonne, Mond, Sterne, Wasser, Erde, Feuer und Luft uns hineinholen in ein großes »Danke«. Miteinander schweigend unter dem Sternenhimmel unterwegs sein lässt uns mit unseren Füßen beten. Schritt für Schritt können wir uns von innen her aufrichten lassen. Das Lied der leuchtenden Sterne führt Menschen zusammen, damit ihr Lachen und Weinen aufgehoben ist im Himmel.

September

Gemeinschaft erleben

1. September

MARGOT KÄSSMANN

Lieben lernen

»Aber die Liebe ist die Größte«, schreibt Paulus.
Was ist sie nicht alles: geduldig, frei, offen,
zugewandt, voller Vertrauen, dankbar,
inspirierend, verzaubernd ...
beflügeln kann sie

Lieben lernen.
Das ist wohl das größte Wagnis überhaupt.

Nichts kann uns scheiden von der Liebe Gottes.
Wir können lieben lernen.
Wenn wir es wagen, uns auf die Liebe einzulassen.
Dafür ist dir zu danken, gütiger Gott.

2. September

ANSELM GRÜN

Herzensmelodie

Seit jeher haben die Weisen den Wert der Freundschaft gepriesen und in immer neuen Bildern das Geheimnis des Freundes ausgedrückt. Ein Bild hat sich mir besonders tief eingeprägt: »Ein Freund, das ist jemand, der auf die Melodie deines Herzens hört – und sie dir wieder vorsingt, wenn du sie einmal vergessen hast.«

Ich weiß nicht mehr, von wem dieser Satz stammt. Aber dass der Freund auf die Melodie meines Herzens hört – das ist für mich ein wunderbares Bild. Der Freund hört genau hin, was mich im Innersten bewegt. Er hört sich in mich hinein, um zu entdecken, was die Grundmelodie meines Lebens ist, um wahrzunehmen, wo und wie mein Leben zum Schwingen und Tönen kommt. Und wenn ich diese Melodie vergessen habe, weil ich mich durch die Anforderungen des Alltags von mir selbst entfernt habe, dann singt mir der Freund diese Melodie vor. Er bringt mich wieder in Berührung mit meinem eigentlichen Kern, mit meinem wahren Wesen. Er spiegelt mir, wer ich bin. Der Freund erinnert mich an das, was ich im Tiefsten bin. Seine Aufgabe ist also mehr, als mich nur zu verstehen und mehr als nur bei mir zu stehen. Er nimmt vielmehr die Melodie meines Herzens in sich hinein, um sie dann wieder neu zum Klingen zu bringen, wenn sie in mir verstummt ist.

3. September

ANDREA SCHWARZ

Jede Freundschaft mit Menschen lässt mich etwas davon erahnen, wie Gott mir Freund sein will, mir Freund ist. Da ist einer, der mich meint, der sich mir zuwendet, der mich anschaut. Da ist einer, der mir nachgeht, der sich um mich sorgt, der mich im Blick hat. Da ist einer, auf den ich mich verlassen kann – bedingungslos. Da ist einer, der seine Liebe nicht an die Erfüllung von Erwartungen knüpft, einer, der mir den Rücken freihält, einer, der mein Leben mit mir teilt. Ja – so verstehe ich Freundschaft und so verstehe ich meinen Glauben an diesen Gott.

Und doch – es gibt auch dunkle Stunden in Freundschaften, dunkle Stunden in meiner Beziehung zu Gott: dann, wenn ich den anderen nicht verstehe, mich vom anderen nicht verstanden fühle. Wenn mir der andere fremd wird, ich die Nähe nicht mehr spüre. Wenn einen manchmal der Alltag so fordert, dass keine Zeit mehr bleibt für das Gespräch miteinander. Wenn eine Bitte scheinbar ungehört im Nichts verhallt … wenn ich mich frage: Wer bist du für mich? Wenn in mir die Angst wächst, den anderen zu verlieren …

Freundschaft – das kann manchmal verdammt wehtun. Das kann gerade deshalb so wehtun, weil man sein Herz dem anderen gegenüber geöffnet hat, weil man sich verletzbar und verwundbar gemacht hat. Das kann gerade deshalb so wehtun, weil man den anderen mag. Und das ist mit Gott nicht anders als mit den Menschen …

Jede echte Freundschaft ist auch eine Zumutung. Und auch das gilt für Gott und die Menschen.

4. September

PIERRE STUTZ

Auf das Feuer horchen

Auf das Feuer horchen
in die Flammen schauen
um mein inneres Feuer zu entdecken
das mich selber Feuer und Flamme werden lässt

Am Feuer verweilen
schweigend miteinander da sein
im verbindenden Kreis
der zur Nahrung für die Seele wird

Beim Feuer sitzen
einander Hoffnungsgeschichten erzählen
die Menschen mit ihrem inneren Licht
aufscheinen lassen

5. September

ANSELM GRÜN

Vertieftes Erleben

»Wenn einer in den Himmel hinaufstiege und die Natur der Welt und die Schönheit der Gestirne erschaute, so wäre doch der wundersame Anblick ohne Reiz für ihn; er wäre aber höchst erfreulich, wenn er nur einen hätte, dem er davon erzählen könnte.« So sagt es der römische Philosoph Cicero in seinem Buch »Laelius, über die Freundschaft«. Wir können zwar die Schönheit einer Landschaft wahrnehmen und genießen. Aber es drängt uns zugleich, die Schönheit einem anderen mitzuteilen. Gemeinsam durch eine schöne Gegend zu wandern, erhöht das Glück. Das Glück möchte man teilen. Wenn ich es nur für mich behalte, wird es schal. Manchmal genügt es, dem anderen zu zeigen, wie schön der Herbstwald in der Sonne leuchtet oder wie da hinter den Wolken ein Gipfel hervorlugt. Dann schauen die Freunde schweigend in die gleiche Richtung und bewundern das Geschaute. Ein andermal drängt es mich, das, was ich schaue, auch in Worte zu fassen. Das gemeinsame Ringen nach Worten vertieft das Erleben. Es teilen zu können, tut beiden gut.

6. September

ANDREA SCHWARZ

Sternstundennächte

überraschend
schön

nicht geplant
und vorgesehen

einfach so
zwischen den Terminen

Nähe und Verstehen
ist man plötzlich   Wärme und Vertrauen
unter sich

und abgrundtiefe
und beieinander   Ehrlichkeit
und kann sein

und bedingungslose
keine Rolle   Offenheit
keine Maske

und die Tiefe
des Lebens

und Freundschaft

und man sagt danke für den Grappa
und meint eigentlich was ganz anderes

aber das muss dann
schon gar nicht mehr gesagt werden

7. September

NOTKER WOLF

Time is honey

Es gibt den Spruch: Time is money. Zeit ist Geld. Ein Zeit-forscher hat diesen Spruch umgewandelt und gesagt: Time is honey. Zeit ist so wie Honig, wenn sie mit Menschen ver-bracht wird. Sie fließt dann langsamer, sie wird süß, sie ist ein Genuss. Zeit mit anderen Menschen zu haben ist in der Tat eine der schönsten Sachen, die ich mir vorstellen kann: sich bei einem guten Essen und einem guten Glas Wein auszutau-schen und zu erzählen. Wenn nichts auf dem Tisch steht, ist es natürlich auch kein Problem. Es gilt sowieso: lieber nichts als ein schlechtes Essen. Einen guten Wein trinkt man ja auch mit Bedacht und in Ruhe. Im Wein wird schließlich auch Zeit aufbewahrt. Auch in einem Menschen, der mir mit seiner Geschichte gegenübersitzt, ist Zeit gegenwärtig. Aber es ist gar nichts notwendig, der Mensch ist wichtig. Und das ist unglaublich schön, für den anderen Zeit zu haben und für ihn da zu sein.

8. September

ANSELM GRÜN

Ein Tisch, der nie leer wird

Wir setzen uns an den Tisch, um zu essen und Gemeinschaft zu erleben. Wenn das Essen vorbei ist, wird der Tisch abgeräumt. Manchmal geht das Gespräch noch weiter. Doch irgendwann stehen wir dann auf und gehen an die Arbeit. Der Dichter Novalis spricht vom »Tisch der Sehnsucht, der nie leer wird«. Er vergleicht also die Sehnsucht nicht mit dem Hunger, wie es viele tun, sondern mit der Speise, von der wir essen können. Sehnsucht nährt uns. Sie stärkt uns auf unserem Weg. Und Sehnsucht verbindet, so wie ein Mahl Gemeinschaft stiftet. Wer im Gespräch mit der Sehnsucht des anderen in Berührung kommt, der fühlt sich mit ihm in der Tiefe seines Herzens verbunden. Die Sehnsucht des anderen erinnert ihn an die eigene Sehnsucht. Sie öffnet und weitet sein Herz. Die Gemeinschaft am Tisch der Sehnsucht hat nichts Klammerndes an sich. Sie lässt frei. Sie öffnet den Himmel und schafft einen weiten Horizont. In der Sehnsucht spüre ich den anderen. Da erlebe ich mehr Nähe als durch die Übereinstimmung in der politischen Überzeugung. Sehnsucht bringt mich dem Herzen des anderen näher. Wenn ich die Sehnsucht des anderen spüre, erahne ich etwas vom Geheimnis, das ihn umgibt. Und das Geheimnis schafft Heimat, ein Heim, in dem man miteinander daheim ist. Der Tisch der Sehnsucht wird zum Haus der Sehnsucht, in dem wir wohnen und zu Hause sein dürfen.

9. September

PIERRE STUTZ

Du
schenkst mir deine Gastfreundschaft
suchst mich auf
längst bevor ich dich suche
lädst mich ein zum Verweilen

Du
bewegst mich zur Gastfreundschaft
zeigst mir auf
wie im Teilen von Freud und Leid
sich intensives Glück ereignet

Du
stiftest uns an zur Gastfreundschaft
mutest uns den Aufbruch zu
um in Kampf und Kontemplation
deine Gegenwart zu feiern

10. September

ANSELM GRÜN

Herberge für Engel

»Vergesst die Gastfreundschaft nicht; denn durch sie haben einige, ohne es zu ahnen, Engel beherbergt.« So mahnt der Hebräerbrief die frühen Christen (Hebr 13, 2). Der Autor denkt da an Abraham, den die drei Engel besuchten. Die Ikonenmaler haben diese als Bild für den dreifaltigen Gott verstanden und gerne als Motiv gewählt. Ohne die Gastfreundschaft hätte sich das Christentum kaum so rasch in der Welt ausbreiten können: Die christlichen Wanderprediger fanden immer wieder gastfreundliche Häuser, in denen sie Aufnahme fanden.

Auch das alte Judentum kennt ihren Wert. Der Babylonische Talmud sagt von der Gastfreundschaft, dass sie gleich viel wiegt wie der Gottesdienst. Dort, wo Religion die Menschen prägt, ist Gastfreundschaft immer als hohes Gut angesehen worden. Und der Wert einer Kultur zeigt sich in der Hochschätzung der Gastfreundschaft.

Sie wäre gerade heute vonnöten, um Verbindung zu schaffen zwischen den verschiedenen Kulturen. Sie trägt dazu bei, Vorurteile gegenüber Fremden abzubauen und Gemeinschaft zu stiften. Ich bin dankbar, dass ich daheim ein gastfreundliches Haus erlebt habe. Meinem Vater waren alle willkommen: Schon in den fünfziger Jahren hat er immer zu Weihnachten ausländische Studenten eingeladen, mit uns das Fest zu feiern. Die Gäste haben bei ihm immer hohe Wertschätzung erfahren. Beim Abschied sagte einmal ein argentinischer Mitbruder, der kein Wort Deutsch sprach: »Bei deinem Vater fühlt man sich geachtet.« Schöner kann man nicht ausdrücken, was Gastfreundschaft vermag.

11. September

ANDREA SCHWARZ

freunde

im gleichen boden
verwurzelt sein
dem gleichen himmel
entgegenwachsen

dazwischen
ein stück leben
zusammen miteinander
und doch für sich

sich im freund erkennen
umarmung nähe
grenze und distanz
und den stürmen wehren

in aller freiheit
verbindlich werden
und frei sein
in verbundenheit

12. September

ANSELM GRÜN

Das schönste Wort

»Helfen« sei das schönste Wort in der Welt, noch schöner als »lieben«. Die österreichische Schriftstellerin und Friedensnobelpreisträgerin Berta von Suttner hat das gesagt. Einem anderen zu helfen, ihn zu unterstützen, ihm beizustehen, darin zeigt sich echte Menschlichkeit. Marion Wright Edelmann geht sogar noch weiter: »Hilfsbereitschaft ist die Miete, die wir für unser Dasein bezahlen. Sie ist der Hauptzweck des Lebens. Man sollte sie nicht mit einer Freizeitbeschäftigung verwechseln.« Dass wir einander lieben sollen, darüber sind sich alle Menschen einig. Aber oft bleibt die Liebe in der Idee stecken, sie drückt sich nicht im konkreten Miteinander aus. Das Helfen ist die Konkretisierung der Liebe. Es ist oft wenig spektakulär und drückt sich in den kleinen alltäglichen Handlungen aus, die wie selbstverständlich erscheinen, dem anderen aber doch eine wichtige Hilfe sein können. Auch die englische Frauenrechtlerin und Autorin des 19. Jahrhunderts Harriet Martineau fordert die Erdung unserer idealisierten Vorstellungen von Liebe: »Eine Seele, die von großartigen Ideen beschäftigt wird, führt am besten kleine Pflichten aus.« Ähnlich formuliert es der Dichter William Blake: »Gutes tun heißt, es ganz konkret, in einer ganz bestimmten Minute zu tun. Das Gute im Allgemeinen ist der Ausweg für Narren und Schurken.« Wir sind immer in Gefahr, über das Gute und über die Liebe zu diskutieren. Aber wir tun uns schwer, einfach danach zu handeln. Nutzen wir einfach die nächste Gelegenheit. »Es gibt nichts Gutes, außer man tut es!« (Erich Kästner)

13. September

PIERRE STUTZ

Beherzt leben
nicht mehr trennen
was zusammen
gelebt werden möchte:
Gefühl und Verstand
Intuition und Klugheit

Beherzt leben
von innen her
sich aufrichten lassen
zu einer Verbundenheit
die Menschlichkeit stärkt:
Widerstand und Mitgefühl

Beherzt leben
ankommen im Augenblick
liebend unterwegs sein
kämpferisch-gelassen
verspielt-verantwortungsvoll
entschieden-selbstvergessen

14. September

ANSELM GRÜN

Freundlichkeit weckt Leben

Wenn ich in ein Geschäft gehe, um etwas zu kaufen, bin ich dankbar, wenn eine freundliche Verkäuferin mich bedient. Ich spüre sehr schnell, ob die Freundlichkeit aufgesetzt ist und nur der Verkaufsförderung dient, oder ob sie echt ist. Ein freundlicher Mensch tut mir gut. In seiner Nähe fühle ich mich wohl. Von ihm geht etwas Liebenswürdiges und Heiteres aus, und ich fühle mich geachtet und wahrgenommen. Abraham J. Heschel hat die Erfahrung gemacht, dass ihm gerade im Alter freundliche Menschen gut tun: »Als ich jung war, verehrte ich kluge Menschen. Nun, da ich alt bin, verehre ich freundliche Menschen.« Der freundliche Mensch beurteilt den anderen nicht. Er wendet sich ihm freundlich zu, er lächelt ihn an, er weckt in ihm neues Leben. Freundlichkeit bringt uns in Berührung mit unserer eigenen Freude und Heiterkeit, mit der inneren Leichtigkeit unserer Seele. Sie steckt an. Und sie strahlt zurück. Sie tut allen gut.

15. September

ANDREA SCHWARZ

**Und dann geh
und handle**

Gib was du hast
dem der wenig hat

gib es
liebend

behutsam
ehrfürchtig

schenk die Rose
mit dem Brot
entwürdige den anderen nicht dadurch
wie du gibst was du gibst

mach dich nicht groß
indem du den anderen
durch dein Geben
klein machst

und lass dich
vom Hungrigen beschenken
mit seiner Gabe
und sei es der Frage
warum der Hungrige
hungrig ist

16. September

NOTKER WOLF

Zeit finden

»Was wünschst du dir?«, fragte ich Abt Alkuin. Er war in den 1990er-Jahren der erste Schwarzafrikaner, der zum Abt gewählt wurde. Bis dahin waren in unseren Benediktinerklöstern die Äbte ausschließlich Europäer – auch in Afrika. Und so wollte ich unserem Mitbruder anlässlich seiner Wahl etwas Besonderes schenken. Ich dachte an Geld, Maschinen, Saatgut oder andere für sein Kloster in Tansania nützliche Dinge.

Die Antwort, die ich von ihm erhielt, war typisch afrikanisch: »Schenke uns das Kostbarste, was du hast, nämlich zwei Wochen deiner Zeit. Komm zu uns und sieh, wie wir leben. Du wirst es nicht bereuen.« Ich überlegte kurz und ging auf den Vorschlag ein. Etwas später habe ich dann als Gast zwei Wochen in der Abtei Hanga verbracht. Die Mönche und die Bewohner der umliegenden Dörfer nahmen mich auf wie ihren Vater und taten wirklich alles, damit es mir gut ging. In dieser Zeit habe ich die Afrikaner wie nie zuvor kennen und verstehen gelernt. Diese Erfahrung war für mich ein mindestens ebenso großes Geschenk wie meine Anwesenheit für unsere afrikanischen Mitbrüder und ihre Freunde. Die Art, wie die Afrikaner etwa über viele Stunden mit Gesang und Tanz den Gottesdienst feiern, lässt uns neu verstehen, was es bedeutet, Gott die eigene Freude und Dankbarkeit zu zeigen. Religion ist in Afrika etwas, das nicht nur den Verstand bewegt, sondern vor allem das Herz. Und noch etwas habe ich in diesen zwei Wochen von den Afrikanern gelernt: Unsere Zeit ist wirklich das Wertvollste, das wir anderen geben können. Sie lässt sich durch kein materielles Gut ersetzen.

17. September

ANSELM GRÜN

Großeltern geben etwas Besonderes weiter

Ich habe in Gesprächen mit Jugendlichen oft erfahren, dass sie den Glauben vor allem von der Großmutter gelernt haben. Das hat viele ihr Leben lang geprägt. Manche haben sich vom Glauben der Großmutter oder des Großvaters getragen gefühlt. Und manche haben bei den Großeltern ihre Liebe zum Beten gelernt. Manche verdanken gar ihre Berufung zum Ordensleben oder zum Priestertum der Frömmigkeit der Großeltern. Aber wenn die Großeltern ihre religiöse Erziehung zu sehr verzwecken, wenn sie damit unbedingt etwas erreichen wollen, dann erreichen sie die Enkelkinder nicht. Dann erzeugen sie eher Widerstand in ihnen.

Vielleicht geht die Beziehung aber auch umgekehrt. Nicht nur die Großeltern geben etwas Besonderes weiter. Auch die Enkel geben etwas Besonderes. Die Großeltern selber können nämlich über die Enkel wieder einen Zugang zu ihrer eigenen Kindheit bekommen, zu den verschütteten Möglichkeiten des Spielens und des ganz einfachen Lebens und auf ganz natürliche Weise »werden wie die Kinder«. Vielleicht öffnet die Beziehung zu den Enkeln ihnen daneben auch den hoffnungsvollen und liebenden Blick in eine Zukunft – über das eigene zeitlich begrenzte Leben hinaus.

18. September

MARGOT KÄSSMANN

Lebensgeschichten lauschen

Im Herbst 2010 in Amerika verbrachte ich einen netten Abend mit interessanten Menschen an einem Tisch. Bald schon, wie oft in den USA, ging es darum, wer woher stammt. Schnell wurde deutlich: Hier sitzt eine solche Mischung unterschiedlicher Herkunft und Kultur zusammen, dass allein daraus einer dieser französischen Filme mit biografischen Rückblenden werden könnte. Ein Mann ist armenisch-italienischer Abstammung; die armenische Tragödie ist für ihn ein Lebensthema. Eine andere ist Jüdin mit wechselvollem Lebenslauf, ihre Eltern sind aus Deutschland geflohen und über Israel und Südamerika in die USA gekommen. Ein Mann denkt über seine afrikanischen Wurzeln nach und darüber, dass der Nachname »Smith« eigentlich der Name des Sklavenhalters seiner Vorfahren gewesen sein wird. Eine junge Frau hat einen Vater aus der Mongolei und eine chinesische Mutter. Und so weiter und so fort … ein anregender Abend, typisch Amerika. Jemand fragt: »And what is your life's story?« Und dann beginnt ein Erzählen, Diskutieren, Lachen, Staunen – Biografien sind Geschichten, die Geschichte lebendig machen. Die eigene Geschichte zu kennen, zur eigenen Identität zu stehen ist wichtig – auch, um Feindschaft zu vermeiden, gerade wenn man nah zusammenlebt.

19. September

ANSELM GRÜN

Höre auf die, die dich lieben

»Höre auf den Rat derer, die dich lieben, auch wenn du ihn nur schwer einsehen kannst« (Jüdische Weisheit). Mancher Rat passt uns gar nicht. Vielleicht ärgert er uns sogar! Doch wenn wir wissen, dass der andere uns liebt, dann sollten wir ihn ernst nehmen: Weil er uns liebt, fordert er uns mit seinem Ratschlag heraus, traut er uns etwas zu. Oft ärgert uns der Rat des anderen, gerade weil er die eigene Einsicht bestätigt. Eigentlich wussten wir schon, was wir tun sollten. Doch etwas in uns sträubt sich dagegen. Vielleicht ist uns der Weg zu beschwerlich. Und so haben viele Rationalisierungen die eigene Einsicht verdunkelt und entwertet. Das Gefühl weiß: Eigentlich müsste man diese Aufgabe loslassen. Doch dann kommen die Überlegungen: »Ich will nicht als unzuverlässig erscheinen«, »Was denken die andern von mir?«, »Ich will sie nicht enttäuschen …«. Und so behält man die Aufgabe, obwohl man den Widerstand in sich spürt und ständig müde ist. Wenn ein anderer nun rät: »Lass die Aufgabe! Gib deine Ämter in diesem Verein auf!«, dann bringt einen das mit seinem wahren Impuls in Berührung. Aber zugleich melden sich die Rationalisierungen wieder zu Wort und man spürt: »Ich darf mir jetzt nichts mehr vormachen. Der andere hat recht.« Aber das einzusehen und zu befolgen, ist nicht einfach. Man müsste seine Lebensmuster, bei anderen beliebt sein und ihre Erwartungen erfüllen zu wollen, ablegen. Man müsste sein Lebensgebäude auf einem ganz anderen Grund aufbauen. Es lohnt sich, es zu versuchen.

20. September

MARGOT KÄSSMANN

Kirche als Zufluchtsort

Seit meiner Kindheit bin ich »meiner« Kirche verbunden. Es war selbstverständlich, dorthin zu gehen. Die Herrenwaldkirche in Stadtallendorf war nun bei Weitem nicht so erhaben, schön und traditionsreich wie die Marktkirche in Hannover. Sie wurde erst 1965 eingeweiht, da war ich sieben Jahre alt. Sie ist das Zuhause von Flüchtlingen aus Ostpreußen, Pommern und dem Sudetenland geworden, die in Stadtallendorf angesiedelt wurden. Ein relativ schlichter Backsteinbau. Aber sie war immer wieder Heimat für mich – als der Ort, an den ich kommen konnte, wann immer ich Zuflucht brauchte. Ich wurde dort konfirmiert. Und ich habe im Posaunenchor, als Mitarbeiterin im Kindergottesdienst und im Jugenddiscokeller zusammen mit anderen wunderbare Zeiten erlebt. Uns Jugendlichen wurden Räume bereitgestellt für geistliches Erleben und natürlich auch, um Spaß zu haben. Es gab diesen Jugendkeller, der wahrhaftig nicht sonderlich attraktiv war. Aber es war ein Raum für unsere Gruppe, wir waren zusammen, machten unsere Erfahrungen – in einem Raum, der Freiheit bot und zugleich geschützt war. Die Eltern ließen uns gern hingehen, »Kirche« war ein sicherer Ort. Aber »Kirche«, das waren auch Menschen, die mir Zeit schenkten, ihr Ohr, ihre Musik, ihre Hand. Vorurteilsfrei und offen.

21. September

PIERRE STUTZ

Beim Gottesdienstfeiern

Sakramente sind für mich zärtliche Zuwendungen Gottes.
Wir brauchen eine neue Kunst des Feierns in unseren Kirchen.
Dazu braucht es Raum und Zeit und die Wiederentdeckung
der Gebärden und des Tanzes. Schon David tanzte »mit aller
Kraft« (2 Sam 6,12–15) um die Bundeslade:

Die Kunst des Feierns entdecken
miteinander
schweigen
singen
tanzen
berührbar werden für den
Geschenkcharakter des Lebens

Ergriffensein vom Klang der Musik
die von der Ewigkeit erzählt
miteinander Hoffnungsgeschichten
teilen
vertrauen wie Deine Gegenwart
sich auch heute durch all die
Menschen guten Willens ereignet

Miteinander Verwandlung erfahren
im Teilen von Brot und Wein
weil Du gegenwärtig bist und unsere
Füße lenkst auf den Weg des Friedens
Nach Lukas 1,79

22. September

PIERRE STUTZ

Wenn Menschen mich verletzt haben: segnen

Menschen zu »segnen«, mit guten Gedanken bei ihnen zu verweilen oder für die zu beten, mit denen ich mich schwertue: Das ist nicht leicht. Nach einer Schweigeminute oder vor dem Beten des »Mutter-/Vaterunsers« segne ich innerlich Menschen, die mich verletzt haben. So übe ich, nicht den Menschen abzulehnen, sondern sein Verhalten. Es ist schwer: Ich segne Diktatoren, Kriegsverbrecher – dies kann spontan beim Zeitunglesen geschehen. Dabei achte ich darauf, dass ich nicht überheblich werde, denn die Gewalt, die mir von außen begegnet, hat auch in mir ihre Wurzeln. Im Aufschrei gegen die Ungerechtigkeit und im Loslassen in Gott hinein ereignet sich Versöhnung.

23. September

MARGOT KÄSSMANN

Nicht nur am Schreibtisch – Worte finden

Im Anfang war das Wort.
Dein Wort schafft Leben.
Menschliche Worte zerstören allzu oft.
Schenk uns Worte des Lebens.

Das Wort ward Fleisch und wohnte unter uns.
Dein Wort lässt Liebe erfahrbar werden.
Menschliche Worte verletzen allzu oft.
Schenk uns Worte der Liebe.

Du hast Worte des ewigen Lebens.
Dein Wort tröstet im Leben und im Sterben.
Menschliche Worte bleiben allzu oft leer.
Schenk uns Worte des Trostes.

24. September

PIERRE STUTZ

Shalom erfahren
genügen im Ungenügen
nicht mehr bewerten
nicht mehr weiter sein müssen
Vertrauen im Nichtvertrauen

Gesammelte Mitte
bewegt in sich ruhen
dankbar das Beseeltsein
der Schöpfung erfahren
heilendes Dasein

Shalom leben
unbequeme Friedensschritte wagen
Unrecht benennen und überwinden
mit Verbündeten beharrlich bleiben
Brot und Rosen teilen

Unser Lebenskrug
füllt sich im Leerwerden

25. September

MARGOT KÄSSMANN

Liebe üben

Wo immer Menschen hier in dieser Welt für das Leben eintreten, Liebe üben, gegen Unrecht und Krieg aufstehen, legen sie eine Spur der zukünftigen Welt Gottes. Das ist die Spannung zwischen dem, was schon hier erkennbar ist von Gott, und dem, was noch nicht erkennbar ist und damit ein Geheimnis bleibt, das wir nicht vollkommen begreifen. Jesus spricht davon, dass diejenigen, die an ihn glauben, ewiges Leben haben werden. Nach hebräischem Verständnis meint der Begriff der »Ewigkeit« so viel wie »Teilhaben an der kommenden Welt«. Zu glauben und damit für das ewige Leben »gerettet« zu sein, heißt also, dass mein Leben schon jetzt, schon vor dem Tod, an Gottes Welt teilhat. Das Böse, auch das verfehlte Leben, richtet sich selbst. Wer aber Gott vertraut, wird nicht gerichtet, sondern ist gehalten. Gott will Heil für die ganze Welt, das zeigt sich in Jesus, weil paradoxerweise in seinem Sterben die Liebe Gottes erkennbar wird. Sie ist so groß, dass sie sogar Leid und Tod mit den Menschen teilt. Ich weiß, die Rede von der Liebe Gottes klingt manchmal so abgedroschen. Aber dass diese Liebe sich gegen alle Ohnmacht als dem Bösen und dem Tod gegenüber als überlegen zeigt, dieses Paradox des christlichen Glaubens bleibt eine Provokation – die sich auch in kleinen Zeichen im Alltag äußert. Liebe ist nicht banal, auch wenn sie Gott sei Dank immer wieder alltäglich ist. Liebe kann ungeheure Kraft entfalten.

26. September

ANDREA SCHWARZ

Mich hat ein Satz sehr berührt, den ich in einem Roman von Henning Mankell gelesen habe, in dem Buch »Der Chronist der Winde«. Es ist die zärtliche und doch zugleich unsagbar harte und brutale Lebensgeschichte eines zehnjährigen afrikanischen Straßenjungen – und an einer Stelle dieses Romans sagt Nelio, der Straßenjunge: »Die Menschen heute bauen keine Häuser mehr, sie bauen Verstecke!«

Die Menschen bauen keine Häuser mehr,
sie bauen Verstecke.

Könnte es sein, dass auch wir ein Versteck aus unserem Leben gemacht haben? Ein Versteck vor den anderen Menschen, ein Versteck vor mir selbst, ein Versteck vielleicht auch vor Gott? Könnte es sein, dass wir deshalb überall zu Hause sind, weil wir uns gerade damit umso besser verstecken können?

Kann es sein, dass deshalb unsere Sehnsucht so groß geworden ist, dass wir die unmöglichsten Sachen probieren, um glücklich zu werden, das große Los zu ziehen, dorthin zu fahren, wo noch keiner von den Nachbarn war, das Auto zu fahren, das kein anderer fährt?

Heimkommen, endlich Heimat finden, zu Hause sein. »Ich bin der Weg, die Wahrheit und das Leben!« – wer an ihn glaubt, braucht die Verstecke des Lebens nicht mehr. Mag sein, dass genau das die unendliche Sehnsucht unseres Lebens ist – keine Verstecke mehr zu brauchen

27. September

MARGOT KÄSSMANN

Unsere Wohnzimmer öffnen

»Ach«, sagt mir ein Kollege, »ich war mit meiner Frau in den Ferien in der Türkei – das tat einfach gut, diese Gastfreundschaft. Stell dir vor, wir wurden sogar spontan eingeladen, bei einer Hochzeitsfeier dabei zu sein. Das war toll ...« Ja, das ist immer wieder so. Wir sind fasziniert von der Gastfreundschaft in anderen Ländern. Und wie ist das bei uns? Junge Leute türkischer Abstammung in unserem Land sehen in der Gastfreundschaft einen entscheidenden Unterschied zur innerdeutschen Gesellschaft. Dabei wurden ihre Eltern oder Großeltern doch einst als »Gastarbeiter« hierher geladen.

Eine Türkin sagte mir einmal: »Ich lebe jetzt seit 16 Jahren in Deutschland, aber ich habe noch nie ein deutsches Wohnzimmer gesehen.« Sie arbeitet mit Deutschen, ihre Kinder gehen mit deutschen Kindern in Kindergarten und Schule, aber einander einladen – so weit geht es nicht. Das ist tieftraurig, weil wir Ängste und Vorurteile wohl nur abbauen können, wenn wir sehen, wie die jeweils anderen leben. Dazu gehören eben offene Türen.

28. September

ANSELM GRÜN

Weites Herz

Gottes Segen möge dir ein weites Herz schenken. Du regst dich darüber auf, wenn die Menschen um dich herum so anders sind. Manchmal ärgerst du dich selber über deine eigene Enge. Bitte Gott um ein weites Herz. Ein weites Herz hat Raum für die Eigenheiten der Menschen. Du erkennst, dass das, was dich an den anderen ärgert, ja auch in dir ist. Gottes Segen weitet dein Herz. Denn Gottes Segen erfüllt die ganze Welt. Gott segnet alle Menschen. Gott spricht zu allen Menschen: »Du bist mein geliebter Sohn, du bist meine geliebte Tochter.« Wenn du dir vorstellst, dass jeder Mensch von Gott gesegnet ist, dann weitet sich dein Herz. Dann bleibst du nicht stehen angesichts der Enge und Kleinkariertheit der Menschen. Du schaust sie mit einem weiten Herzen an. Und du spürst, wie dieses weite Herz dich innerlich frei macht und mit Frieden und Freiheit erfüllt. Gott kann nur in einem weiten Herzen wohnen. Weite dein Herz, damit Gottes Segen in alle Bereiche deines Leibes und deiner Seele eindringt. Gottes Segen führt dich in einen weiten Raum, in dem du frei atmest und dich frei fühlst. Gottes Segen schaffe um dich herum eine Weite, die allen gut tut, denen du begegnest. Amen.

29. September

ANDREA SCHWARZ

Sprechende Stille

Es gibt Momente
in denen man nichts mehr sagen kann
weil es nichts mehr zu sagen gibt
was in Worten auszudrücken wäre

es gibt Momente
in denen man sich unendlich viel
zu sagen hat und nichts zu sagen braucht
weil ein Blick ein Händedruck viel sprechender sind

es gibt Momente
da muss man nichts mehr sagen
weil alles gesagt ist
und man sich nur noch nahe ist

es gibt Momente
da darf man nichts mehr sagen
um die leisen Töne die schwingen
nicht zu vertreiben

es gibt …

30. September

PIERRE STUTZ

In der Arena von Verona

Wenn 25 000 Menschen so still werden, dass eine einzige So-
lostimme von allen gehört wird, läuft es mir kalt den Rücken
hinunter. Und immer dann, wenn Menschen sich in die Mitte
der Bühne wagen, erinnere ich mich an die heilende Aufforderung Jesu, dass jede und jeder von uns sich in die Mitte
stellen soll, weil jede einmalig und kostbar ist:

Hunderte von Stimmen
jede einzigartig
ergriffen sein von der Vielfalt

Auf einmal wird es ganz still
eine einzige Stimme erklingt
eine Frau steht da
erfüllt mit ihrer Stimme
die ganze Arena

Hoffnungsvolles Bild
eines Menschen
der im Einklang mit sich selber
dasteht
zu sich steht
sich in die Mitte stellt
und seine Stimme einbringt

Unbeirrbar wissend
dass all die anderen auch
da sind

Beides braucht es
den Chor und
die Solostimmen

Du ermutigst jede und jeden
die Kraft der Stimme zu entfalten
weil Du sprichst durch uns

Nach Markus 5,33

Oktober

Früchte
genießen

1. Oktober

PIERRE STUTZ

Den Herbst begrüßen

Den Herbst begrüßen in mir
voll Dankbarkeit die reiche Ernte feiern
das Wachstum liegt nie in unseren Händen
weil es geheimnisvoll und unberechenbar bleibt

Den Herbst begrüßen in mir
die heilsame Farbenpracht genießen
die von der Fülle des Lebens erzählt
und zugleich zur Kunst des Sterbens einlädt

Den Herbst begrüßen mit dir
aufmerksam den Blick nach innen richten
gemeinsames Wachsen und Reifen annehmen
damit auch unsere Verschiedenheit sein darf

Den Herbst feiern in Gemeinschaft
Brot und Wein als Ursymbole erkennen
die zur Gastfreundschaft bewegen
und kreative Erntedankfeste feiern

2. Oktober

ANSELM GRÜN

Genießen, was in uns gewachsen ist

Eine chassidische Weisheit sagt: »Nur für die Einfältigen ist das Alter der Winter. Für die Weisen ist es die Zeit der Ernte.« Es kommt immer auf den Blick an. Wenn ich das Alter als Winter deute, dann beginne ich zu frieren, wenn ich an die Zeit denke, die auf mich zukommt. Doch wenn ich es als Zeit der Ernte sehe, dann freue ich mich darauf, die Ernte zu genießen. Ernte bedeutet nicht nur, dass ich im Alter auf meine Leistungen zurückblicken kann, auf das, was ich beruflich geleistet habe, auf die Projekte, die ich in Gang gebracht habe, auf die Familie, die ich gegründet habe und an der ich mich nun erfreuen darf, wenn sie immer weiter wächst. Ernte meint vielmehr, dass ich selbst zur Frucht geworden bin, dass ich zu mir selbst gefunden habe, zu meinem wahren Wesen. Seit jeher feiert man Erntefeste, bei denen man die Früchte der Ernte genießt. So kann auch das Alter zum Genießen dessen werden, was in uns gewachsen ist.

3. Oktober

NOTKER WOLF

Reich beschenkt

»Wenn man alles Glück der Welt besitzt, es aber nicht als Geschenk betrachtet, dann wird es einem keine Freude schenken. Doch selbst ein Missgeschick wird denen Freude schenken, denen es gelingt, dafür dankbar zu sein.« Der österreichische Benediktiner David Steindl-Rast, von dem diese Einsicht stammt, meint damit sicher keinen Fatalismus in dem Sinn: Ich nehme alles, wie es ist, und so ist es nun einmal.

Dankbarkeit meint etwas anderes. Sie sagt einfach Ja. Ich sage das volle Ja zu meinem Leben, aber ich sehe das nicht als blindes Schicksal an. In der Dankbarkeit wird das Leben und alles, was dazugehört, auf die personale Ebene gehoben. Fatum ist etwas Negatives. Es bedeutet Unterwerfung unter etwas, das ich nicht verstehe, unter ein blindes Schicksal. Mit Personalität hat Fatum nicht zu tun. Dankbarkeit ist eine personale Angelegenheit. Einer Person kann ich danken, einem Schicksal gegenüber kann ich nicht dankbar sein.

Vielleicht hat das mit Demut zu tun? Demut und Dankbarkeit sind verwandt. Einem anderen dankbar sein zu können, bedeutet schon ein Stück Bescheidenheit. Demut bedeutet nicht: unterwürfig vor jemandem zu kriechen. Ich bin bereit, mein Leben als »gegeben«, das heißt, als Gabe und Geschenk anzunehmen und nicht selber der Macher zu sein.

4. Oktober

MARGOT KÄSSMANN

Kastanien

Wo immer ich in den letzten zwanzig Jahren gelebt habe, gab es Kastanienbäume. Und wenn die erste Kastanie fiel, war das wie ein Zeichen: Der Sommer ist vorbei. Ich liebe diese wunderbaren Früchte. Es fällt mir schwer, sie liegen zu lassen, in jeder Jackentasche findet sich eine, und sie liegen als Herbstgruß auf der Kommode in meinem Flur. So stachelig ist die Hülle, so glatt die Schale. Keine ist wie die andere, jede hat eine ganz individuelle Form. Ich lasse sie in meiner Jacke und nehme sie gern in die Hand, den ganzen Winter hindurch – bis der Frühling kommt und die Kastanienbäume wieder prächtig blühen.

Die Wunder und Schönheiten der Schöpfung werden in der Bibel immer wieder besungen, Menschen freuen sich an der Natur und verstehen sie als Geschenk Gottes. »Herr, wie sind deine Werke so groß und viel! Du hast sie alle weise geordnet, und die Erde ist voll deiner Güter«, heißt es in Psalm 104,24.

Es tut gut, ein Auge für diese Dinge zu haben, sich zu freuen an einer Muschel, einer Blüte, einer Kastanie. Das erhält uns im Alltag den Blick für die Schönheit der kleinen Dinge, die ein Lob Gottes singen.

5. Oktober

ANDREA SCHWARZ

Die Aufforderung Jesu, Frucht zu bringen, wird nur der richtig verstehen, der einen Blick in die Natur wirft.

Um Frucht zu bringen, bedarf es vorher einer langen Zeit des Wachsens und der Entwicklung. Und selbst wenn ein Baum so weit ist, dass er tragfähig ist, gibt es immer noch gute und schlechte Jahre, kann es zu viel oder zu wenig Regen, zu viel oder zu wenig Sonne geben, Frost kann die Blüten erfrieren lassen, Hagel die jungen Früchte zerschlagen. Es bedarf der Ruhezeiten, in denen sich die Kraft in den Wurzeln sammeln kann, um zu ihrer Zeit auszutreiben, zu blühen, Frucht anzusetzen, zu wachsen und zu reifen, schließlich Frucht zu bringen – und sich dann wieder in die eigenen Wurzeln zurückzuziehen. Es geht eben nicht darum, 365 Tage im Jahr zu blühen und, am besten noch gleichzeitig, Früchte hervorzubringen, eine schöner als die andere. Es geht nicht um eine standardisierte Leistung, sondern darum, sich in einen Rhythmus des Lebens hineinzugeben. Es geht nicht darum, DIN-Normen zu erfüllen, eine bestimmte Größe, eine bestimmte Farbe zu haben – und es geht eben nicht um makellose Schönheit. Es geht darum, die je eigene Frucht hervorzubringen, zu ihrer Zeit, in ihrer Art.

Und nur der ist ein guter Gärtner, ein guter Bauer, der dem, was da wächst, seine Liebe entgegenbringt und seine Arbeit. Man muss seinen Apfelbaum ein bisschen lieben, damit er Frucht bringt – und auch ein bisschen was dafür tun: gießen und beschneiden, veredeln und jäten …

Frucht bringen muss der Baum aus sich heraus – das kann kein Gärtner »machen«, hier sind die Grenzen des besten Gärtners.

6. Oktober

PIERRE STUTZ

Die Zeit des Erntedankes

Erntedankfeste werden in vielen Kulturen und Religionen gefeiert. Dankbarkeit ist ein großer spiritueller Wert, mit dem wir wahrnehmen, dass alles Ernten wesentlich ein Geschenk ist. Es ist die Frucht unserer Arbeit und Kreativität, die im Herbst voller Lebensfreude gefeiert wird. Wenn Jung und Alt Obst und Gemüse und ihre ganz eigenen Früchte des Jahres in großer Fülle in die Kirchen tragen, dann verdichtet sich in dieser Symbolik das große dankbare Staunen über die unendliche Großzügigkeit, die wir Jahr für Jahr in der Schöpfung erleben. Glücklich wird, wer immer wieder dieses einfache Wort »danke« in einer fantasievollen Vielfalt ausdrücken kann. Die Einmaligkeit eines jeden Tages wird durch die Dankbarkeit gefeiert. Wir verdanken unser Leben all den Beziehungen, all den Menschen, die an unser Wachstum und Reifen glauben. Wir verdanken jede Sekunde unserer Existenz dem Urgrund allen Lebens, Gott selber. Diese tiefe Dankbarkeit konkretisiert sich für mich, wenn ich mir ab und zu bewusst werde, wie viel ich all den Menschen verdanke, die im Hintergrund ihre Arbeit tun, damit ich gut leben kann. Ich habe das Glück, dass ich für mein Schreiben viel Anerkennung und viele Dankesbriefe erhalte. Dieser Dank gehört nie mir allein, und mein Glück verstärkt sich, wenn ich durch eine einfache Postkarte mit wenigen Worten diesen Dank weitergebe an alle, die zum Gelingen beigetragen haben.

7. Oktober

ANSELM GRÜN

Reifen lassen

»Nur der Geduldige erntet, was reif ist«, so lautet ein afrikanisches Sprichwort. Was es besagt, gilt auch bei uns: Reifen braucht seine Zeit. Es gibt Früchte, die sehr langsam reifen. Das Korn braucht neun Monate, um heranzureifen. Der Mensch ist nur neun Monate im Mutterschoß, aber er braucht sein ganzes Leben lang, um reif zu werden. Ganz reif wird die Frucht des Menschen erst durch seinen Tod.

Das deutsche Wort »Geduld« kommt von »dulden = tragen, ertragen, auf sich nehmen«. Mit dulden verbinden wir, dass jemand etwas Schweres auf sich nimmt, dass er Leid trägt. ... Was ist das Schwere, das der Geduldige trägt? Es ist kein Leid. Es ist nur die Zeit. Es ist die Zeit, in der er nichts tun kann als warten. Und das ist offensichtlich für viele Menschen das Allerschwerste. Sie meinen, jeden Augenblick im Griff zu haben, alles selber machen zu können. Geduldig sein heißt, einfach da sein, warten, bis etwas reif ist. Nur wer das Nichtstunkönnen, das Nichtssehen, das Ausgeliefertsein an die Prozesse des Wachsens und Reifens aushält, wird ernten können, was reif ist. Es liegt wohl in der Natur des Menschen, dass er alles selber machen will. Im Warten trägt er schwer an seiner Ohnmacht, dass das Wachsen und Reifen nicht ihm gehorcht, sondern einem anderen, dem inneren Prozess oder Gott, der das Wachsen und Reifen bewirkt.

8. Oktober

MARGOT KÄSSMANN

Baum

Als ich mit meiner Mutter zu ihrem fünfundsiebzigsten Geburtstag in die Heimat nach Hinterpommern fuhr, berührte mich, wie sie die Bäume ihrer Kindheit eher wiedererkannte als alles andere. Das war ihr wichtig: Diese Bäume hatten Krieg und Vertreibung der Menschen überstanden und grüßten sie von früher her.

Ob wir Bäume so lieben, weil sie Wurzeln haben und uns Wurzeln geben? Warum umarmt ein Mensch einen Baum? Weil er Verlässlichkeit zeigt über Jahrzehnte und Jahrhunderte hinweg? Martin Luther wird nachgesagt: Er habe noch heute ein Apfelbäumchen pflanzen wollen, wenn er gewusst hätte, morgen sterben zu müssen. Das ist ein wunderbarer Gedanke.

Vielleicht ist es dieses Überdauern, das uns so fasziniert: Bäume leuchten uns nicht nur aus der Kindheit, sondern erzählen auch von den Generationen vor uns, die sie gepflanzt haben, hier in ihrem Schatten saßen, dort eine Liebe in die Rinde ritzten. Viele Bäume, die wir kennen und die uns kennen, werden noch stehen, wenn wir gestorben sind. Und die Bäume, die wir pflanzen, werden unsere Lebenszeit in der Regel überdauern. So sind sie Botschafter über Generationengrenzen hinweg. Symbole von Standhaftigkeit auch. Und manchmal möchten wir sie am liebsten umarmen.

9. Oktober

ANSELM GRÜN

Hineinwachsen

Als der alte Karl Rahner bei der Feier seines 80. Geburtstags in seiner Heimatstadt Freiburg nach all den Ehrungen seine Dankesrede hielt, zitierte er den dänischen Religionsphilosophen Sören Kierkegaard: »Sehnsüchtig grüßt der, der ich bin, den, der ich sein könnte.« Es klang Wehmut mit in diesem Wort des großen Theologen, auch Bescheidung. Und es hat die Zuhörer auch beeindruckt: Wer mit achtzig Jahren und nach einem rastlosen Leben, das eine ungewöhnlich reiche Ernte getragen hatte, eingestehen kann, dass er immer noch nicht der ist, der er sein möchte, der beweist innere Größe. ...

Man kann den Satz Kierkegaards resignierend aussprechen. Dann wäre die Sehnsucht freilich in Gefahr, zum Selbstmitleid zu verkommen. Wir würden im Selbstmitleid darüber ertrinken, dass wir es nie schaffen, so zu sein, wie wir eigentlich möchten. Solche Sehnsucht würde uns nicht weiterbringen. Sie wäre wie eine Flucht, unsere eigene Wahrheit genauer anzuschauen. Man kann die Worte des dänischen Gottsuchers aber auch anders verstehen. Indem ich mich danach sehne, der zu sein, der ich sein könnte, strecke ich mich nach dieser innerlich erblickten Gestalt aus. Wenn Sehnen von der Sehne kommt, die sich ausstreckt und anspannt, dann eröffnet sich hier eine neue Sicht: Die Sehnsucht lehrt mich dann das innere Wachsen, damit ich mehr und mehr in das Bild hineinwachse, das ich von mir entworfen habe. Allerdings muss ich mein Bild von mir immer wieder daraufhin überprüfen, ob es meinem Wesen entspricht, oder ob es eine Illusion ist, mit der ich der eigenen Wirklichkeit entfliehen möchte.

10. Oktober

ANDREA SCHWARZ

**die predigt
des olivenbaumes**

zerzaust vom leben
leicht verwachsen
knorrig der stamm
und trotzig seine zweige

und doch
ist schatten in der sonnenglut
wächst in der blüte
auch die frucht heran

ist das starke
schutz des zarten
und das zarte kann nur leben
weil die stärke schützt

dem himmel kann
nur der entgegenwachsen
der auch erdig   der weiß
wurzeln hat   woraus er lebt
                          und wohin
                          er leben will

                          heiligkeit heißt nicht
                          heilig zu sein
                          sondern das zu leben
                          was mein leben ist

11. Oktober

NOTKER WOLF

Zeichen von Reife

Herzensruhe – das Ideal eines erfüllten Lebens, einer erfüllten Zeit – ist inmitten der Beanspruchungen unseres Lebens möglich: und zwar durch inneren Abstand zu den Dingen. Dieser Abstand ist es, der uns Freiheit schenkt, weil er die wirklichen Werte erkennen lässt. Was solche wirklichen Werte sind, das hat mir einmal eine ältere Frau gezeigt, die zu mir am Grab ihres Mannes gesagt hat: »Weißt du, im Grunde ist alles nur geliehen, all die materiellen Güter, ja unser Leben selbst.« Eine solche Haltung ist ein Zeichen von Reife. Es gibt keine Methode, das einzuüben, es sei denn, jemand hält immer wieder inne und überlegt, was die Dinge eigentlich wert sind, unser Besitz, unsere Titel, was ich selbst wert bin, mir und andern. Reife ist nicht machbar, sondern das Ergebnis eines Lebensprozesses.

Die eigentliche Dimension, die mein oder unser ganzes Leben bestimmt, ergibt sich daraus: zu wissen, dass all dies, was auf der Erde geschieht, keinen absoluten Wert hat. Das relativiert alles. Und schenkt doch die größte Freiheit. Denn ich weiß: Wenn ich einmal vor Gott hintreten werde, werde ich gar nichts haben. Und da wird er wahrscheinlich zu mir sagen: »Weil du gar nichts hast, kann ich dir jetzt alles geben.«

12. Oktober

MARGOT KÄSSMANN

Flügge

Tausend Jahre sind vor dir wie ein Tag.
Und ja, die Jahre sind mir verflogen.
Alle meine Kinder sind erwachsen.
Sie gehen ihre eigenen Wege.
Ich die meinen.
Nur manchmal noch kreuzen sie sich.
Kostbare Momente sind das,
für die ich dankbar bin.

Damals bei der Taufe habe ich sie dir anvertraut.
Sie sind getauft auf deinen Namen.
So vertraue ich sie dir auch heute an
auf den Wegen, auf denen ich sie nur aus der Ferne begleiten
kann.
Mach du dein Taufversprechen an ihnen wahr:
»Ich habe dich bei deinem Namen gerufen, du bist mein.«

13. Oktober

ANSELM GRÜN

Die Kunst des Älterwerdens

Wer vom Älterwerden redet, spricht nicht nur von nachlassenden Kräften, Verfall und Schwäche, im Gegenteil: Bis ins hohe Alter gibt es Chancen und positive Möglichkeiten des Wachsens, des Reifens und der Vollendung.

Der bekannte Altersforscher Paul Baltes erzählte gern eine Anekdote über Arthur Rubinstein. Der 80-Jährige wurde demnach einmal gefragt, wie er denn in seinem hohen Alter immer noch ein so begnadet guter Konzerpianist sein könne. Der Künstler spricht in seiner Antwort von drei Prinzipien, die es ihm immer noch erlaubten, so gut Klavier zu spielen: auswählen, optimieren, ausgleichen. Er habe durch eine Auswahl ihm wichtiger Stücke sein Repertoire verkleinert – also eine Wahl getroffen. Durch diese Selektion könne er diese Stücke auch mehr und intensiver üben als früher. Dadurch verbessere er sich technisch. Das ist also eine Optimierung. Und weil er die ausgewählten Stücke nicht mehr so schnell wie früher spielen konnte, wandte er einen Kunstgriff an: Vor besonders schnellen Passagen verlangsamte er sein Tempo; im Kontrast erschienen diese Passagen dann wieder ausreichend schnell. Das ist eine sehr wirksame Form der Kompensation und Teil einer positiven Strategie. Sie widerlegt das Vorurteil, Älterwerden sei nur unter dem Vorzeichen des Nachlassens und der Verminderung zu sehen. Sich auf wenige Ziele zu beschränken, diese aber sehr energisch zu verfolgen und dabei nach geeigneten inneren und äußeren Ressourcen der Kompensation zu suchen – das ist die Kunst des guten Älterwerdens.

14. Oktober

ANDREA SCHWARZ

der erde
vom himmel
erzählen

immer dann und dort
wo leben in fülle lebt
neigt es sich
der erde zu

die blüten der rispe
die zweige der brombeere
die äpfel am ast
das leben der menschen

befruchtet
vom himmel
sät sich das leben
in die erde

und keimt
und wächst
und lebt
und

      erzählt
      der erde
      himmlische
      geschichten

15. Oktober

PIERRE STUTZ

Zeit der Weinfeste

Im Herbst genieße ich es, an Weinfesten teilzunehmen, um auch meine Lebensfreude mit anderen zu teilen. Wenn ich anderen mit einem Glas Wein zusprechen kann, dass ich ihnen Wohlergehen wünsche, lächle ich dem Leben zu. Das hebräische Wort *schalom* umfasst die tiefe Zusage wie Gesundheit, Friede, Wohlergehen, Heilsein, Zufriedenheit. Unsere Gesundheit ist nämlich ein kostbares Gut, das wir manchmal viel zu wenig schätzen, weil es uns selbstverständlich erscheint. Unsere Zufriedenheit kann wachsen, wenn wir nicht nur im Herbst, sondern Tag für Tag danken für das Geschenk des Lebens. So wächst eine tiefe innere Kraft, die uns auch in Zeiten der Gebrechlichkeit und Krankheit nicht genommen werden kann.

Erntedank- und Weinfeste wollen unser Herz erfreuen. Das Genießen der Früchte der Erde soll uns stärken für dunklere und kältere Tage. So wie in der Kindergeschichte die Maus Frederick im Sommer Sonnenstrahlen für den Winter sammelt, so brauchen wir diese Feste der Begegnung, damit durch das gemeinsame Lachen, Singen, Austauschen und Tanzen unsere Lebenskraft wachsen kann, um sich mit mehr Rückgrat den lebensbedrohlichen Situationen zu stellen.

16. Oktober

ANSELM GRÜN

Geschmack der Liebe

Die Kraft des Weins wird von Poeten aller Zeiten gerühmt und von spirituellen Autoren immer auch mit der Liebe verbunden. Der Wein vertieft die Liebe. Liebende trinken ihn und erfahren so ein tiefes Miteinander. Jesus verwandelt bei der Hochzeit zu Kana Wasser in Wein. Für das Johannesevangelium ist das ein Bild für die Menschwerdung Gottes. Wenn Gott Mensch wird, feiert er mit den Menschen Hochzeit und verwandelt das schal gewordene Lebenswasser der Menschen in Wein. Das Leben bekommt so einen neuen Geschmack: den Geschmack der Liebe. Jesus hat seine Botschaft mit dem Bild des Weines verglichen. Es ist eine neue Botschaft. Sie braucht wie der neue Wein auch neue Schläuche. Sie kann nicht einfach in den alten Formen weitergelebt werden. Und Jesus gibt dem Wein eine neue Bedeutung, indem er beim letzten Abendmahl den Wein mit seinem Blut identifiziert, das er im Tod für uns vergießt. Das Blut ist Bild für die Liebe, mit der Jesus uns am Kreuz bis zur Vollendung liebt. So dürfen wir in der Eucharistie im Wein die menschgewordene Liebe Gottes trinken und uns davon durchdringen lassen. Dann können wir leibhaft erfahren, dass wir ganz und gar geliebt sind.

17. Oktober

ANDREA SCHWARZ

Gott kommt in mein Leben, er ist Gast bei mir, er geht mit mir – und er ist bei mir, mitten im Leben. Er kommt mir entgegen, er hat mir seine Freundschaft verbindlich erklärt, er ist dabei. Das, was ich ihm gebe, kann er wandeln, verwandeln. Aber – ich muss es ihm geben, so wenig es auch sein mag, so viel Mangel auch da sein mag. Ich muss loslassen, damit er tätig werden kann. Und es mag sein, dass er gerade dort »tätig« wird, wo ich an die Grenzen meines Lebens stoße, an denen mir der Wein ausgeht, ich nicht mehr weiter weiß.

Das alles ist schon unsagbar viel – und ich bin dankbar dafür. Aber, ganz ehrlich gesagt, ein Nebensatz aus dem Evangelium hat mich fast am meisten überzeugt:

Jeder setzt zuerst den guten Wein vor, und erst, wenn die Gäste zu viel getrunken haben, den weniger guten. Du jedoch hast den guten Wein bis jetzt zurückgehalten. So tat Jesus sein erstes Zeichen (Johannes 2,10–11a).

Er speist die Hochzeitsgesellschaft nicht mit einem billigen Tafelwein ab, sondern er setzt ihnen einen Wein vor, der Qualität hat. Das spricht für Gott: Er weiß um Qualität. Er hat Geschmack. Er weiß, was gut ist.

Einem Gott, der keinen Geschmack hat, würde ich mich nicht anvertrauen wollen. Und einem Gott, der nicht auch Geheimnis ist, eigentlich auch nicht …

18. Oktober

PIERRE STUTZ

Kraftvolle Gastfreundschaft

Beim Brotbacken bin ich glücklich.

Da begegne ich den verschiedenen Seiten unseres Lebens. Beim Zubereiten des Teiges braucht es meine Kraft, ich komme sogar ins Schwitzen. Danach geschieht nur etwas, wenn ich nichts tue und den Teig aufgehen lasse. Der Durchgang durch das Feuer ist notwendig, damit echte Nahrung für Leib und Seele entstehen kann. Das Olivenöl, das ich auf das gebackene Brot streiche, erzählt vom lustvollen Genießen.

Mein Glück vollendet sich, wenn die Gäste beim Essen meine Arbeit schätzen und Gemeinschaft entsteht.

19. Oktober

MARGOT KÄSSMANN

Ein Segen sein

Du bist ein Segen für jeden Menschen!
Das können wir spüren, erleben.
Wie leer wäre die Welt ohne dich.
Gesegnet sind wir durch dich.
Lass uns ein Segen sein
durch dich.

20. Oktober

ANSELM GRÜN

Entdecke die Farben der Seele

Betrachte an einem sonnigen Herbstabend das milde Licht, das die Sonne über die Landschaft wirft. Versuche, mit diesem milden Licht auch auf das eigene Leben zu schauen. Entdecke die Fülle des eigenen Herzens, die sich in der Buntheit dieser Jahreszeit widerspiegelt. Die Farben des Herbstes sind warme Farben. Das kommt sowohl vom sanften Licht der Sonne als auch von den milden Farben der Blätter.

Milde kommt von »mahlen« und hat mit »weich« zu tun. In unserem Leben können wir nur dann weise werden, wenn wir mit einem milden Blick auf uns selber schauen.

Wir kennen das positive Bild vom milden und weisen Alten – einem Menschen, der die Ernte seines Lebens dankbar genießt – und gerade als älterer Mensch für andere zu einem Genuss wird. Das Gegenteil ist die Härte sich selbst gegenüber. Wer mit sich hart umgeht, wird es auch mit anderen Menschen tun.

Und oft werden im Herbst ihres Lebens harte Menschen immer noch härter und schwieriger für ihre Umgebung.

Lerne von der Milde des herbstlichen Abendlichtes. Wachse in diese Milde hinein. Genieße die wunderbaren Herbstfarben, die das milde Sonnenlicht in der Landschaft aufleuchten lässt. Stelle dir vor, dass all diese wunderbaren Farben auch in deiner Seele sind. Dann kannst du die Ernte deines Lebens voller Dankbarkeit genießen.

21. Oktober

PIERRE STUTZ

Kommt, es steht alles bereit!

Wenn uns in Krisen- und Umbruchzeiten ein Durchbruch gelungen ist, wenn unsere Nacht einem neuem Morgen entgegengeht, dann ist die Zeit zum Feiern da. Im Lukasevangelium werden wir ermutigt, unser Leben immer wieder zu feiern; erst recht, wenn es bedroht und blockiert war. Im 13. Kapitel wird uns eine Frau vorgestellt, die ein Geldstück verloren hat. Sie sucht es überall und als sie es gefunden hat, lädt sie ihre Freundinnen zu einem Fest ein. Danach wird uns von einem Sohn erzählt, der sich verloren hat, sich selbst entfremdet war. Obwohl es ihm schwerfällt, stellt er sich der Wahrheit seines Lebens – und geht nach Hause. Sein Vater erwartet ihn ohne Vorwürfe – und es wird ein großes Fest gefeiert. Er sagt: »Mein Sohn war tot und nun ist er wieder lebendig geworden« (Lukas 13,24). Er erhält ein Festkleid und einen Ring. Tiefsinniger und beglückender kann nicht ausgedrückt werden, wie Gott sich uns durch unsere Festkultur zuwendet. Wenn wir unsere verlorene Hoffnung, unser abhanden gekommenes Vertrauen wiedergefunden haben, dann ist es heilsam, dieses Geschenk des Lebens mit anderen zu feiern. Die Kraft, die durch das Feiern wirksam wird, darf nicht unterschätzt werden. …

Lebensfeste erzählen von der Leichtigkeit des Seins, die auf die Schönheit des Schöpfers verweist. Sie lassen uns den lachenden Segen Gottes erfahren, der uns bestärkt zum Teilen unserer Hoffnungen und unserer Ängste. Sie erinnern uns an die Lebensworte Jesu: »Kommt, es steht alles bereit!« (Lukas 14,17).

22. Oktober

ANDREA SCHWARZ

Im Dunkeln wurzeln

wachsen
kann ich nur
wenn ich
verwurzelt bin

Frucht bringen
kann ich nur
wenn die Kraft
aus der Tiefe kommt

im Dunkeln
wurzeln

aus der Tiefe
Kraft holen

und

dem Himmel
entgegenwachsen

23. Oktober

PIERRE STUTZ

Dankbar sehen
was gelungen ist im Leben
anstatt fixiert zu sein
auf meine Mängel

Dankbar spüren
was tragend ist im Leben
anstatt gefangen zu bleiben
in negativen Gedanken

Dankbar erahnen
was Sinn stiftet im Leben
anstatt mich jammernd
im Kreise drehen

24. Oktober

ANSELM GRÜN

Alles, was abfällt, ist gut

Beobachte das Fallen der Blätter und meditiere es. Schaue dem Blatt nach, wie es sich langsam vom Baum löst und dann auf die Erde fällt. Und nimm dieses Bild als Bild für dich selbst. Welche Blätter sind schon vom Baum deines Lebens gefallen? Was möchte jetzt von dir abfallen? Dann betrachte, wie das Blatt auf die Erde fällt. Es fällt sanft, und es schmückt die Erde und wird sie düngen. Alles, was von dir abfällt, ist gut und wird auch nach dem Fallen gut sein für andere und für dich selbst und dein eigenes inneres Wachsen. Und dann betrachte die Erde, die alles auffängt. Vielleicht kannst du dir die Verse von Rilkes berühmten Herbstgedicht vorsagen:

»Und doch ist Einer, welcher dieses Fallen
Unendlich sanft in seinen Händen hält.«

Die Blätter, die von dir fallen, werden von Gottes sanften Händen aufgefangen. Die Erde ist ein Bild für den mütterlichen Gott, der auch dich auffängt und unendlich sanft in seinen Händen hält, jetzt schon, in jedem Augenblick deines Lebens und dann am Ende, wenn dein Leben selbst wie ein buntes Blatt für immer in Gottes Hände fällt.

25. Oktober

PIERRE STUTZ

Beim Essen

Wir leben in einer hochsüchtigen Gesellschaft – in der wir immer mehr haben und paradoxerweise immer weniger genießen: weil wir alles haben möchten und zwar immer schneller. Hastiges und beiläufiges Essen ist ein Symptom dafür.

Atempausen beim Essen nähren auch unsere Beziehungskraft, sodass wir wieder wahrnehmen, worauf es wirklich ankommt. Im langsamen Essen und Trinken, im aufmerksamen Zuhören können wir uns an Leib und Seele erholen. Darum ermutigen wir einander, beim Essen nicht dauernd über andere oder über unsere Arbeit zu reden, sondern über solche Erfahrungen, die unsere Hoffnung und unser Vertrauen in das Leben nähren. Das bedeutet nicht, eventuelle Konflikte zu verdrängen, aber sie beim Essen zu lassen, um sie allenfalls danach gestärkt und mit mehr Distanz zur Sprache bringen zu können. So ordnen wir unser Zusammensein, ohne uns in ein zwanghaftes Verhalten zu versteifen. Genießenkönnen beim Essen und Trinken ist ein Ausdruck der Dankbarkeit für die Gaben der Schöpfung und eine echte Anerkennung für alle, die die Mahlzeit zubereitet haben.

26. Oktober

ANSELM GRÜN

Verbundenheit und Wohlwollen

Dass Gott es gut meint mit dem Menschen und ihm daher den Wein schenkt, »der das Herz des Menschen erfreut«, wie es Psalm 104 ausdrückt, ist biblische Aussage. Die Propheten verheißen dem Volk, das in Gefangenschaft sitzt, dass Gott es befreit. Er wird auf seinem heiligen Berg ein Festmahl halten »mit den feinsten Speisen, ein Gelage mit erlesenen Weinen« (Jes 25,6). Das Heil, das Gott dem Menschen bereitet, wird also im Trinken von kostbaren Weinen erfahren. Wein, das Geschenk Gottes an den Menschen, trägt in sich die Kraft, aber auch den Geschmack der Erde, auf der er wächst. In jeder Gegend hat der Wein einen anderen Geschmack und spiegelt etwas vom Wesen der jeweiligen Landschaft wider. Im Wein dürfen wir Gottes Güte schmecken. So wie ich in der Musik das Unhörbare erahnen kann, so kann ich auch im Wein Gottes süßen Geschmack schmecken. In diesem Sinn sprechen die Mystikerinnen des Mittelalters von der Süßigkeit Gottes, von der *dulcedo dei,* die uns Gott im Wein genießen lässt. Dieses Genießen geschieht besonders in der Eucharistie.

Genießen geschieht aber auch im gemeinsamen Weintrinken, ohne Hast: Man stößt an und sagt zueinander: »Prosit«. Das ist ein Wunsch und heißt: Es sei dir zum Segen. Es sei dir zum Wohl. …

So kann er uns miteinander verbinden.

27. Oktober

ANDREA SCHWARZ

Ermutigung

heimatlos
bewegt
aufgewühlt
umgetrieben
sehnsüchtig

sich beschenken lassen von
der Distel am Wegrand
dem Lachen des Kindes
dem Schrei des Falken
dem Rot der Hagebutten

einen Moment lang
Heimat finden

im Sein

28. Oktober

ANSELM GRÜN

Immer mehr durchlässig werden für den Glanz unserer Seele

Das Ziel unseres Wachsens und Reifens ist, dass wir immer mehr in das ursprüngliche und unverfälschte Bild hineingelangen, das Gott sich von jedem von uns gemacht hat. Sich zu wandeln und sich immer mehr selbst zu entdecken, immer mehr so zu leben, dass das Eigentliche durchbrechen kann durch das Uneigentliche, das Echte durch den Schein und so zu innerer Lebendigkeit und Echtheit zu kommen – das ist gemeint, wenn ich von diesem ursprünglichen Bild spreche. Dieses Bild ist oft genug verdunkelt durch die Erwartungen, die die Eltern oder die Lehrer und Erzieher an uns hatten, oder aber durch die Bilder, die wir uns selbst gemacht haben, durch die Bilder unseres Ehrgeizes, unserer Größenfantasien oder aber durch die Bilder unserer Selbstentwertung. Diese uns von außen übergestülpten Bilder sollen wir auf unserem Lebensweg immer mehr loslassen, damit das ursprüngliche Bild in uns klarer zum Vorschein kommt.

Es ist ganz normal, dass dieses ursprüngliche Bild sich im Lauf des Lebens mit anderen Bildern mischt. Aber unsere Aufgabe ist es, immer genauer hinzuschauen, was wirklich für uns stimmig ist, wo wir nur Erwartungen anderer erfüllen und wo wir dem gerecht werden, was Gott eigentlich von uns will. Unser wahres Wesen soll im Lauf unseres Lebens immer klarer aufscheinen. Wenn die äußeren Rollen und Masken wegfallen, kann der ursprüngliche Glanz unserer Seele aufstrahlen. Je älter wir werden, desto durchlässiger sollen wir werden für diesen wahren Glanz unserer Seele.

29. Oktober

PIERRE STUTZ

Dankbar mich verneigen

Dankbar mich verneigen
voll Staunen voll tiefer Liebe zur Schöpfung

Dankbar mich verneigen
weil du Anfang und Ende bist
Zuwendung im Ringen nach Sinn

Dankbar mich verneigen
voll Erinnerung an all das Gute
das du bewirkst

30. Oktober

ANSELM GRÜN

Reiche Seelenbilder

Gehe an einem schönen Oktobertag spazieren und achte genau auf den Geruch, der in der Luft liegt. Der Oktobergeruch hat eine besondere Qualität. Achte auf die Farben der Bäume. Bleibe immer wieder stehen und bewundere die bunten Blätter, wie sie im Wind wehen und wie sie immer wieder auch nach unten fallen. Und achte auf die Stimmung der Landschaft, auf das milde Licht der Oktobersonne, auf die Stille, die die abgeernteten Felder verbreiten. Und dann präge dir diese Bilder ein und komme dadurch in Berührung mit den Bildern deiner Seele. In deiner Seele sind all diese Bilder schon vorhanden. Durch die Natur entdeckst du sie. So entfaltest du den inneren Reichtum Deiner Seele.

Lasse dir Zeit, die Bilder in dich einzubilden.

Und dann spüre in dich hinein:

Was fühlst du?

Welche Sehnsüchte steigen in dir auf?

Wie ist das innere Gestimmtsein deiner Seele?

31. Oktober

PIERRE STUTZ

Herbst erleben
im alltäglichen Aussprechen von Dank
für all die wohltuenden Dienstleistungen
mitgestalten an einer farbigeren Welt

Herbst erfahren
die Intensität des Lebens angesichts des
Sterbens
die zur Wertschätzung des Lebens führt
und zum Genießen des Augenblicks

Herbst vertiefen
in vielfältigen Lebensfarben
hineinwachsen in das Urvertrauen
das ein Ja zur Endlichkeit reifen lässt

Herbst verwirklichen
Brot und Wein in die Mitte stellen
zusammen mit vielen anderen Früchten
die erzählen vom göttlichen Segen für alle

November

Trost
erfahren

1. November

ANSELM GRÜN

November – Zeit von Dunkelheit und Licht

Novembererfahrungen – dazu gehört für mich der Geruch von Laub, das im immer dichter werdenden Nebel verwelkt. Dazu gehört der Novemberregen, der nicht aufhören will. Aber da sind auch immer sonnige Tage, in denen die noch hängengebliebenen Blätter an den Bäumen nochmals aufleuchten. …

Viele haben mit der Tristesse des Novembers ihre Schwierigkeiten. Es ist für sie der Totenmonat. Die Natur stirbt ab, die Bäume haben ihr buntes Laub abgeworfen. Und wenn es draußen merklich früher dunkel wird, legt sich auch eine depressive Stimmung auf die Seele mancher Menschen. …

Es gibt auch jetzt noch sonnige Tage, an denen die noch hängengebliebenen Blätter wunderbar leuchten. Die Tage haben jetzt ein eigenes Licht. In uns ist etwas, was dem Schicksal trotzt. Licht, das in die Dunkelheit leuchtet – das ist auch das innere Motiv dieses Monats. Wenn am Fest des heiligen Martin die Kinder die Nacht mit ihren Laternen erleuchten, dann kann uns das sagen: Es geht darum, auch in diesen Wochen das innere Licht nicht zu vergessen.

2. November

ANDREA SCHWARZ

Misty Cliffs

es gibt
eine welt
hinter der welt

du musst nur
durch
die nebel hindurch

die zweifel
die angst
das festhalten

dein fragen
dein sorgen
deine wichtigkeiten

der weg
in die andere welt
geht immer durch die nebel hindurch

und erst dann   übrigens:
wirst du erkennen
was wirklich zählt   das passwort
                                 für den fährmann
                                 heißt:

                                 liebe

3. November

ANDREA SCHWARZ

Ehrlich gesagt – ich mag den November. Ich weiß, dass ich mit dieser Meinung ziemlich alleine stehe, für die meisten Mitmenschen ist dieser Monat nur grau und trist und traurig. Und wer es sich zeitlich und finanziell leisten kann, entflieht der Nebelküche und tankt irgendwo im Süden ein paar Sonnenstrahlen. Aber ich brauche diese Tage, an denen es manchmal so gar nicht richtig hell werden mag, diese Tage mit dem Schmuddelwetter, an denen einen schon der Blick aus dem Fenster leicht melancholisch werden lässt. Es ist die Zeit, in der die Vorfreude auf die Tage des Advents in mir zu wachsen beginnt, in der die Sehnsucht nach Licht und Wärme in mir neu lebendig wird – und es ist die Zeit, in der ruhig auch einmal ein wenig Traurigkeit in mir sein darf, diese Traurigkeit des zu Ende gehenden Herbstes. Es ist so eine Art »Pufferzeit« zwischen den letzten goldenen Herbsttagen und der Kaffeestunde am Adventskranz mit der ersten brennenden Kerze. Der November ist die Zeit des Übergangs, nicht mehr so richtig Herbst, aber auch noch kein Winter. Es ist das »Dazwischen« von Tod und Abschied einerseits und von Erwartung und Neubeginn andererseits.

4. November

MARGOT KÄSSMANN

Wüstenzeiten

Wir machen Wüstenerfahrungen, kennen Zeiten, in denen wir durch die Tiefen im Leben gehen, Zeiten, in denen wir die Ziele in unserem Leben aus den Augen verlieren. Leidenszeiten, Passionszeiten als Erfahrungen von Lebenswüste – auch das kennt wohl jeder Mensch. Wüstenerfahrungen können auch Zeiten sein, in denen der Glaube schwindet, die Lebenslust, Zeiten, in denen Verzweiflung an die Oberfläche kommt, Angst uns beherrscht. In solchen Wüstenzeiten zischeln sozusagen die Schlangen. Da erfahren wir, was Versuchung ist, da will das Zerstörerische Oberhand gewinnen. Wir sollten solche Wüstenzeiten nicht einfach ignorieren. Gott bietet uns dabei Orientierung an, eine Lebenszusage, die zulässt, dass wir von den Wüstenwanderungen reden, von den Ängsten auch vor Schlangen und von den Hoffnungen unseres Lebens.

5. November

ANSELM GRÜN

Licht, das verwandelt

Setze dich an einem grauen, verregneten Novembertag in deiner Wohnung ans Fenster. Lasse die Stimmung, die du in der Natur wahrnimmst, in dich eindringen und spüre nach, ob in deinem Herzen traurige und niederdrückende Gefühle auftauchen. Und dann stelle dir vor, wie in deinem Herzen das Licht Jesu Christi all diese dunklen Gefühle durchdringt und erhellt. Stelle dir vor, dass dieses Licht durch den ganzen Leib strömt, vom Kopf nach unten durch den Hals, durch den Brustraum, den Bauchraum, die Beine bis zu den Zehenspitzen und durch die Arme bis zu den Fingerspitzen. Und vertraue darauf, dass das Licht im Herzen nie erlischt. Gerade in der dunklen Zeit brauchen wir die Erfahrung des inneren Lichtes. Wenn es dir hilft, kannst du auch eine Kerze vor dich hinstellen und wahrnehmen, wie das milde Licht der Kerze in die eigene Dunkelheit dringt und sie verwandelt.

6. November

ANDREA SCHWARZ

O Gott es war so viel

ich bin müde geworden
ich mag nicht mehr
und ich kann nicht mehr

ich will heim
will zu dir
will nichts mehr sehen
nichts mehr hören

für ein paar Tage nur ausschlafen
an nichts denken müssen
Zeit haben und sie verschwenden können
weit weg sein und für niemanden erreichbar

nur für dich

endlich wieder
für
dich

ich komme
ich lasse alles zurück
ich komme
zu dir

nimm mich einfach
in den Arm
und lass mich sein
bei dir

7. November

ANSELM GRÜN

Segen bei Müdigkeit

Du bist müde geworden in deinem Beruf. Du hast dich so sehr eingesetzt für deine Firma. Aber die Enttäuschung ist groß, dass dein Bemühen nichts genutzt hat. Du bist müde geworden in deiner Ehe. Du hast dafür gekämpft, dass ihr euch immer besser versteht. Aber dein Kampf war umsonst. Und du bist müde, weil du dich für deine Gemeinde eingesetzt hast. Aber sie hat es dir nicht gedankt. Der Segen Gottes möge dich davor bewahren, dass du in deiner Müdigkeit versinkst. Der Segen Gottes verwandle deine Müdigkeit. Lege dich einmal mit all deiner Müdigkeit aufs Bett und stell dir vor, dass du in Gottes guten und liebenden Händen liegst. Du kannst dich in diese Liebe fallen lassen. Seine Hände tragen dich. Und stelle dir vor: Du musst jetzt gar nichts tun, du brauchst nicht zu kämpfen, keiner erwartet, dass du dich jetzt für irgendetwas einsetzt. Genieße es, in Gottes guten Händen zu ruhen. Dann stelle dir vor, dass Gottes Segen dich umgibt. Du bist gesegnet. Du hast dich für andere eingesetzt. Gottes Segen möge deinen Einsatz lohnen. Auch wenn du jetzt nicht spürst, dass du mit deinem Engagement Erfolg hast. Vertraue darauf, dass Gottes Segen über allem steht, was du versucht hast und dass Gott deine Müdigkeit in neue Lebendigkeit verwandeln kann, aber auch in neues Vertrauen, dass Gott das Werk deiner Hände segnet und dass von allem, was du tust und worum du dich mühst, Segen ausgeht für dich selbst und für die Menschen in deiner Umgebung. Amen.

8. November

ANDREA SCHWARZ

Dankbar

am neuen Morgen
ziehenden Wolken nachschauen
und dem Flug der Stare
die Kirchturmuhr schlagen hören
und Türeklappern im Haus
den Hagebuttenzweig
zart berühren
und dem wilden Wein
Guten Morgen sagen
die Wärme des Holzes spüren
und die Sanftheit des Wassers

und ich spüre
staune
bin

und
traue deiner Treue
wenn mich
Dunkelheit umfängt

9. November

NOTKER WOLF

Befriedet aus dem Leben scheiden

Er hatte es gewusst. Er war fast 86, als er starb. Als er die letzte Ölung erhalten hatte, sagte er: »So, jetzt habe ich es geschafft.« In Augenblicken, wo man eine wichtige Arbeit endlich gut zu Ende gebracht hat, würde man das vielleicht auch so sagen. Welche Gnade, seines Lebens satt zu sein und in aller Ruhe sagen zu können: »Adieu.« Mit dieser Heiterkeit aus dem Leben zu gehen war das schönste Geschenk, das mein Vater mir hinterlassen hat. Er war innerlich so gestimmt. Er hat Ja gesagt – und im Wortsinn »das Zeitliche gesegnet«.

Das Zeitliche segnen heißt: befriedet aus dem Leben zu scheiden. Wenn ich zu meiner Sterblichkeit und zu meinem Sterben Ja sagen kann, gebe ich nochmals einen Segen über meine ganze Zeit und bin befriedet mit meinem Leben, ich gehe gelassen mit meiner Endlichkeit um. Ausgesöhnt.

Was das Verhältnis zum Tod angeht: Es ist etwas anderes, ob man sagt: »Es ist Schluss und das war's.« Oder ob mein Leben nicht definitiv vorbei ist – nicht weggefegt wird wie Schutt. Es ist etwas anderes, ob man Ende absolut und definitiv sieht oder ob man den Glauben hat, dass die eigene Endlichkeit in die Unendlichkeit Gottes aufgehoben wird. Hoffnung heißt: Es ist zwar Schluss, aber nicht das Ende. Mein Leben liegt in Gottes Hand. Und weil das Leben in seine und nicht in meine Hand gelegt ist, kann ich gelassen bleiben.

10. November

ANSELM GRÜN

Verwandelt in Dankbarkeit

Je schöner und voller die Erinnerung, desto schwerer ist die Trennung. Aber die Dankbarkeit verwandelt die Erinnerung in eine stille Freude.
(Dietrich Bonhoeffer)

Der evangelische Theologe und Widerstandskämpfer, der 1945 in Flossenbürg hingerichtet wurde, spricht hier von der Verwandlung der Trauer. Je schöner die Erinnerung an den Verstorbenen ist, desto schwerer fällt uns die Trennung. Nach dem Tod erinnern wir uns an alles, was wir mit dem Verstorbenen erlebt haben. Es ist eine schmerzliche Erinnerung, die uns immer wieder vor Augen hält, dass der Verstorbene nicht mehr da ist. Wir können uns nur an ihn erinnern. Aber zugleich drückt Bonhoeffer seine Hoffnung aus, dass die Dankbarkeit für den Verstorbenen unsere Erinnerung an ihn in eine stille Freude verwandelt. Trauer ist nicht nur Schmerz, sondern mitten in der Trauer gibt es auch eine stille Freude, die die Dankbarkeit in uns hervorruft.

11. November

ANDREA SCHWARZ

**lieben
gegen den tod**

von uns
gegangen

schmerzhaft
erlebt

erschrocken
innehalten

fragen entlarven
die antwort

das ende
zwingt zur suche

aus tod
wächst leben

geschenk derer
die gehen

uns
an das leben

zu
erinnern

12. November

PIERRE STUTZ

Hoffnungslichter

Menschen stehen mit Schirmen an den Gräbern. Sie schützen sich nicht nur vor dem Regen, sondern ich sehe darin auch ein Sinnbild für den Schutzraum, den Trauernde brauchen. Der regelmäßige Weg zum Grab kann so zu einem inneren Weg werden, in dem die gemeinsamen Erfahrungen vertieft, verarbeitet und mit der Zeit in Frieden losgelassen werden können. Der Allerseelen-Tag oder andere Totengedenktage verdichten unser Bedürfnis nach Trauer- und Klageräumen, die wir ein Leben lang brauchen. Gräber können uns helfen, das Sterben in unserm Leben zu integrieren. Gräber sind wie Geburtsorte von Menschen, sie lassen uns erahnen und vertrauen, dass wir im Sterben in Gottes Geborgenheit hineingeboren werden. Sie erzählen vom Durchgang durch das Dunkel, den Schmerz, den Tod, um zum Licht zu gelangen.

In einem kleinen Dorf in der Nähe von Salzburg, in Faistenau, habe ich entdeckt, dass jeden Samstagabend auf allen Gräbern eine Kerze angezündet wird. Das Bild dieser Hoffnungslichter lebt tief in meiner Seele weiter. Eine dunkle Winternacht wird erhellt durch die Lichter, die Menschen auf den Gräbern anzünden. Sie erzählen von der tröstenden Wirklichkeit, dass die Dunkelheit der Gräber nur Schatten sind des ewigen Lichtes. Sie erzählen von der kraftvollen Wirklichkeit, dass die dunklen Stunden der Trauer erhellt werden, wenn wir im Pflegen der Gräber unserer Seele Raum und Zeit zur heilenden Trauer schenken.

Hoffnungslichter verbinden Menschen aller Kulturen. Sie erzählen von der verbindenden Sehnsucht nach ewigem Licht.

13. November

MARGOT KÄSSMANN

Leben mit Doppelpunkt

Ein alter Mann, den ich sehr gern hatte, hat mir einmal gesagt: »Wenn das Leben hier auf der Erde kein Ende hätte, das wäre doch scheußlich!« Darüber habe ich viel nachgedacht. Wenn alle Menschen immer weiterleben würden, das wäre auch eine merkwürdige Vorstellung. Der Tod ist oft unendlich traurig. Wir müssen dann Abschied nehmen. Aber der Tod ist ein Teil des Lebens. Wir werden geboren, wachsen heran, werden erwachsen, dann alt und sterben. Manche sterben früher, manche später. Aber das ist gar nicht so entscheidend. Gott schenkt dir und mir ein Stück Lebenszeit. Und Gott wünscht sich, dass wir diese Zeit so gut es geht ausfüllen. Ein »Leben in Fülle« soll es sein, hat Jesus einmal gesagt. Dann endet unser Leben hier. Aber nicht als Endpunkt. Ich stelle mir den Tod eher als Doppelpunkt vor: Da kommt etwas Neues. Er ist kein Ende, sondern ein Übergang. Ich bin überzeugt, das Leben geht bei Gott weiter. Und die Menschen, die wir lieb haben, behalten wir im Herzen.

14. November

PIERRE STUTZ

Mein Credo

In Momenten des Verletztseins
in denen ich die Welt nicht mehr verstehe
und mich innerlich verhärte
da folge ich der Spur meines Atems
um darin das Geheimnis
des Lebens und Glaubens zu entdecken:
Christus der jeden Menschen bewohnt
damit wir uns alltäglich
zum Guten wandeln

In Momenten des Aufschreis
über all die Ungerechtigkeiten
die Menschen einander zufügen
erinnere ich mich an die große
jahrhundertelange Weggefährtenschaft
von Frauen und Männern
die hoffen in aller Hoffnungslosigkeit
bewegt von Gottes Geist in uns

In Momenten der Sprachlosigkeit
über die Ausbeutung und Zerstörung der Schöpfung
spüre ich Mutter Erde unter mir
mit meinen beiden Füßen
Bild jenes wohlwollenden Gottes der mich trägt
und sein Ja zum Menschen nie mehr zurücknimmt

Darum glaube ich an Christus
der in uns jeden Tag neu geboren wird
und uns Menschen zur Solidarität verwandelt

15. November

ANSELM GRÜN

Hoffnung und Licht

Der Tod ist nicht die Grenze unserer Hoffnung. Er ist nicht die Mauer, an der unsere Sehnsucht abprallt. Im Gegenteil: Die zentrale Botschaft meines Glaubens heißt: Es gibt keinen Tod, in dem nicht schon der Anfang neuen Lebens ist. Es gibt kein Kreuz, dem nicht die Auferstehung folgt. Es gibt keine Dunkelheit, in der nicht schon das Licht von Ostern aufleuchtet, kein Leid, in dem wir allein gelassen sind. Die Botschaft von Tod und Auferstehung ist aber auch der Appell, unsere große Sehnsucht nach dem Leben produktiv zu machen: aufzustehen gegen alle Hindernisse, die das Leben behindern, gegen ungerechte Strukturen, gegen die vielen Kreuze, die heute täglich aufgerichtet werden. Tod und Auferstehung Jesu machen uns empfänglich für die Leidensgeschichten unserer Zeit, stärken unsere Sehnsucht nach dem Ende dieses Leidens. Aber zugleich befreien sie uns von Bitterkeit und Resignation. Sie sind das Hoffnungszeichen schlechthin. Nach C. G. Jung hängt das Gelingen unseres Lebens davon ab, wie wir mit dem Leid umgehen. Nicht masochistisches Kreisen um das Leid, sondern Durchgang durch das Leid führt zum Leben. Leben ist die zentrale Botschaft Jesu. Sie lädt uns ein, dem Leben zu dienen, dem Leben des Einzelnen, dem Leben der Gemeinschaft und dem der Schöpfung. Überall dort, wo diese Sehnsucht nach Leben aufblüht, erscheint auch das Leben, von dem das Johannesevangelium spricht.

16. November

PIERRE STUTZ

Durst nach Lebendigkeit

In einer Straßenbahn in Hannover bemerke ich eine Frau, die mit einer großen, leeren Gießkanne unterwegs ist. Ein unscheinbares Bild mitten im Alltag lässt mich nicht mehr los. Ich bringe es in Verbindung mit unserem großen Durst nach Lebendigkeit, nach Gerechtigkeit und Versöhnung. Es sind jene zentralen Lebenswerte, die wir weder kaufen noch machen können. Sie werden uns geschenkt, wenn wir ehrlich mit uns selber sind, wenn wir leer werden, wenn wir wie ein offenes Gefäß unterwegs sind, um immer wieder neu erfüllt zu werden von der unendlichen Liebe Gottes. …

Das Bild der Gießkanne begleitet mich auf diesem Gerechtigkeitsweg. Es stiftet mich an, mit anderen den Durst und Hunger nach der Liebe Gottes wachzuhalten und im Alltag immer neu zu buchstabieren, nach jener Liebe, die uns über den Tod hinaus verbindet mit allen Menschen, die im Sterben Heimat gefunden haben in Christus. Diese Hoffnung lebt auch durch die Frau mit der leeren Gießkanne, die beim Friedhof aussteigt. …

17. November

NOTKER WOLF

Vertrauen in den Vater

Das Wissen, in der Hand Gottes zu sein, gibt mir eine Grundgelassenheit, die für mein Leben entscheidend ist. Das ist eine Freiheit, die aus dem Glauben kommt. Wenn ich ins Auto einsteige oder in den Flieger, schlage ich das Kreuzzeichen. Egal was mir dann passiert, mir ist nicht bang. Was immer kommt, alles hat seine Zeit. Alles ist – letzten Endes – geborgen in Gott. Dafür bin ich dankbar. Ich sage nie, Gott habe das alles so vorgesehen. Determinismus gehört nicht zu meinem Glauben. Nein, das meine ich nicht, im Gegenteil. Wenn ich es vergleichen soll: Es ist eher das Vertrauen eines Kindes seinem Vater gegenüber. Ich weiß: Ich werde, bei allem, was geschieht, in Gottes Hand sein. Er wird für mich sorgen.

18. November

PIERRE STUTZ

Unterwegs in der Nacht

Unterwegs in der Nacht
still werden
auch wenn es anfangs schwerfällt

Unterwegs in der Nacht
um ein Feuer versammelt
das jedes Gesicht erhellt

Unterwegs in der Nacht
Schritt für Schritt gehen
alleine und doch miteinander

Unterwegs in der Nacht
der Dunkelheit trauen
mit meinen dunklen Seiten sein dürfen

Unterwegs in der Nacht
einander zu spüren geben:
Ich bin auch da

19. November

MARGOT KÄSSMANN

Von Hoffnung inspiriert

Es gehört Mut dazu, das Leben in die Zukunft zu entwerfen, die Hoffnung zu haben, dass sich alles ändern könnte. Ich bin überzeugt, dass wir eine solche Hoffnung nicht aus uns selbst ableiten können. Aber wir können anknüpfen an eine Hoffnung, die uns schon vorgegeben ist. Wenn wir anfangen, uns von dieser Hoffnung inspirieren zu lassen, dann beginnt sie erkennbar zu werden und Boden zu gewinnen. Dazu ist ein langer Atem notwendig, Geduld im Hoffen. Dabei kann es helfen, die Momente im Leben festzuhalten, wo etwas gelungen ist. Ein Moment der Zärtlichkeit. Eine Erfahrung von Solidarität. Ein Wintertag mit klarem Atem, kalter Luft und offenem Himmel. Hoffnung kann durchtragen auch durch Zeiten, in denen wenig Gelingen, wenig Zuversicht erfahrbar ist. In denen wir nicht die Kraft haben, uns aufzulehnen gegen die Hoffnungslosigkeit. In denen wir das Sterben begleiten müssen und Abschied zu nehmen haben. Hoffnung kann uns die Kraft geben, diese Phasen durchzuhalten und uns nicht der zerstörerischen Hoffnungslosigkeit hinzugeben.

20. November

ANDREA SCHWARZ

**Das Leben
kommt von vorn**

nachts
um halb drei

weiß
ich plötzlich

das
ist der Weg

so
stimmt es

das
geht

das ist der Schlag
der alle Knoten auflöst

das ist die Harmonie
die alle Dissonanzen verstummen lässt

das ist der Traum
der es wert ist
Wirklichkeit zu werden

                jetzt
                muss ich
                zupacken

21. November

ANSELM GRÜN

Für mich ist gesorgt

»Ich bin arm und gebeugt; der Herr aber sorgt für mich.«
(Ps 40,18)

Das ist keine wohlfeile und wirklichkeitsfremde fromme
Phrase. Das hat nichts mit unserer modernen »Versorgungs-
mentalität« zu tun. Und es nimmt nichts weg von der realen
Situation. Aber der Psalmist ist überzeugt: Nicht ich muss
für mich sorgen. Gott selbst sorgt für mich. Dieses Vertrauen
bestimmt auch das Neue Testament. Aus diesem Vertrauen
heraus fordert Paulus die Philipper auf: »Sorgt euch um
nichts, sondern bringt in jeder Lage betend und flehend eure
Bitten mit Dank vor Gott!« (Phil 4,6). Er schreibt das aus dem
Gefängnis. Er weiß nicht, ob er je wieder frei kommen wird.
Aber Paulus weiß von der Grundhaltung des Psalmisten. Der
Mensch voller Sorgen soll seine Situation, um die er sich sorgt,
im Gebet vor Gott bringen. Dann wird seine eigene Last, seine
eigene Not geringer. Dann weiß er sich von Gott getragen,
selbst wenn er im Kerker sitzt und um sein Leben fürchten
muss. Dieser Brief des Paulus spricht uns über die Jahrhunderte hinweg unmittelbar an: Wir sollen über unsere Situation nicht einfach hinwegsehen. Doch wir sollen uns auch
nicht darauf fixieren und immer nur darum kreisen. Indem
wir sie vor Gott bringen, hören wir auf, uns um uns zu sorgen.

22. November

PIERRE STUTZ

Kraft des Lebens

Du
bist die Kraft meines Lebens
vor wem sollte mir bangen

Wenn unerträgliche Tage nicht enden wollen
wenn mein Atem der Hoffnung zu ersticken droht
wenn alles sinnlos und leer erscheint
Suche ich umso mehr nach Berührungspunkten mit Dir
wenn auch hier sich im Moment keine Spur abzeichnet
so bin ich einfach da
versuche Deine Abwesenheit auszuhalten
Bilder von Dir loszulassen
um Dich neu zu entdecken
um Dir neu begegnen zu können

Kommst Du mir entgegen

Nach Psalm 27,2

23. November

ANSELM GRÜN

Fenster zum Himmel

Von Saint-Exupéry stammt das berühmte Wort: »Wenn du ein Schiff bauen willst, lehre die Menschen die Sehnsucht nach dem Meer.« In der Sehnsucht steckt also eine Kraft, die uns befähigt, Utopien ganz konkret anzugehen. Die Sehnsucht hat die Menschen des Mittelalters dazu angetrieben, hohe Dome zu bauen. Diese Baukunst lebte von der Sehnsucht. Die Musik lebt von der Sehnsucht. Sie öffnet ein Fenster zum Himmel. Jede Kunst ist letztlich Vorschein des Ewigen, noch nie Dagewesenen, Ausdruck der Sehnsucht nach dem ganz anderen. Sehnsucht hat die Kraft, Beton zu sprengen, den Panzer zu knacken, den wir um uns aufgebaut haben, um unempfindlich zu sein gegenüber der anderen Welt. Sehnsucht öffnet unsere enge Welt. Sie hält den Horizont über uns offen. Die Sehnsucht verschließt sich nicht den erschreckenden Tatsachen des Lebens. Sie setzt uns auf die Spur der Hoffnung, die uns der Realität ins Auge sehen lässt, ohne daran zu verzweifeln.

24. November

MARGOT KÄSSMANN

Wie ein glühender Backofen voll Liebe

Niemand hat Gott je ganz und gar gesehen. Aber viele Menschen haben Gott erlebt und gespürt. Das kann ein Sonnenstrahl sein, der mir Mut macht. Oder ein anderer Mensch, der mir weiterhilft. Ein Gedanke, ein Traum und ich weiß – so geht es weiter, das schaffe ich. Da merke ich auf einmal: Gott ist da. Gott begegnet uns auf unterschiedlichste Weise. Jesus hat uns viele Geschichten geschenkt, damit wir Gott besser erkennen. Er hat Gott mit »Abba« angesprochen, das ist das hebräische Wort für »Papa«. Deshalb verstehen viele Gott wie einen Vater oder eine Mutter, die dich lieb haben. Mit Gott ist es wie mit der Liebe, du kannst sie manchmal spüren und doch kannst du sie nicht festhalten, nicht ein für alle Mal genau beschreiben. Die Liebe ist auch irgendwie durchsichtig. Gott ist wie die Liebe, denke ich. Oder, wie Martin Luther einmal gesagt hat, wie ein glühender Backofen voller Liebe.

25. November

PIERRE STUTZ

Mich beflügeln lassen

Uns beflügeln lassen
himmelwärts schauen
um das Leben angesichts der Ewigkeit
hier und jetzt intensiv zu gestalten

Mich beflügeln lassen
im Wissen
wohin ich gehöre
wo meine Beheimatung ist
wie ich Verbündete brauche

Uns beflügeln lassen
Distanz schaffen zum Alltag
sich ausrichten
auf das was
hinter der Wirklichkeit erfahrbar ist

Gottes Gegenwart in allem

26. November

MARGOT KÄSSMANN

Alles hat seine Zeit

Gewiss weiß ich auch, dass niemand von uns alle Lasten der Welt auf den eigenen Schultern tragen kann. Mir ist auch klar, dass es eine Überforderung wäre, jeden Tag im Licht der Tragik der Weltprobleme zu betrachten. Ich kenne auch eine tiefe Dankbarkeit in mir, eine Lebensfreude, das Glück der kleinen Dinge. Aber neben diesem Lachen, dem Glück über den Augenblick, der Freude an Gelingendem gibt es auch immer diese Traurigkeit. Das ist vielleicht schlicht der Ernst des Lebens, die Realität des Leidens, die ich sehe. Ja, vielleicht ist das die Trauer des Clowns, die weiß um die Ängste der Menschen, um so viel vergeudetes und verhindertes Leben, das Gott uns doch geschenkt hat, damit es aufblüht. Dabei ist das Lachen, das Glücklichsein ja gar nicht nur eine Oberfläche, das wäre zu einfach und zu traurig zugleich. Mir scheint eher, zur Fülle des Lebens gehören eben beide Seiten: die Liebe und der Zorn, das Glück und die Trauer. Lachen hat seine Zeit, Weinen hat seine Zeit.

27. November

ANDREA SCHWARZ

Aufgehoben

keine Träne
umsonst
geweint

keine Klage
umsonst
geschrieen

kein Dunkel
umsonst
durchlebt

du bewahrst

meine Tränen
mein Klagen
mein Dunkel

bei dir
bin ich
aufgehoben

Tröster
Retter
Morgenstern

28. November

ANSELM GRÜN

Tränen trocknen

Wir können das Leid nicht aus der Welt schaffen. Aber was wir tun können, ist dies: einander die Tränen trocknen.
(Ruth Pfau)

Ruth Pfau, die Ärztin, die ihr Leben lang sich für die Armen, die Kranken und die behinderten Menschen in Pakistan eingesetzt hat, bekräftigt in diesem Wort das Leid, das uns der Tod eines lieben Menschen zufügt. Wir können dieses Leid nicht aus der Welt schaffen. Wir können auch die Trauer um das Leid nicht auflösen. Aber unsere Aufgabe ist es, einander die Tränen zu trocknen. Dieses Wort lädt die Hinterbliebenen ein, einander die Tränen zu trocknen. Dann wird die Trauer zu einer tiefen Erfahrung von Solidarität und von Liebe. Und wenn wir in Liebe einander die Tränen trocknen, erfahren wir mitten in der Trauer eine tiefe Dankbarkeit.

29. November

NOTKER WOLF

Gebet und Vertrauen

Wenn ich die Psalmen rezitiere, weiß ich, wie mich diese alten Texte dann wieder im Alltag tragen können. Das gibt ein tiefes Grundvertrauen. Es kann mir nichts passieren. Egal was kommt, politisch, wirtschaftlich, persönlich. Nichts kann mich erschüttern. Ruhelosigkeit, das ist ein Gefühl, das ich nicht kenne. Beten ist der Grund dafür. Beten ist für Benedikt wie das Fasten: Indem ich mich auf diese alten Texte einlasse, meine eigenen Ängste und Sorgen loslasse und mich an die Menschen halte, die sie über Jahrhunderte immer wieder gebetet haben, und ihre Texte mitbete, weitet sich mein Herz und wird neu angefüllt durch diese Ausrichtung auf Gott und das Vertrauen auf ihn. Diese alten Texte sind voll von Vertrauensworten, die mich in Berührung bringen mit dem Vertrauen von Generationen und Generationen vor mir, die diese Gebete schon gesprochen haben, und sie bringen mich in Berührung mit dem Heilen, das sie erfahren haben: »Der Herr ist mit mir; ich fürchte mich nicht. Was können Menschen mir antun!« (Ps 118). Und wenn der Psalmist sein Vertrauen bekennt, dann spricht er auch zu mir: »Euer Herz sei stark und unverzagt, ihr alle, die ihr wartet auf den Herrn« (Ps 31,25).

30. November

PIERRE STUTZ

Innehalten voll Dankbarkeit

Am Ende eines Kirchenjahres innehalten
miteinander voll Dankbarkeit vertiefen
wie sich der Weg vieler Frauen und Männer
guten Willens unaufhaltsam erneuert hat

Am Ende eines Kirchenjahres innehalten
einander in aller Ehrlichkeit mitteilen
wie viele enttäuschte Hoffnungen
uns verunsichert und empört haben

Am Ende eines Kirchenjahres innehalten
in der Tiefe verinnerlichen und annehmen
wie die Spannung zwischen Licht und Schatten
auch zur Volk-Gottes-Bewegung gehört

Am Ende eines Kirchenjahres innehalten
Christus als allerinnersten König feiern
der jede und jeden in aller Begrenztheit
an aller Menschen königliche Würde erinnert

Dezember

Ankunft
erwarten

1. Dezember

ANSELM GRÜN

Die Stille gestalten

Nimm dir in diesen vier Wochen vor, den Morgen mit einer stillen Zeit zu beginnen. Du kannst dir die Zeit nehmen, fünf Minuten vor einer brennenden Kerze zu sitzen und die Texte der Liturgie zu lesen und zu meditieren. Oder aber du bleibst einfach still vor der Kerze sitzen und horchst auf die Sehnsucht, die in dir hochkommt. Eine andere Möglichkeit: Suche dir in der Adventszeit die Gottesdienste oder Adventskonzerte heraus, die dich in die Stille führen und dein Herz für Gott öffnen. Mache dir einen persönlichen Adventskalender mit den Terminen, die du für dich selbst wahrnehmen willst. Aber auch in der Familie kannst du wieder nach Ritualen suchen. Vielleicht ist es doch möglich, sich wenigstens an jedem Adventssonntag um den Adventskranz zu setzen, die Kerzen anzuzünden, Lieder zu singen oder einen Text vorzulesen. Du kannst vorschlagen, etwa das Sonntagsfrühstück meditativ zu gestalten, indem auch Schweigen und das Hören adventlicher Musik alle innerlich sammelt. Solche Familienrituale tun gut. Wir fühlen uns dann nicht nur als Opfer hektischer Zeitumstände. Wenn wir die Adventszeit gestalten, wird sie eine gesegnete Zeit werden.

2. Dezember

PIERRE STUTZ

Eine erste Kerze entzünden
Ausdruck der Sehnsucht
Licht sein zu können für andere
im Entdecken des inneren Lichtes
das im Gesicht eines jeden Menschen
sichtbar wird

Im Kerzenlicht
fasziniert vom Brennen der Flamme
die eigene Sehnsucht wahrnehmen
erfahren wie das Feuer verbindet
mit dem inneren Feuer in jedem Menschen
mit den anderen Elementen
Luft, Wasser, Erde

Im Kerzenschein
adventliche Menschen werden
die in ihrer Sehnsucht
das göttliche Licht erahnen
das zum Aufbruch ermutigt
und uns erfahren lässt
angesehen zu sein vor allem Tun

3. Dezember

NOTKER WOLF

Frieden bringen

Es ist Advent, als ich eine unserer benediktinischen Gemeinschaften in Taiwan besuche. Am Flughafen werde ich von einem Studenten abgeholt, der mir helfen soll, den Weg in unser Kloster zu finden. Als wir in ein Taxi steigen, begrüße ich den Chauffeur mit »Nihao« – »Guten Tag« – und bekomme ein freundliches Lächeln zur Antwort. Mein Begleiter indes erklärt mir während der nun folgenden Fahrt, dass Taxifahrer in Taiwan nicht begrüßt würden. Sie seien Menschen niederen Standes, mit denen man sich nicht einlasse. …

In den meisten asiatischen Ländern hat der einzelne Mensch kaum eine Würde, zumal wenn er aus niederen Schichten kommt. Er ist nur unbedeutender Teil in einem großen Ganzen. Wie oft habe ich schon versucht, klarzumachen, dass auch Bedienstete einen Wert als Menschen haben. In Taiwan bin ich wieder einmal bemüht, im Taxi dem Studenten meine Haltung zu erklären: »Ich bin Christ«, sage ich, »und alle anderen Menschen sind wie du und ich von Gott geschaffen. Das gibt ihnen eine gewisse Würde, die ich durch diesen Gruß respektiere ohne Ansehen ihrer Herkunft.« Der junge Mann lässt mich gewähren und schmunzelt verlegen. Advent – Gott ankommen lassen – ich träume von einer veränderten, neuen Gesellschaft! Jesus machte keine Standesunterschiede. Alles was er tat, entsprang der unmittelbaren Liebe zu jedem Einzelnen, mit all seinen Fehlern und Schwächen. Ein freundlicher Gruß kann zum Nachdenken anregen. Er lässt Menschen neugierig werden auf die Ankunft dessen, der hinter dem Lächeln steht: auf Christus.

4. Dezember

ANDREA SCHWARZ

Advent – das ist der kahle Zweig

Es kommt wohl nicht von ungefähr, dass man am 4. Dezember, am Gedenktag der heiligen Barbara, Zweige von früh blühenden Bäumen schneidet und sie ins warme Wasser stellt, damit sie an Weihnachten blühen.

Das ist Advent.

Das ist die Hoffnung wider alle Hoffnungslosigkeit, das Vertrauen in die Kraft des Lebens.

Selten sieht ein Baum »toter« aus als gerade in diesen Tagen, zumal wenn er vielleicht noch unter Schneebergen begraben, mit Eiszapfen verziert ist.

Und doch lebt in ihm das Leben, ist in ihm der Frühling und der Sommer verborgen. Da, wo wir Tod sehen, lebt das Leben. Da, wo wir nichts mehr erwarten, wartet eine Knospe darauf zu erblühen. Da, wo wir keinen Pfifferling mehr geben würden für das Leben, sammeln sich die Kräfte – um dann explosionsartig die Welt zu verzaubern und bunt anzumalen.

Das ist Advent.

In den Wurzeln die Kraft sammeln, um neu blühen zu können.

Advent heißt: sich auf die Wurzeln zurückbesinnen, um neu leben zu können.

Advent heißt: mich vom Außen ins Innen zurückziehen – damit neue Blüten blühen können, wenn es an der Zeit ist.

Das ist Advent.

Wollen Sie jetzt wirklich noch ins Einkaufszentrum?

5. Dezember

MARGOT KÄSSMANN

Voller Vorfreude auf Weihnachten

Den Winter mag ich eigentlich nicht, aber ich mag den Dezember mit seinen besonderen christlichen Ritualen. So besorge ich gern Weihnachtsgeschenke, weil ich Menschen, die ich liebe, gern beschenke – es ist für mich ein Zeichen für das große Geschenk des Lebens, das uns Gott gemacht hat. Das Jahr über sammle ich Kleinigkeiten und fülle für jedes Kind (auch die erwachsenen) einen Adventskalender als Zeichen für das Warten. Ich backe gern Weihnachtsplätzchen, es ist ein ganz besonderer Geruch. Das feierliche Entzünden einer Kerze nach der anderen am Kranz, das Lesen der alten Geschichten, das gehört in diese besondere Zeit. Schließlich macht es mir Freude, mit meinen Kindern den Weihnachtsbaum zu schmücken – am 24. Dezember. Nein, ein Advents- und Weihnachtsmuffel bin ich nicht. Nur lasse ich mir Advent und Weihnachten nicht wegnehmen durch Zeitstress, Konsumterror, Kitsch und Kaufdruck. Es wäre schade drum ...

6. Dezember

PIERRE STUTZ

St. Nikolaustag

Wenn wir unsere Sehn-Sucht nicht ernst nehmen, ist die Gefahr da, in der Sehnsucht stecken zu bleiben. Wir leben in einer süchtigen Gesellschaft, in der immer neue Bedürfnisse geweckt werden, die nicht unbedingt mit den tiefen Bedürfnissen nach mehr Menschwerdung übereinstimmen. Wir selbst und unsere Kinder können lernen: Im Teilen zeigt sich jenes Licht, das immer wieder neu in und um uns scheinen möchte. Adventliche Menschen sind teilende Mitmenschen:

Menschen, die ihre Wünsche und Ängste mitteilen.

Menschen, die ihre Macht teilen und andere ermächtigen, sich einzubringen.

Menschen, die einen Teil ihres Einkommens teilen mit Menschen in Not.

Der St. Nikolaustag eignet sich gut, um als Alleinstehende oder als Familie die Kraft des Teilens zu erfahren, indem wir eine Patenschaft übernehmen für ein Kind. Mit 30 bis 50 Euro pro Monat können wir einem hungernden Kind Essen schenken, einem Jugendlichen eine Ausbildung ermöglichen oder einem kranken Kind einen Spitalaufenthalt. Verschiedene Organisationen (Terre des Hommes, Caritas und viele andere) helfen uns, in Beziehung zu treten mit einem leidenden Kind.

So wird der St. Nikolaustag nebst der Freude über die Erdnüsse, Mandarinen, Lebkuchen auch zur tiefen Erfahrung, dass unsere Sehnsucht Herz, Hände und Füße erhält.

7. Dezember

ANSELM GRÜN

Schau in dein eigenes Herz

Setze dich in deine Gebetsecke oder an einen Ort, an dem du für dich allein bist. Zünde eine Kerze an und mache das elektrische Licht aus, sodass du nur dem Licht der Kerze ausgesetzt bist. Schaue in das milde Licht und schaue in dein eigenes Herz. Welche Gedanken und Gefühle tauchen in dir auf? Welche Sorgen, welche Ängste steigen in dir hoch? Lass das Licht der Kerze in all diese Emotionen eindringen. Und stelle dir vor, wie in dem Licht der Kerze das Licht der Liebe Gottes in dich eindringt. Das barmherzige Licht der Liebe Gottes steigt an Weihnachten zu uns hernieder. Es will in unser Herz hineinleuchten, um alles Dunkle und Düstere, alles Bedrohliche und Beängstigende aus unserem Herzen zu vertreiben. Lass dieses Licht in dein Herz eindringen, bis du Frieden findest mitten in den Turbulenzen deines Lebens. Dann geschieht jetzt in dir Advent, Ankunft des Lichtes aus der Höhe. Und durch dieses Licht kommst du bei dir selbst und bei Gott an. Angekommen bist du daheim, daheim bei Gott und auch daheim in deinem Herzen.

8. Dezember

ANDREA SCHWARZ

Sich auf den Weg machen

ein Wort
ein Klang
ein Bild

eine Hoffnung
eine Sehnsucht
ein Ahnen

nicht mehr
zufrieden sein
mit dem was ist

mehr wollen
anders sein
getrieben werden

und aufbrechen
losgehen
den Träumen trauen

dem Stern in der Nacht
dem Wort im Schweigen
dem Kind in der Krippe

9. Dezember

NOTKER WOLF

Auf Gott warten

»Kommt, lasst uns den Herrn anbeten! Er ist der König, der kommen wird.« Diesen adventlichen Vers lese ich in meinem Brevier auf einem Flug nach Manila. In der Hauptstadt der Philippinen angekommen, werde ich von unseren Mitbrüdern abgeholt. Im dichten Morgenverkehr kommen wir mit unserem Kleinbus nur schleppend voran. Ich schaue nach draußen auf die kleinen Läden, sehe ganze Kolonnen von Schülern mit Büchern im Arm. Meine Blicke gehen in die Seitenstraßen, auf die windigen Hütten, auf die mit Jeans, Blusen und T-Shirts behangenen Wäscheleinen. Wir fahren an einem fast ausgetrockneten Flussbett entlang. Der Gestank dringt ins Auto. Tausende von Menschen wohnen hier, direkt neben all dem Unrat, und sind vermutlich froh, überhaupt ein Dach über dem Kopf zu haben. …

In unserem Kloster Digos auf der südphilippinischen Insel Mindanao suchen unsere Mitbrüder nach neuen Wegen. Sie haben eine kleine Ambulanz aufgebaut, die Kranke aus den umliegenden Dörfern versorgt, kümmern sich um Drogenabhängige und geistig Behinderte. …

Es ist nichts Großartiges, was unsere Mitbrüder tun. Sie versuchen einfach, den Weg Jesu zu gehen. Sie hegen keinen Weltbekehrungsanspruch. Sie zünden ein kleines Licht der Hoffnung an unter armen Menschen. Hier erlebe ich Advent. Gott kommt nicht mit Getöse. Er bleibt ein Schwacher unter den Schwachen, ein Ohnmächtiger unter den Ohnmächtigen. Aber er ist bei ihnen.

10. Dezember

PIERRE STUTZ

Gottes Entgegenkommen

Dein Blick
schaut ängstlich in die Zukunft:
Wer sieht dich an?
Wer schenkt dir Beheimatung?
Wie erfährst du Verwandlung?

Ansehen wünsche ich dir
mitten in der Großstadt
das Entdecken deiner einmaligen Würde

Beheimatung wünsche ich dir
mitten in den vielen Wohnungen
Erfahrungen der Geborgenheit

Verwandlung wünsche ich dir
mitten in den starren und eintönigen Formen
Raum für deine Kreativität

Gottes Advent wünsche ich dir
sein zärtliches Entgegenkommen
in all deinen Lebensvollzügen

Inspiriert von Titus 3,4 f.

11. Dezember

MARGOT KÄSSMANN

Den Fragen stellen

Wir warten jedes Jahr neu auf Weihnachten, weil wir es zumindest in diesen Tagen – einmal im Jahr – wagen, uns die Frage nach dem Sinn unseres Lebens zu stellen. Wir spüren ja, dass wir allzu oft davonlaufen vor dieser Frage. Wir schaffen und machen und klagen und rennen, aber wir nehmen uns nicht die Zeit zu fragen: Was will ich eigentlich mit diesem Leben? Liebt mich überhaupt jemand? Werde ich tatsächlich gebraucht? Und gebe ich den Menschen, die mich brauchen, die Liebe, die sie suchen? Es gibt so viel Einsamkeit in unserer betriebsamen und beschleunigten Zeit. Und es gibt so viele, die das Glück gar nicht mehr spüren, das Glück der einfachen Dinge. Ein Dach über dem Kopf. Ein warmes Bett an kalten Tagen. Tage ohne Hunger. Menschen, die mit uns leben wollen. Eine kleine Geste – da sorgt einer für mich. Da hat sich eine Gedanken gemacht um mich. Und das große Glück: Die Freiheit, als Frau ohne Erniedrigung leben, eine Zeit ohne Krieg in unserem Land – das alles sind keine Selbstverständlichkeiten.

12. Dezember

ANDREA SCHWARZ

Advent – das ist Leuchtturm

Leuchttürme wirken ausgesprochen beruhigend. In steter Regelmäßigkeit blinken sie ihr Licht in das Dunkel hinaus.

Wer unterwegs ist, kann seine Position bestimmen – und wer zu Hause ist, weiß, dass da einer wacht.

Das ist Advent.

Mich am Licht neu ausrichten – und gewiss sein, dass einer da ist.

Aber ein Leuchtturm ist kein Hafen. Das Licht, das mir den Weg weist, das mir die Zusage gibt, dass da einer wacht, will nicht mein Angekommen-Sein, sondern meinen Aufbruch, mein Weitergehen.

Das ist Advent.

Ein Licht im Dunkel, das mir den Weg weist, das mir sagt, da gibt es einen, der Wache hält. Weihnachten heißt nicht, angekommen zu sein, sondern neu aufzubrechen – weil es ein Licht gibt, das mir den Weg weist.

Das ist Advent – dieses Licht und seine Botschaft wahrzunehmen. Und sich für den Aufbruch bereit zu machen. Wohin möchten Sie gehen?

13. Dezember

ANSELM GRÜN

Luzia – Lichtbringerin, die Dunkles klärt

Der 13. Dezember war vor der Einführung des gregorianischen Kalenders (1582) der kürzeste Tag im Jahr. Die heilige Luzia, deren Fest an diesem Tag begangen wird, wurde daher zum Symbol für die vielen Lichterbräuche, die man an diesem Tag vor allem in den nordischen Ländern feierte. Luzia heißt: die Lichte, Leuchtende, die Lichtbringerin. Luzia starb unter Kaiser Diokletian als Märtyrerin. Ihr verschmähter Liebhaber wollte sie in ein öffentliches Haus stecken, damit sie ihre Unschuld verliert. Aber sie wurde so schwer, dass man sie auch mit Gewalt nicht wegtragen konnte. Die Legende erzählt, dass sie ihre Mitgift den Armen austeilte und nachts den verfolgten Christen Lebensmittel brachte. Damit sie beide Hände mit Gaben füllen konnte, befestigte sie auf ihrem Kopf ein Öllämpchen, das ihr den Weg zeigte. Es ist ein wunderbares Bild: Luzia bringt Licht, indem sie den Armen und Bedrängten Gaben austeilt, indem sie Menschen beschenkt. So zeigt uns Luzia einen wesentlichen Aspekt unseres weihnachtlichen Schenkens: Es will Licht bringen zu den Menschen, das Licht der Zuwendung und der Liebe. ...

Luzia steht für die Standfestigkeit, die wir heute so nötig haben, damit in unser Miteinander wieder Klarheit und Verlässlichkeit einziehen. Und Luzia, die Lichtbringerin zeigt uns: Advent ist die Einladung, unsere Gedanken von Gott her erleuchten zu lassen, damit wir nicht nach-denken, was andere uns vor-denken, sondern Gottes Gedanken in dieser Welt aufstrahlen lassen.

14. Dezember

MARGOT KÄSSMANN

Selig die Barmherzigen

Eine U-Bahnstation. Ein Mann liegt auf dem Boden und schläft. Er ist betrunken oder zugedröhnt. Menschen hasten vorbei. Keiner riskiert einen Blick. Müssten wir nicht helfen? Wie geht doch die Geschichte vom barmherzigen Samariter? Oder haben wir alle Hilfe anonymisiert: Rotes Kreuz oder Diakonie, die sind zuständig? – Nein, ich und du, wir sind zuständig, ganz persönlich.

Selig die Barmherzigen. Die noch etwas anrührt, die nicht teilnahmslos durchs Leben gehen, diejenigen, die Leid noch wahrnehmen und sich des Leides annehmen. Mitleid ist ein scheußliches Wort dafür im Deutschen. Der katholische Theologe Johann Baptist Metz spricht daher in spanischer Aussprache von »compassion«. Ja, das drückt wohl besser aus, was Barmherzigkeit meint, nicht seicht, sondern leidenschaftlich klingt es.

15. Dezember

PIERRE STUTZ

Adventliche Beleuchtung überall

uns nicht blenden lassen
sondern darin die tiefe Sehnsucht
nach Liebe entdecken

Adventliche Lichter überall
uns nicht beirren lassen
den Blick für das Wesentliche schärfen:
das göttliche Licht in jedem Menschen

Adventliche Straßen überall
uns nicht aufhalten lassen
den Weg nach Innen zu wagen
Dunkles in mir erhellen lassen

16. Dezember

ANDREA SCHWARZ

Advent – das ist der »Gruß aus der Küche«

Vielleicht kennen Sie das aus guten Restaurants: »Amuse gueule«, der kleine Gruß aus der Küche. Ein kleines Appetithäppchen, ein bisschen Pastete, ein »Probiererle« von der Terrine. Liebevoll vom Koch komponiert, in keiner Speisekarte zu finden – um einfach Lust zu machen auf das Menü, das kommt.

Das ist Advent.

Advent will Lust machen auf das, was kommt. Er will ein erster Vorgeschmack sein, ohne schon etwas vorwegzunehmen. Er ist Verheißung – noch nicht die Erfüllung.

Advent heißt: Geschmack finden an dem, was uns zugesagt ist.

Advent muss nichts mit Verzichten zu tun haben – im Gegenteil. Es geht darum, Geschmack zu finden am Leben. Es geht darum, neu die Lust am Leben zu lernen.

Advent heißt: Lust auf das bekommen, was kommen wird – »Leben in Fülle«!

Und »leben« kann man dabei durchaus kleinschreiben – es geht eben nicht um eine Sache, sondern um ein selber tun, ein Sein.

17. Dezember

NOTKER WOLF

Zeichen setzen

Am Stadtrand der brasilianischen Metropole Salvador haben in den 1970er-Jahren fünf Benediktinerinnen ein kontemplatives Kloster gegründet, in dem das Gebet und die Meditation im Mittelpunkt stehen. Das Unternehmen war äußerst gewagt. Denn der Baugrund lag am Rande eines Slums, die Gegend war nicht nur arm, sondern auch voller Kriminalität und Gewalt. Viele haben die Schwestern gewarnt, nicht dorthin zu gehen. Aber sie verfolgten ihren Weg beharrlich. Sie wollten unter den Armen sein. Heute zählt das Monasteiro do Salvador mehr als 20 überwiegend junge Benediktinerinnen. ...

Die Schwestern tun nichts Gewaltiges. Sie leben ihren benediktinischen Tagesrhythmus mit regelmäßigen Gebetszeiten. Sie sind offen für Fragen und Gespräche, und sie versuchen nicht mehr und nicht weniger, als Zeichen der Gegenwart Gottes zu setzen. Und ganz offenbar ist das genug, um Menschen seine Liebe spüren zu lassen, um sie zu motivieren und ihnen Würde zurückzugeben. Mir imponieren diese Schwestern, die in aller Bescheidenheit ihren Weg gehen. Zwischen Ohnmacht und Verzweiflung, Wut und Resignation, Bangen und Hoffen kämpfen sie nicht mit eisernen Waffen, die das Vermögen ganzer Völker verschlingen, sondern mit den Waffen des Glaubens. Und der besagt, dass Gott Herr der Geschichte bleibt, dass er uns Menschen in unserem Bemühen um Frieden unterstützt und sich dabei eins weiß mit den Armen und Rechtlosen.

18. Dezember

ANSELM GRÜN

Der Tag ist nicht mehr fern

»Die Nacht ist vorgedrungen,
der Tag ist nicht mehr fern.
So sei nun Lob gesungen
dem hellen Morgenstern.
Auch wer zur Nacht geweinet,
der stimme froh mit ein.
Der Morgenstern bescheinet
auch deine Angst und Pein.«

Der evangelische Autor Jochen Klepper, der mit einer jüdischen Frau verheiratet war, hat während des »Dritten Reiches« viele evangelische und katholische Christen berührt mit seinen Liedern, die schon unmittelbar nach Erscheinen gerne gesungen wurden. »Die Nacht ist vorgedrungen ...« Diese Nacht war für ihn sicher ein Bild für die politische Situation im Jahre 1938. Die Juden wurden verfolgt. Es galt kein Recht mehr. Doch die Nacht bleibt nicht ewig, so vertraute Jochen Klepper. Er erinnert an all das Leid, das er in der eigenen Familie erlebt hat und das er von den vielen Menschen kannte. Die Worte des Liedes sind nicht in eine heile Welt hinein gesprochen, und sie versprechen uns auch keine heile Welt. Doch mitten im Weinen dürfen wir vertrauen, dass Christus, der Morgenstern, aufgeht in unseren Herzen. Dann verlieren Angst und Pein ihre Macht. Sie haben uns nicht mehr im Griff. Sie wandeln sich im Licht des Morgensterns.

19. Dezember

ANDREA SCHWARZ

Viel
leicht

eine Verheißung
in den Ohren
einen Stern
vor Augen
meine Gaben
in den Händen

mache ich mich auf

den Weg

und weiß nicht
wo ich ankommen werde

20. Dezember

PIERRE STUTZ

Michael hat genug von Weihnachten

Michael hat genug von dieser Heuchelei an Weihnachten.
Genug von diesem Fest, an dem auf Kommando alle lieb miteinander sind.
Genug von diesem Erwartungsdruck, der die Frustration vorprogrammiert.
Genug davon, miteinander ein Lied zu singen, obwohl das ganze Jahr nie miteinander gesungen wird.
Genug von dieser Pflichtübung, Geschenke auszutauschen; sie unterstützt die Konsumhaltung und ist weit weg vom eigentlichen Sinn des Festes.
Genug, dieses Jahr wird Michael nicht zu Hause sein und dieses verlogene Getue nicht mehr mitmachen.

Seit dem Adventsbeginn tut er sich schwer mit diesen vielen künstlichen Lichtern, die blenden, anstatt zu ermutigen, die eigenen dunklen Seiten anzusehen und erhellen zu lassen.

Michael hat genug von diesem manipulierten Weihnachtsfest, denn er weiß um den Sinn von Weihnachten. Mitten im November kamen ihm beim Hören eines Liedes am Radio Tränen, die er sogar vor seinen Kollegen nicht zurückhalten konnte. Peinlich – ein altmodisches Lied, das sein verstorbener Großvater ihm oft vorgesungen hat, bringt ihn zum Weinen. Ausdruck seiner Sehnsucht nach echten Beziehungen, die sogar über den Tod hinaus berühren und zum Leben ermutigen können. Michael hat genug von Weihnachten, er sehnt sich danach.

21. Dezember

PIERRE STUTZ

Weihnachten entgegengehen

Weihnachten entgegen
Idealbilder von mir loslassen
sein dürfen
mit meinen lichtvollen Gaben
mit meinen dunklen Widersprüchlichkeiten

Weihnachten entgegengehen
authentische Beziehungen wagen
sein dürfen
Konflikte ansprechen und austragen
Anerkennung ausdrücken und feiern

Weihnachten entgegengehen
die Hirtenfelder in meiner Nähe entdecken
sein dürfen
in Solidarität mit Ausgegrenzten
Resignierten und Empörten

Weihnachten entgegengehen
dem Stern folgen
sein dürfen
im Zugang zu meinen Ressourcen
im Entfalten von Lebensperspektiven

Weihnachten entgegengehen
dem inneren göttlichen Kind in mir begegnen
sein dürfen
mit meinen Verletzungen
mit meiner Lebenskraft

22. Dezember

ANSELM GRÜN

Geschenk-Askese?

Manche Familien vereinbaren heute, dass sie sich nichts mehr schenken, weil doch alle schon genug haben. Darin liegt sicher etwas Gesundes. Aber es gibt auch eine Geschenk-Askese, die Ausdruck von Fantasielosigkeit ist. Einander zu beschenken ist Zeichen von Liebe und lebendiger Beziehung.

Ein Mann erzählte mir, dass er von seiner Großmutter jedes Jahr an Weihnachten ein Paar selbstgestrickte Socken bekommt. Die sind ihm ganz wertvoll, weil er ihre Liebe darin entdeckt. Er weiß, dass sie sich beim Stricken ihm ganz zugewendet, ja, dass sie dabei auch für ihn gebetet hat. In der Adventszeit ist die Gelegenheit, zu überlegen, wie man dem anderen eine Freude machen kann: Das Wichtigste dabei ist, dass beim Beschenkten mit dem Geschenk die Sehnsucht nach Liebe Nahrung findet.

23. Dezember

ANDREA SCHWARZ

Weihnachten – das ist das Unfassbare, dass Gott zu uns Menschen kommt. Er liebt uns so sehr, dass er uns entgegenkommt, dass er zum Kind, zum Gekreuzigten wird. Er liebt uns so sehr, dass er in unseren Alltag einbricht. Längst bevor wir uns Gott zuwenden, ist er bei uns. Längst bevor wir Gott lieben, liebt er uns. »Im Anfang war das Wort – und das Wort war bei Gott. Und das Wort ist Fleisch geworden und hat unter uns gewohnt.« Gott kommt zu uns, um uns nahe zu sein. Wenn er zu uns kommt, dann brauchen wir nicht mehr zu flüchten in billige Ausreden, faule Lügen, erfundene Geschichten. Wenn er uns so sehr liebt, dass er zu uns kommt, dann können wir endlich unsere Masken ablegen, dann brauchen wir uns nicht mehr zu verstecken, nicht mehr vor uns selbst zu flüchten. Da liebt uns einer, so wie wir sind. Da liebt uns einer so sehr, dass er uns zuvorkommt. Und wir dürfen sein und uns beschenken lassen – von unserem Gott.

Da ist sein Wort – und da ist unser Gott. Und wir sind eingeladen, Antwort zu geben, Antwort zu sein. Wir sind eingeladen, Mensch zu sein.

Kommt, lasst uns unserem Gott entgegengehen! Kommt, lasst uns aufbrechen – lasst uns wie Maria »Ja« sagen, lasst uns wie die Hirten auf dem Feld der Botschaft des Engels glauben und wie die Heiligen Drei Könige dem Licht in unserer Dunkelheit glauben – lasst uns aufbrechen und ihm entgegengehen!

24. Dezember

MARGOT KÄSSMANN

Gott ist gekommen

Nun ist er da, der Heilige Abend. Ruhe kehrt ein in die tosenden Innenstädte. Eine besondere Stimmung legt sich über das Land. Lassen Sie los, was Sie umgetrieben hat in den vergangenen Tagen und Stunden. Die Geschenke sind besorgt, die Lebensmittel eingekauft, der Weihnachtsbaum ist geschmückt. Kommen Sie an, hier, heute, in der Gemeinschaft, die um den ganzen Globus herum Weihnachten feiert. Es ist nun an der Zeit, endlich an das zu denken, worum es Weihnachten wirklich geht: das Geschenk der Nähe Gottes. So wie Generationen vor uns birgt uns die Kirche am Heiligen Abend. Wir bleiben nicht allein zu Hause, sondern kommen zusammen und hören die alten Worte. Wir singen Lieder, die vor Jahrhunderten gedichtet wurden, wir lassen uns fallen in eine Gemeinschaft über die Zeiten hinweg. Traditionen und Rituale sind besonders wichtig in einer so kurzatmigen Zeit. Stellen wir uns vor, wie viele Heilige Abende, wie viele Hoffnungen und Sorgen, wie viele Liebesgeschichten und Gebete eine Kirche kennt! Und was der christliche Glaube schon alles erlebt hat an Höhen und Tiefen, an eigenen Irrwegen und an Verzerrung durch andere. Und doch hört jede Generation die Botschaft neu: Gott ist gekommen, Gott ist da, mitten in der Welt. Das feiern wir im Gottesdienst.

25. Dezember

NOTKER WOLF

Freude schenken

Ich war ein zweieinhalb Jahre alter Stöpsel, als ich ein Weihnachtsfest erleben durfte, das mein ganzes künftiges Leben prägen sollte. Es war im Winter des Jahres 1942, mitten im Krieg. Mein Vater war an der Front. Meine Mutter wusste nicht, ob sie ihn je wiedersehen würde. Aber unser Vermieter, der im Erdgeschoss wohnte, hatte für die Feiertage Heimaturlaub bekommen. Und noch heute erinnere ich mich, wie ich am Heiligen Abend ein Glöckchen läuten hörte, und meine Mutter sagte: »Jetzt kommt das Christkind!«

Als ich über die Treppe in das Erdgeschoss hinuntergetapst war, öffnete sich vor mir eine Tür: Zum ersten Mal in meinem Leben sah ich einen Tannenbaum mit brennenden Kerzen. Und unter dem Baum war das Schönste, ein Netz mit bunten Bauklötzen. Als ich sie überglücklich in meine Fingerlein nahm, fiel mein Blick auf unseren Vermieter: Er strahlte vor Freude über mein Glück. Bald darauf ist er gefallen. Doch das Leuchten in seinen Augen ist mir bis auf den Tag in Erinnerung geblieben. Durch ihn habe ich gelernt: Es ist eine der größten Freuden, anderen eine Freude zu machen.

Bis heute empfinde ich so viele kleine und große Dinge in meinem Leben als Geschenk. Und immer wieder spüre ich den Wunsch, dem dafür zu danken, der Ursprung alles Guten ist. Sind nicht gerade die Momente größten Glücks im Leben nie das eigene Verdienst, sondern immer ein Geschenk?

26. Dezember

ANSELM GRÜN

Weihnachtsfrieden

Dass auf der Erde Friede sei, ist der zentrale Weihnachtswunsch. Nicht nur in den Festreden ist davon die Rede, auch in der weihnachtlichen Liturgie ist Frieden das zentrale Thema. Schon die erste Weihnachtsvesper beginnt mit der Antiphon »Rex pacificus = Der Friedenskönig«. Die Engel loben Gott auf dem Hirtenfeld mit dem weihnachtlichen Gesang: »Ehre sei Gott in der Höhe und Friede auf Erden den Menschen seiner Gnade« (Lk 2,14). Durch die Geburt Jesu wird der Lichtglanz, der Gott im Himmel gebührt, auf Erden sichtbar. Und wenn Gottes Herrlichkeit unter uns Menschen erscheint, dann ist die Kluft zwischen Gott und Mensch aufgehoben, dann ist Friede zwischen Gott und Mensch. Und dieser Friede ermöglicht auch den Frieden unter den Menschen. Denn nur der sich selbst und Gott entfremdete Mensch ist unfähig zum Frieden. Sobald er mit sich zufrieden ist und mit Gott im Frieden lebt, wird er auch mit seinen Brüdern und Schwestern Frieden halten. Der Friede von Weihnachten ist kein bloßer Appell an unseren guten Willen, wir sollten uns doch vertragen. Vielmehr ermöglicht uns die Menschwerdung Gottes wahren Frieden. Wenn Gottes Liebe unsere menschliche Natur durchdringt, dann spüren wir: Es gibt nichts in uns, das nicht von göttlicher Liebe und Klarheit durchdrungen ist. Alles in uns ist von Gott angenommen, erfüllt von seiner zärtlichen Liebe, die in dem Kind in der Krippe aufleuchtet. Wenn wir daran glauben, dann erleben wir uns anders. Dann müssen wir nicht friedlich tun, weil das zu Weihnachten gehört, dann schafft Weihnachten in uns Frieden und Versöhnung.

27. Dezember

ANDREA SCHWARZ

irgendwann
irgendwo

ein Mensch
von Gott
berührt

und
nichts ist mehr so
wie es mal war

ein Kind
eine Krippe
ein Stall

unscheinbar
unbedeutend
unwichtig

jetzt
heute
hier

und
nichts wird mehr sein
wie es ist

28. Dezember

ANSELM GRÜN

Mitten im kalten Winter

Eines der ältesten deutschen Weihnachtslieder beginnt mit einem Rätsel: »Es ist ein Ros entsprungen aus einer Wurzel zart.« Von dieser Rose – oder besser, vom Rosenstock – geht eine Blume aus: »Und hat ein Blümlein bracht mitten im kalten Winter wohl zu der halben Nacht.« In der zweiten Strophe wird uns das Rätsel erklärt: Maria ist der Rosenstock. Sie hat uns in dem Kind Jesus das »Blümlein« gebracht, das so süß duftet und mit seinem hellen Schein unsere Finsternis vertreibt. Wie manchmal mitten im Schnee eine Blume blüht, so hat Gott in der Geburt Jesu die Kälte unserer Herzen gebrochen und uns mit seiner Liebe erwärmt. Die Geburt Jesu taut unsere vereisten Gefühle auf. Sie verbreitet einen süßen Duft des Wohlwollens in der Gefühllosigkeit unserer Zeit. Sie verwandelt unsere Welt wie eine kleine, sehr zarte und doch wunderbare Blume, die wir gerade im Winter unserer Seele und in der Nacht unseres Herzens bestaunen.

»Es ist ein Ros entsprungen
aus einer Wurzel zart,
wie uns die Alten sungen,
von Jesse kam die Art
und hat ein Blümlein bracht
mitten im kalten Winter,
wohl zu der halben Nacht.«

29. Dezember

ANDREA SCHWARZ

Die Tage zwischen Weihnachten und Neujahr sind Tage, an denen alles ein wenig anders ist – fast hat man den Eindruck, als habe die laute und hektische Welt einen Mantel um sich gezogen, als tickten die Uhren einen Schlag langsamer, als seien wir noch vom Zauber der Geburt, des neuen Lebens, erfasst. Die Welt ist schwanger gegangen und hat ein Kind hervorgebracht. Jedes Kind, das zur Welt kommt, ist ein Zeichen der Liebe und der Hoffnung, des Beginns und der Kraft des Lebens. Jetzt aber geht es noch darüber hinaus: »Und das Wort ist Fleisch geworden und hat unter uns gewohnt ...« – danach kann man nicht einfach zum Alltagsgeschäft übergehen.

Und die Nächte sind »Heilige Nächte« – irgendwas schwingt in diesen dunklen Stunden der Nacht, das berührt und anrührt. Da ist etwas, das mich liebevoll in den Arm nimmt und herausruft. Da ist es, als ob sich alles in mir darauf vorbereitet, Abschied zu nehmen, um neu zu beginnen. Da wächst in mir etwas heran, das gelebt sein will. Und dieses »etwas« braucht diese sieben Tage und wohl mehr noch die sieben Nächte, um an Kraft zu gewinnen. Werner Sprenger hat einmal gesagt: »Es gibt einen Weg, den keiner geht, wenn du ihn nicht gehst.« Warum eigentlich nicht?

30. Dezember

PIERRE STUTZ

Aus der Kraft von Bethlehem leben

Aus der Kraft von Bethlehem leben
das göttliche Kind in mir entdecken
in meinen Fähigkeiten
in meinem inneren Feuer
in meiner Lebensaufgabe

Aus der Kraft von Bethlehem leben
den Stall in mir entdecken
in meinen dunklen Seiten
in meinen Grenzen
in meiner Verwandlungskraft

Aus der Kraft von Bethlehem leben
die Krippe in mir entdecken
die heilsame Leere
den heiligen Raum in mir
der durch Gott erfüllt wird

Aus der Kraft von Bethlehem leben
die Weggefährtenschaft schätzen
den Aufbruch vieler Menschen guten Willens
die am Rand die Mitte erkennen

Aus der Kraft von Bethlehem leben
die Engel im Alltäglichen erfahren
in der zärtlichen Geste
im Mut zum Widerstand

Aus der Kraft von Bethlehem leben
Brot und Wein teilen
tiefste verbindende Sehnsucht:
Ich bin der ich da sein werde

31. Dezember

ANSELM GRÜN

Segen zum Jahresende

Guter Gott, das Jahr geht zu Ende. Du hast uns in diesem Jahr begleitet und gesegnet. Wir danken Dir für den Segen, den wir in diesem Jahr empfangen haben, für das, was in uns aufgeblüht ist, für die guten Worte, die Du zu uns gesprochen hast, für den Schutz, den wir durch Dich empfangen haben. Du weißt, dass manches, was wir in diesem Jahr gedacht, gesagt und getan haben, nicht so gut war. Wir halten Dir alles hin, so wie es war. Und wir bitten Dich: Segne alles, auch das Durchschnittliche und das Brüchige. Segne auch alles, was schiefgelaufen ist, und lass es zum Segen werden für uns selbst und für die Menschen, die wir durch unser Reden oder Verhalten verletzt haben. Segne auch die Verletzungen, dass sie in Segen verwandelt werden. So verwandle Du das vergangene Jahr in einen Segen für uns und für alle Menschen, mit denen wir zusammenleben. Amen.

Quellen- und Textverzeichnis

Alle Quellentexte sind im Verlag Herder, Freiburg im Breisgau, erschienen.
© Verlag Herder GmbH, Freiburg im Breisgau

Grün, Anselm / Roth, Johannes M., Du bist einzigartig. Das göttliche Kind in uns, 2010, 2. Aufl. 2015.

Grün, Anselm, 50 Engel für die Seele, 2002, Neuausgabe 2012, 2. Aufl. 2014.

Grün, Anselm, 50 Rituale für das Leben, 2008. 2. Aufl. 2012.

Grün, Anselm, Anselm Grüns Buch der Antworten, herausgegeben von Anton Lichtenauer, 2007.

Grün, Anselm, Bleib deinen Träumen auf der Spur. Buch der Sehnsucht, herausgegeben von Anton Lichtenauer, 2004, 13. Aufl. 2015.

Grün, Anselm, Das Buch der Antworten. Zu den großen Fragen des Lebens, 2010.

Grün, Anselm, Das Buch der Segenswünsche, herausgegeben von Rudolf Walter, 2016.

Grün, Anselm, Das große Buch der Lebenskunst. Was den Alltag gut und einfach macht, herausgegeben von Anton Lichtenauer, 2009, Taschenbuchausgabe 2012, 5. Aufl. 2016.

Grün, Anselm, Das große Buch der Weihnachtszeit. Das schönste Fest des Jahres neu erleben, 2012, Taschenbuchausgabe 2014.

Grün, Anselm, Das kleine Buch der wahren Liebe, 2011.

Grün, Anselm, Das kleine Buch der Weihnachtsfreude, herausgegeben von Anton Lichtenauer, 2012, 2. Aufl. 2013.

Grün, Anselm, Das kleine Buch vom guten Leben, herausgegeben von Anton Lichtenauer 2005, 8. Aufl. 2016.

Grün, Anselm, Das kleine Buch vom wahren Glück, herausgegeben von Anton Lichtenauer, 2001, erw. Ausgabe 2004, Neuausgaben 2009, 2014.

Grün, Anselm, Einfach leben – 365 Tagesimpulse von Anselm Grün, herausgegeben von Rudolf Walter, 2012, 9. Aufl. 2016.

Grün, Anselm, Einfach leben – Mein Wochenritual. 52 Inspirationen für den Alltag, herausgegeben von Rudolf Walter 2013.

Grün, Anselm, Einfach leben. Das große Buch der Spiritualität und Lebenskunst, herausgegeben von Rudolf Walter, 2011, 2. Aufl. 2012.

Grün, Anselm, Gelassenheit – das Glück des Älterwerdens, herausgegeben von Rudolf Walter, 2014.

Grün, Anselm, Gesund mit Leib und Seele, herausgegeben von Anton Lichtenauer, 2013.

Grün, Anselm, Gute Gedanken zur Nacht, 2016.

Grün, Anselm, Kinder – die Geschenke Gottes, 2016.

Grün, Anselm, Kleine Schule der Emotionen. Wie Gefühle uns bestimmen und was unser Leben lebendig macht, 2013, Taschenbuchausgabe 2015.

Grün, Anselm, Neue Maßstäbe, in: einfach leben 2016/4, S. 12.

Grün, Anselm, Schönes schauen – tiefer sehen, einfach leben 2016/7, S. 5 f.

Grün, Anselm, Stationen meines Lebens. Was mich bewegt – was mich berührt, 2012.

Grün, Anselm, Trauern heißt lieben. Unsere Beziehung über den Tod hinaus leben, 2015.

Grün, Anselm, Unverzagtes Glück. Worte, die das Herz berühren, herausgegeben von Rudolf Walter, Kreuz Verlag 2012.

Grün, Anselm, Was der Seele gut tut, herausgegeben von Rudolf Walter, 2015, 2. Auflage 2016.

Grün, Anselm, Wein – Geschenk der Erde und des Himmels, in: einfach leben 2015/10, S. 1 f.

Grün, Anselm, Zur inneren Balance finden, herausgegeben von Anton Lichtenauer, 2013.

Käßmann, Margot / Wanke, Johannes (Hg.), Bei uns alle Tage. Das Matthäusevangelium als Jahresbegleiter, 2004.

Käßmann, Margot (Hg.), Das Leben reimt sich nicht. Frauengedichte, 2016.

Käßmann, Margot (Hg.), In Gottes Hand gehalten. Frauengebete, 2. Auflage 2011.

Käßmann, Margot / Lawrenz, Monika, Stille und Weite. Ein Postkartenbuch, 2015.

Käßmann, Margot, Gut zu leben. Gedanken für jeden Tag, 2004, Neuausgabe 2011.

Käßmann, Margot, Im Zweifel glauben. Worauf wir uns verlassen können, 2015.

Käßmann, Margot, In der Mitte des Lebens, 2009, Taschenbuchausgabe 2013, 2. Aufl. 2015.

Käßmann, Margot / Lawrenz, Monika, Stille und Weite, 2002.

Käßmann, Margot, Wie ist es so im Himmel? Kinder fragen nach Gott und der Welt, 2006, Neuausgabe 2015.

Käßmann, Margot, Zur Geborgenheit finden. Antworten auf Fragen des Lebens, Kreuz Verlag 2010.

Schwarz, Andrea / Grün, Anselm, Berufen, das Evangelium zu leben, 2006, 2. Aufl. 2009.

Schwarz, Andrea, Dem Leben entgegen. Gedanken auf dem Weg nach Ostern, 2003.

Schwarz, Andrea, Den Weg im Herzen tragen. Ein Begleitbuch für unterwegs, 2006, Neuausgabe 2016.

Schwarz, Andrea, Die Messe verstehen in 15 Schritten. Ein Durchblick-Buch für Neugierige, 2007, 2. Aufl. 2009.

Schwarz, Andrea, Du Gott des Weges segne uns. Gebete und Meditationen, 2008, 2. Aufl. 2014.

Schwarz, Andrea, Eigentlich ist Maria ganz anders, 2016.

Schwarz, Andrea, Ein tanzender Stern. Von Chaos, Ordnung und dem wahren Leben, 2012.

Schwarz, Andrea, Entschieden zur Lebendigkeit, 1999, 2. Aufl. 2000.

Schwarz, Andrea, Gib dem Engel eine Chance. Gedanken und Geschichten zu Weihnachten, 2013.

Schwarz, Andrea, Ich mag Gänseblümchen. Unaufdringliche Gedanken, 1985, Neuausgabe 2016.

Schwarz, Andrea, Kleines Buch der Lust am Leben, 2001, 2. Aufl. 2015.

Schwarz, Andrea, Mit Leidenschaft und Gelassenheit, 1994.

Schwarz, Andrea, Und jeden Tag mehr leben. Jahreslesebuch, 2003, Neuausgabe 2008, 3. Aufl. 2012.

Schwarz, Andrea, Wenn Chaos Ordnung ist. Mit Gegensätzen leben, 2003, Neuausgabe 2009.

Schwarz, Andrea, Wie ein Gebet sei mein Leben. Exerzitien im Alltag, 2002, Neuausgabe 2012.

Schwarz, Andrea, Windhauch, Feueratem. Eigentlich ist Pfingsten ganz anders, 2014.

Stutz, Pierre, 50 Rituale für die Seele, herausgegeben von Andreas Baumeister, 2001, 8. Auflage 2009.

Stutz, Pierre, Atempausen für die Seele, 2004, Neuausgabe 2015.

Stutz, Pierre, Der Stimme des Herzens folgen. Jahreslesebuch, 2005, Taschenbuchausgabe 2014.

Stutz, Pierre, Die Lebendigkeit der Seele entdecken, 2007, Neuausgabe 2016.

Stutz, Pierre, Ein Stück Himmel im Alltag. Sieben Schritte zu mehr Lebendigkeit, 2000, Neuausgabe 2013.

Stutz, Pierre, Geh hinein in deine Kraft. 50 Film-Momente fürs Leben, 2015, 2. Aufl. 2016.

Stutz, Pierre, In der Weite des Himmels. Ein meditativer Gang durch die Bibel, 2011, Neuausgabe 2014.

Stutz, Pierre, Kleines Buch vom Kreis des Lebens, 2011.

Stutz, Pierre, Lebe, was dich glücklich macht, 2004.

Stutz, Pierre, Lebe, was dir Freude schenkt, 2005.

Stutz, Pierre, Meditationen zum Gelassenwerden, 2001, 5. Aufl. 2005.

Stutz, Pierre, Sei gut mit deiner Seele, 2006, Neuausgabe 2013.

Stutz, Pierre, Unserer Sehnsucht folgen. Ein Begleiter für die weihnachtliche Zeit, 2001, Neuausgabe 2014.

Stutz, Pierre, Was meinem Leben Tiefe gibt. Schritte zum Dasein, 2002, erweiterte Neuausgabe 2011.

Stutz, Pierre, Weihnachten – unserer Sehnsucht folgen, 2001, 2. Aufl. 2002.

Stutz, Pierre, Zeit des Wachsens, Zeit des Reifens. Leben im Rhythmus der Jahreszeiten, 2004, überarbeitete Neuausgabe 2007.

Wolf, Notker / Mühlstedt, Corinna, Im Schatten des großen Drachen. Begegnungen mit Chinas Christen, Kreuz Verlag 2008.

Wolf, Notker / Mühlstädt, Corinna, Mitten im Leben wird Gott geboren. 24 Impulse zur Weihnachtszeit, 2010.

Wolf, Notker, Die Kraft, dein Leben zu verändern. Das kleine Buch der wahren Freiheit, herausgegeben von Rudolf Walter, 2014.

Wolf, Notker, Die sieben Säulen des Glücks. Tugenden zum Leben, herausgegeben von Rudolf Walter, 2011, Taschenbuchausgabe 2012.

Wolf, Notker, Gönn dir Zeit. Es ist dein Leben, 2009, Taschenbuchausgabe 2010, 6. Aufl. 2015.

01.01.: Stutz, Unserer Sehnsucht folgen, S. 119.

02.01.: Schwarz, Und jeden Tag mehr leben, S. 63.

03.01.: Käßmann / Warnke, Bei uns alle Tage, S. 22.

04.01.: Grün, Das Buch der Antworten, S. 166 f (Überschr. redaktionell).

05.01.: Stutz, Kleines Buch vom Kreis des Lebens, S. 153.

06.01.: Grün, Buch der Segenswünsche, S. 140.

07.01.: Stutz, Zeit des Wachsens, Zeit des Reifens, S. 136.

08.01.: Schwarz, Mit Leidenschaft und Gelassenheit, S. 26.

09.01.: Wolf, Mitten im Leben wird Gott geboren, S. 66–68 (gekürzt).

10.01.: Stutz, Zeit des Wachsens, Zeit des Reifens, S. 121.

11.01.: Grün, Bleib deinen Träumen auf der Spur, S. 20.

12.01.: Käßmann, Stille und Weite, S. 7.

13.01.: Schwarz, Ich mag Gänseblümchen, S. 107.

14.01.: Grün, Das große Buch der Lebenskunst, S. 140.

15.01.: Schwarz, Und jeden Tag mehr leben, S. 70.

16.01.: Schwarz, Entschieden zur Lebendigkeit, S. 32 f (gekürzt).

17.01.: Stutz, Der Stimme des Herzens folgen, S. 36.

18.01.: Grün, Bleib deinen Träumen auf der Spur, S. 21 (gekürzt).

19.01.: Schwarz, Den Weg im Herzen tragen, S. 18.

20.01.: Käßmann, Gut zu leben, S. 14 (Überschr. redaktionell).

21.01.: Schwarz, Und jeden Tag mehr leben, S. 265.

22.01.: Grün, Das große Buch der Lebenskunst, S. 187.

23.01.: Schwarz, Ich mag Gänseblümchen, S. 16.

24.01.: Grün, Das große Buch der Lebenskunst, S. 23.

25.01.: Stutz, Der Stimme des Herzens folgen, S. 29.

26.01.: Grün, Gelassenheit, S. 240 (Überschr. redaktionell, gekürzt).

27.01.: Käßmann, Gut zu leben, S. 22 (Überschr. redaktionell).

28.01.: Schwarz, Und jeden Tag mehr leben, S. 44.

29.01.: Stutz, Ein Stück Himmel im Alltag, S. 55 (Überschr. redaktionell).

30.01.: Stutz, In der Weite des Himmels, S. 106.

31.01.: Schwarz, Eigentlich ist Maria ganz anders, S. 38.

01.02.: Schwarz, Ein tanzender Stern, S. 40.

02.02.: Grün, Das große Buch der Lebenskunst, S. 46.

03.02.: Stutz, Die Lebendigkeit der Seele entdecken, S. 47.

04.02.: Schwarz, Du Gott des Weges segne uns, S. 23.

05.02.: Grün, Das Buch der Segenswünsche, S. 25.

06.02.: Wolf, Gönn dir Zeit, S. 132 f (gekürzt, Überschr. redakionell)

07.02.: Stutz, Atempausen für die Seele, S. 36.

08.02.: Grün, Das große Buch der Lebenskunst, S. 47.

09.02.: Käßmann, In Gottes Hand gehalten, S. 167.

10.02.: Stutz, Die Lebendigkeit der Seele entdecken, S. 69.

11.02.: Wolf, Gönn dir Zeit, S. 83 (gekürzt, Überschr. redaktionell).

12.02.: Schwarz, Und jeden Tag mehr leben, S. 300.

13.02.: Stutz, Atempausen für die Seele, S. 31.

14.02.: Grün, Das große Buch der Lebenskunst, S. 47.

15.02.: Wolf, Die Kraft, dein Leben zu verändern, S. 31.

16.02.: Schwarz, Und jeden Tag mehr leben, S. 25.

17.02.: Käßmann, Stille und Weite, S. 90.

18.02.: Grün, Das große Buch der Lebenskunst, S. 80.

19.02.: Stutz, Die Lebendigkeit der Seele entdecken, S. 28.

20.02.: Schwarz, Und jeden Tag mehr leben, S. 246.

21.02.: Schwarz, Und jeden Tag mehr leben, S. 341.

22.02.: Stutz, 50 Rituale für die Seele, S. 107 f.

23.02.: Grün, Das große Buch der Lebenskunst, S. 235.

24.02.: Stutz, Sei gut mit Deiner Seele, S. 49.

25.02.: Schwarz, Und jeden Tag mehr leben, S. 299.

26.02.: Stutz, Der Stimme des Herzens folgen, S. 61.

27.02.: Grün, Bleib deinen Träumen auf der Spur, S. 98.

28.02.: Stutz, Die Lebendigkeit der Seele entdecken, S. 48.

29.02.: Grün, Das kleine Buch vom guten Leben, S. 121 f (gekürzt).

01.03.: Grün, Das kleine Buch vom guten Leben, S. 15 f (gekürzt).

02.03.: Stutz, Atempausen für die Seele, S. 26.

03.03.: Schwarz, Kleines Buch der Lust am Leben, S. 96.

04.03.: Käßmann, Stille und Weite, S. 80.

05.03.: Stutz, 50 Rituale für die Seele, S. 146.

06.03.: Wolf, Gönn dir Zeit, S. 65 (Überschr. redaktionell).

07.03.: Grün, 50 Rituale für das Leben, S. 66 f (gekürzt).

08.03.: Stutz, 50 Rituale für die Seele, S. 83 f.

09.03.: Schwarz, Die Messe verstehen in 15 Schritten, S. 119

10.03.: Stutz, Atempausen für die Seele, S. 154.

11.03.: Grün, Gelassenheit, S. 40 (gekürzt).

12.03.: Wolf, Gönn dir Zeit, S. 46 (Überschr. redaktionell).

13.03.: Schwarz, Kleines Buch der Lust am Leben, S. 95.

14.03.: Grün, Einfach leben – Mein Wochenritual, S. 71 f.

15.03.: Käßmann, Stille und Weite, S. 42.

16.03.: Wolf, Die sieben Säulen des Glücks, S. 17 f (Überschr. redaktionell).

17.03.: Stutz, Atempausen für die Seele, S. 68.

18.03.: Grün, Einfach leben – Mein Wochenritual, S. 29 f.

19.03.: Schwarz, Wie ein Gebet sei mein Leben, S. 45.

20.03.: Wolf, Die Kraft, dein Leben zu verändern, S. 66.

21.03.: Stutz, Atempausen für die Seele, S. 17.

22.03.: Grün, Das kleine Buch der Weihnachtsfreude, S. 21.

23.03.: Wolf, Die Kraft, dein Leben zu verändern, S. 52.

24.03.: Grün, Einfach leben. Das große Buch der Spiritualität und Lebenskunst, S. 182.

25.03.: Stutz, Die Lebendigkeit der Seele entdecken, S. 31.

26.03.: Grün, Das kleine Buch vom guten Leben, S. 43.

27.03.: Stutz, 50 Rituale für die Seele, S. 93.

28.03.: Grün, Einfach leben – Mein Wochenritual, S. 131 f.

29.03.: Schwarz, Und jeden Tag mehr leben, S. 125.

30.03.: Grün, Gelassenheit, S. 19.

31.03.: Wolf, Im Schatten des großen Drachen, S. 86 f (gekürzt, Überschr. redaktionell).

01.04.: Stutz, Kleines Buch vom Kreis des Lebens, S. 37 f (Überschr. redaktionell).

02.04.: Käßmann, Stille und Weite, S. 44.

03.04.: Schwarz, Ich mag Gänseblümchen, S. 145.

04.04.: Grün, Das große Buch der Lebenskunst, S. 72.

05.04.: Käßmann, Stille und Weite, S. 75.

06.04.: Grün, Was der Seele gut tut, S. 23.

07.04.: Stutz, Kleines Buch vom Kreis des Lebens, S. 21 f (gekürzt)

08.04.: Grün, Das große Buch der Lebenskunst, S. 78.

09.04.: Käßmann, Gut zu leben, S. 41 (Überschr. redaktionell).

10.04.: Schwarz, Ich mag Gänseblümchen, S. 17.

11.04.: Grün, Das große Buch der Lebenskunst, S. 63.

12.04.: Stutz, Kleines Buch vom Kreis des Lebens, S. 134 f (Überschr. redaktionell).

13.04.: Grün, Einfach leben – Mein Wochenritual, S. 25 f.

14.04.: Stutz, Kleines Buch vom Kreis des Lebens, S. 29 f.

15.04.: Stutz, Kleines Buch vom Kreis des Lebens, S. 49.

16.04.: Käßmann, Gut zu leben, S. 144 (Überschr. redaktionell).

17.04.: Stutz, Der Stimme des Herzens folgen, S. 110.

18.04.: Schwarz, Dem Leben entgegen, S. 28.

19.04.: Grün, Einfach leben – Mein Wochenritual, S. 23 f.

20.04.: Stutz, Kleines Buch vom Kreis des Lebens, S. 18 f (Überschr. redaktionell).

21.04.: Schwarz, Ich mag Gänseblümchen, S. 139.

22.04.: Grün, Zur inneren Balance finden, S. 22 f.

23.04.: Stutz, 50 Rituale für die Seele, S. 149 + S. 34 f.

24.04.: Käßmann, Gut zu leben, S. 188 (Überschr. redaktionell).

25.04.: Stutz, Kleines Buch vom Kreis des Lebens, S. 27 f (Übersch. redaktionell).

26.04.: Schwarz, Und jeden Tag mehr leben, S. 348.

27.04.: Stutz, Lebe, was dich glücklich macht, S. 16.

28.04.: Grün, Kinder – die Geschenke Gottes, S. 31 f (Überschr. redaktionell).

29.04.: Wolf, Die Kraft, dein Leben zu verändern, S. 64 f.

30.04.: Schwarz, Und jeden Tag mehr leben, S. 364.

01.05.: Grün, Einfach leben – 365 Tagesimpulse, S. 61.
02.05.: Wolf, Gönn dir Zeit, S. 16 (Überschr. redaktionell).
03.05.: Stutz, In der Weite des Himmels, S. 110.
04.05.: Stutz, Lebe, was dir Freude schenkt, S. 16.
05.05.: Wolf, Die sieben Säulen des Glücks, S. 196 f (Überschr. redaktionell).
06.05.: Grün, Das kleine Buch der wahren Liebe, S. 18.
07.05.: Käßmann, In Gottes Hand gehalten, S. 196.
08.05.: Schwarz, Du Gott des Weges segne uns, S. 18.
09.05.: Grün, Einfach leben – Mein Wochenritual, S. 19 f.
10.05.: Schwarz, Ich mag Gänseblümchen, S. 25.
11.05.: Stutz, Die Lebendigkeit der Seele entdecken, S. 54.
12.05.: Käßmann, Stille und Weite, S. 29.
13.05.: Schwarz, Windhauch, Feueratem, S. 98 f (gekürzt).
14.05.: Stutz, Die Lebendigkeit der Seele entdecken, S. 60.
15.05.: Käßmann, Stille und Weite, S. 70.
16.05.: Grün, Das große Buch der Lebenskunst, S. 190.
17.05.: Wolf, Gönn dir Zeit, S. 12 (Überschr. redaktionell)
18.05.: Käßmann, Stille und Weite. Ein Postkartenbuch, S. 13.
19.05.: Wolf, Die Kraft, dein Leben zu verändern, S. 62 f (Überschr. redaktionell).
20.05.: Stutz, Ein Stück Himmel, S. 130.
21.05.: Grün, Gesund mit Leib und Seele, S. 180.
22.05.: Stutz, Meditationen zum Gelassenwerden, 126 ff.
23.05.: Grün, 50 Engel für die Seele, S. 168 f (Überschr. redaktionell, gekürzt).
24.05.: Stutz, Der Stimme des Herzens folgen, S. 252.
25.05.: Wolf, Die Kraft, Dein Leben zu verändern, S. 43.
26.05.: Schwarz, Kleines Buch der Lust am Leben, S. 151.
27.05.: Grün, Kleine Schule der Emotionen, S. 77 f (gekürzt).
28.05.: Käßmann, Zur Geborgenheit finden, S. 74 f (Überschr. redaktionell).
29.05.: Wolf, Die Kraft, dein Leben zu verändern, S. 50.
30.05.: Stutz, Die Lebendigkeit der Seele entdecken, S. 36.
31.05.: Käßmann, In Gottes Hand gehalten, S. 86.

01.06.: Stutz, Der Stimme des Herzens folgen, S. 286.
02.06.: Grün, Das Buch der Segenswünsche, S. 103 f.
03.06.: Käßmann, Im Zweifel glauben, S. 198.
04.06.: Schwarz, Ich mag Gänseblümchen, S. 128.
05.06.: Grün, Du bist einzigartig, S. 101–103 (Überschr. redaktionell).
06.06.: Käßmann, Stille und Weite. Ein Postkartenbuch, S. 14.
07.06.: Grün, Du bist einzigartig, S. 103 f (Überschr. redaktionell).
08.06.: Schwarz, Und jeden Tag mehr leben, S. 156.
09.06.: Grün, Das Buch der Antworten, S. 107 f (gekürzt, Überschr. redaktionell)

10.06.: Stutz, In der Weite des Himmels, S. 66.

11.06.: Käßmann, Im Zweifel glauben, S. 174 (Überschr. redaktionell).

12.06.: Grün, Neue Maßstäbe.

13.06.: Stutz, In der Weite des Himmels, 108.

14.06.: Schwarz, Und jeden Tag mehr leben, S. 277.

15.06.: Käßmann, Gut zu leben, S. 72 (Überschr. redaktionell).

16.06.: Stutz, Sei gut mit deiner Seele, S. 133.

17.06.: Käßmann, Gut zu leben, S. 46 (Überschr. redaktionell).

18.06.: Schwarz, Kleines Buch der Lust am Leben, S. 119–121 (gekürzt).

19.06.: Schwarz, Du Gott des Weges segne uns, S. 76.

20.06.: Stutz, Atempausen für die Seele, S. 157.

21.06.: Grün, Einfach Leben. Das große Buch der Spiritualität und Lebens-kunst, S. 266.

22.06.: Schwarz, Und jeden Tag mehr leben, S. 274 (gekürzt).

23.06.: Käßmann, Gut zu leben, S. 90 (Überschr. redaktionell).

24.06.: Stutz, Sei gut mit deiner Seele, S. 97.

25.06.: Grün, Stationen meines Lebens, S. 138 (Überschr. redaktionell).

26.06.: Wolf, Die Kraft, dein Leben zu verändern, S. 145 f.

27.06.: Käßmann, In Gottes Hand gehalten, S. 185.

28.06.: Schwarz, Den Weg im Herzen tragen, S. 63.

29.06.: Stutz, Kleines Buch vom Kreis des Lebens, S. 123.

30.06.: Käßmann, Zur Geborgenheit finden, S. 154 f (gekürzt, Überschr. re-daktionell).

01.07.: Schwarz, Den Weg im Herzen tragen, S. 29.

02.07.: Stutz, Atempausen für die Seele, S. 65.

03.07.: Grün, Bleib deinen Träumen auf der Spur, S. 35.

04.07.: Stutz, Die Lebendigkeit der Seele entdecken, S. 35.

05.07.: Wolf, Die Kraft, dein Leben zu verändern, S. 59.

06.07.: Käßmann, Stille und Weite, S. 38.

07.07.: Schwarz, Kleines Buch der Lust am Leben, S. 60.

08.07.: Käßmann, Stille und Weite, S. 7 (gekürzt, Überschr. redaktionell).

09.07.: Stutz, 50 Rituale für die Seele, S. 87 f.

10.07.: Schwarz, Ich mag Gänseblümchen, S. 149.

11.07.: Stutz, Kleines Buch vom Kreis des Lebens, S. 109 f, 63 f (Überschr. redaktionell).

12.07.: Grün, Einfach leben – mein Wochenritual, S. 52 f.

13.07.: Wolf, Die Kraft, dein Leben zu verändern, S. 22.

14.07.: Grün, Einfach leben – mein Wochenritual, S. 21 f.

15.07.: Stutz, Sei gut mit deiner Seele, S. 107.

16.07.: Schwarz, Windhauch, Feueratem, S. 136.

17.07.: Grün, 50 Rituale für die Seele, S. 46.

18.07.: Schwarz, Und jeden Tag mehr leben, S. 261 (gekürzt).

19.07.: Grün, Einfach leben – mein Wochenritual, S. 31–33.

20.07.: Stutz, Kleines Buch vom Kreis des Lebens, S. 124.

21.07.: Schwarz, Den Weg im Herzen tragen, S. 58–61 (gekürzt).

22.07.: Schwarz, Und jeden Tag mehr leben, S. 293.

23.07.: Käßmann, Gut zu leben, S. 152 (Überschr. redaktionell).

24.07.: Schwarz, Kleines Buch der Lust am Leben, S. 68.

25.07.: Stutz, Kleines Buch vom Kreis des Lebens, S. 75 f.

26.07.: Käßmann, Stille und Weite, S. 57.

27.07.: Schwarz, Und jeden Tag mehr leben, S. 351.

28.07.: Grün, Das große Buch der Lebenskunst, S. 279.

29.07.: Stutz, Ein Stück Himmel im Alltag, S. 126.

30.07.: Schwarz, Und jeden Tag mehr leben, S. 81.

31.07.: Grün, Gute Gedanken zur Nacht, S. 14 f.

01.08.: Stutz, Atempausen für die Seele, 65.

02.08.: Grün, Bleib deinen Träumen auf der Spur, S. 83 (gekürzt).

03.08.: Käßmann, Stille und Weite, S. 58.

04.08.: Schwarz, Und jeden Tag mehr leben, S. 290.

05.08.: Grün, Unverzagtes Glück, S. 65–67.

06.08.: Stutz, 50 Rituale für die Seele, S. 155.

07.08.: Käßmann, Das Leben reimt sich nicht, S. 16 f (gekürzt, Überschr. redaktionell).

08.08.: Schwarz, Ich mag Gänseblümchen, S. 142 f.

09.08.: Stutz, 50 Rituale für die Seele, S. 44.

10.08.: Schwarz, Ich mag Gänseblümchen, S. 22.

11.08.: Grün, Einfach leben – mein Wochenritual, S. 38 f.

12.08.: Schwarz, Ich mag Gänseblümchen, S. 148.

13.08.: Grün, Einfach leben – mein Wochenritual, S. 42 f.

14.08.: Stutz, Der Stimme des Herzens folgen, S. 51.

15.08.: Käßmann, In der Mitte des Lebens, S. 126 f (Überschr. redaktionell).

16.08.: Stutz, Atempausen für die Seele, S. 105.

17.08.: Schwarz, Kleines Buch der Lust am Leben, S. 33 f (gekürzt).

18.08.: Grün, Das große Buch der Lebenskunst, S. 186.

19.08.: Stutz, 50 Rituale für die Seele, S. 151.

20.08.: Käßmann, Stille und Weite, S. 32.

21.08.: Schwarz, Und alles lassen, weil Er mich nicht lässt, S. 121.

22.08.: Stutz, Der Stimme des Herzens folgen, S. 191.

23.08.: Käßmann, Gut zu leben, S. 22 (Überschr. redaktionell).

24.08.: Stutz, Was meinem Leben Tiefe gibt, 43 f (Überschr. redaktionell, gekürzt).

25.08.: Grün, Schönes schauen – tiefer sehen, S. 5.

26.08.: Stutz, Atempausen für die Seele, S. 75.

27.08.: Grün, Kleine Schule der Emotionen, S. 10 f (gekürzt).

28.08.: Stutz, Kleines Buch vom Kreis des Lebens, S. 82.

29.08.: Schwarz, Und jeden Tag mehr leben, S. 128.

30.08.: Grün, Gute Gedanken zur Nacht, S. 16 f (gekürzt).

31.08.: Stutz, Kleines Buch vom Kreis des Lebens, S. 83.

01.09.: Käßmann, In Gottes Hand gehalten, S. 48.

02.09.: Grün, Das große Buch der Lebenskunst, S. 115.

03.09.: Schwarz, Und jeden Tag mehr leben, S. 176.

04.09.: Stutz, Atempausen für die Seele, S. 69.

05.09.: Grün, Das kleine Buch vom guten Leben, S. 75.

06.09.: Schwarz, Und jeden Tag mehr leben, S. 91

07.09.: Wolf, Gönn Dir Zeit, S. 96 f (Überschr. redaktionell).

08.09.: Grün, Bleib deinen Träumen auf der Spur, S. 106.

09.09.: Stutz, In der Weite des Himmels, S. 17.

10.09.: Grün, Das kleine Buch vom guten Leben, S. 83 f.

11.09.: Schwarz, Und alles lassen, weil Er mich nicht lässt, S. 81.

12.09.: Grün, Das kleine Buch vom guten Leben, S. 103 f.

13.09.: Stutz, Geh hinein in deine Kraft, S. 77.

14.09.: Grün, Das kleine Buch vom guten Leben, S. 73.

15.09.: Schwarz, Und alles lassen, weil Er mich nicht lässt, S. 126.

16.09.: Wolf, Mitten im Leben wird Gott geboren, S. 17 f (gekürzt).

17.09.: Grün, Gelassenheit, S. 109 f (gekürzt).

18.09.: Käßmann, Gut zu leben, S. 230 f (Überschr. redaktionell).

19.09.: Grün, Das kleine Buch vom guten Leben, S. 168 f.

20.09.: Käßmann, Im Zweifel glauben, S. 154 f.

21.09.: Stutz, Ein Stück Himmel im Alltag, S. 130.

22.09.: Stutz, 50 Rituale für die Seele, S. 26.

23.09.: Käßmann, In Gottes Hand gehalten, S. 162.

24.09.: Stutz, Geh hinein in deine Kraft, S. 80.

25.09.: Käßmann, Im Zweifel glauben, S. 76 (Überschr. redaktionell).

26.09.: Schwarz, Und jeden Tag mehr leben, S. 374.

27.09.: Käßmann, Gut zu leben, S. 179 + 28 (Überschr. redaktionell).

28.09.: Grün, Das Buch der Segenswünsche, S. 110 f.

29.09.: Schwarz, Kleines Buch der Lust am Leben, S. 99.

30.09.: Stutz, Ein Stück Himmel im Alltag, S. 131.

01.10.: Stutz, Kleines Buch vom Kreis des Lebens, S. 94.

02.10.: Grün, Gelassenheit, S. 151 (Überschr. redaktionell).

03.10.: Wolf, Gönn dir Zeit, S. 151 (Überschr. redaktionell)

04.10.: Käßmann, Stille und Weite, S. 25.

05.10.: Schwarz, Und jeden Tag mehr leben, S. 337.

06.10.: Stutz, Kleines Buch vom Kreis des Lebens, S. 88 f (gekürzt).

07.10.: Grün, Das große Buch der Lebenskunst, S. 36 (gekürzt).

08.10.: Käßmann, Stille und Weite, S. 12.

09.10.: Grün, Bleib deinen Träumen auf der Spur, S. 72 f (gekürzt).

10.10.: Schwarz, Kleines Buch der Lust am Leben, S. 58 f.

11.10.: Wolf, Die Kraft, dein Leben zu verändern, S. 29.

12.10.: Käßmann, In Gottes Hand gehalten, S. 108.

13.10.: Grün, Gelassenheit, S. 10 (gekürzt).

25.11.: Stutz, Der Stimme des Herzens folgen, S. 236.

26.11.: Käßmann, Gut zu leben, S. 36 (Überschr. redaktionell).

27.11.: Schwarz, Und jeden Tag mehr leben, S. 128.

28.11.: Grün, Trauern heißt lieben, S. 92 f (Überschr. redaktionell).

29.11.: Wolf, Die Kraft, dein Leben zu verändern, S. 58.

30.11.: Stutz, Der Stimme des Herzens folgen, S. 359.

01.12.: Grün, Das große Buch der Weihnachtszeit, S. 49.

02.12.: Stutz, Unserer Sehnsucht folgen, S. 23.

03.12.: Wolf, Mitten im Leben wird Gott geboren, S. 28 (gekürzt).

04.12.: Schwarz, Gib dem Engel eine Chance, S. 46 f.

05.12.: Käßmann, Gut zu leben, S. 250 (Überschr. redaktionell).

06.12.: Stutz, Unserer Sehnsucht folgen, S. 27.

07.12.: Grün, Einfach leben. Das große Buch der Spiritualität und Lebenskunst, S. 154.

08.12.: Schwarz, Entschieden zur Lebendigkeit, S. 25.

09.12.: Wolf, Mitten im Leben wird Gott geboren, S. 13–15 (gekürzt).

10.12.: Stutz, Der Stimme des Herzens folgen, S. 376.

11.12.: Käßmann, Gut zu leben, S. 265 (Überschr. redaktionell).

12.12.: Schwarz, Gib dem Engel eine Chance, S. 48.

13.12.: Grün, Das große Buch der Weihnachtszeit, S. 40 f (gekürzt).

14.12.: Käßmann, Gut zu leben, S. 164 (Überschr. redaktionell).

15.12.: Stutz, Unserer Sehnsucht folgen, S. 34.

16.12.: Schwarz, Gib dem Engel eine Chance, S. 47 f.

17.12.: Wolf, Mitten im Leben wird Gott geboren, S. 25 f (gekürzt).

18.12.: Grün, Das große Buch der Weihnachtszeit, S. 55.

19.12.: Schwarz, Und jeden Tag mehr leben, S. 21.

20.12.: Stutz, Unserer Sehnsucht folgen, S. 70.

21.12.: Stutz, Unserer Sehnsucht folgen, S. 76.

22.12.: Grün, Das kleine Buch der Weihnachtsfreude, S. 28 f.

23.12.: Schwarz, Und jeden Tag mehr leben, S. 20.

24.12.: Käßmann, Gut zu leben, S. 268 f (Überschr. redaktionell).

25.12.: Wolf, Mitten im Leben wird Gott geboren, S. 31 f (gekürzt).

26.12.: Grün, Das große Buch der Weihnachtszeit, S. 101 f.

27.12.: Schwarz, Und jeden Tag mehr leben, S. 37.

28.12.: Grün, Das große Buch der Weihnachtszeit, S. 127.

29.12.: Schwarz, Und jeden Tag mehr leben, S. 40.

30.12.: Stutz, Unserer Sehnsucht folgen, S. 103 f.

31.12.: Grün, Das Buch der Segenswünsche, S. 157.